岩土工程抗震大型复杂试验设计理论及关键技术应用

框架锚索及其组合支护结构加固边坡的地震动特性研究

付 晓 马洪生 张建经 编著

西南交通大学出版社
·成都·

图书在版编目（CIP）数据

框架锚索及其组合支护结构加固边坡的地震动特性研究 / 付晓，马洪生，张建经编著. —成都：西南交通大学出版社，2020.9

（岩土工程抗震大型复杂试验设计理论及关键技术应用）

国家出版基金项目
ISBN 978-7-5643-7628-4

Ⅰ.①框… Ⅱ.①付… ②马… ③张… Ⅲ.①公路路基–锚固–框架梁–边坡加固–地震反应分析 Ⅳ.①U418.5

中国版本图书馆 CIP 数据核字（2020）第 174001 号

国家出版基金项目
岩土工程抗震大型复杂试验设计理论及关键技术应用
Kuangjia Maosuo ji Qi Zuhe Zhihu Jiegou Jiagu Bianpo de Dizhendong Texing Yanjiu
框架锚索及其组合支护结构加固边坡的地震动特性研究
付　晓　马洪生　张建经　编著

出　版　人	王建琼
策 划 编 辑	张　雪
责 任 编 辑	姜锡伟
封 面 设 计	何东琳设计工作室
出 版 发 行	西南交通大学出版社 （四川省成都市金牛区二环路北一段 111 号 西南交通大学创新大厦 21 楼）
发行部电话	028-87600564　028-87600533
邮 政 编 码	610031
网　　　址	http://www.xnjdcbs.com
印　　　刷	四川玖艺呈现印刷有限公司
成 品 尺 寸	170 mm × 230 mm
印　　　张	13.25
字　　　数	239 千
版　　　次	2020 年 9 月第 1 版
印　　　次	2020 年 9 月第 1 次
书　　　号	ISBN 978-7-5643-7628-4
定　　　价	82.00 元

图书如有印装质量问题　本社负责退换
版权所有　盗版必究　举报电话：028-87600562

前言 PREFACE

　　岩土锚固是通过埋设在地层中的锚杆，将结构物与地层紧紧地联锁在一起，依靠锚杆与周围地层的抗剪强度承受结构物传递的拉力或使地层自身得到加固，以保持结构物和岩土体的稳定。作为一种经济、有效的方法，岩土锚固技术已广泛应用于边坡稳定等工程。"5·12"汶川地震和"4·20"芦山地震震害调查均显示框架锚索及框架锚索-抗滑桩组合支护结构形式具有良好的抗震性能，但由于目前对其抗震机理的认识不足，使其在高烈度地震区复合支护结构的合理选型应用中受到限制。鉴于此，作者整理了在攻读博士学位期间课题组对框架锚索及其组合支护结构的科研成果形成本书，以与广大科研工作者和工程师交流分享。本书主要包括以下内容：

　　（1）认识评价路基、边坡与支挡结构抗震性能最直观准确的方法是震害调查，基于汶川地震震害调查资料归纳总结了公路沿线的震害特点及其影响因素，丰富了震害调查数据库，为高烈度地震区支挡结构的合理选型提供了初步判别依据。

　　（2）锚固边坡体的抗震效果主要取决于岩土体-锚固体之间的黏结强度，而锚固体系在动荷载和静荷载作用下的力学机制不同，目前抗震设计仍沿用的静力安全系数控制方法明显存在不足。本书利用室内模型试验研究了岩锚体系在重复荷载作用下的力学特性和黏结性能，提出了位移控制设计的原则，并基于框架锚索加固边坡的振动台模型试验重现了地震时框架-锚索-边坡的动力响应特性，提出了框架锚索加固边坡的抗震设计方法。

　　（3）在地形高差显著地段工程中，框架锚索-抗滑桩支护措施得到了广泛应用，但其结构复杂、受力机制不明确，目前对其在地震荷载作用下的受力特性研究少有人涉及。本书基于原型边坡概化的地质体模型，开展了大型振动台模型试验，研究了抗滑桩-锚索-边坡体系的动力响应特性，提出了锚索轴力地震响应的分区特性与锚索-抗滑桩的协同受力机制。另外，从能量分析角度提出了复杂组合支护结构的抗震设计方法。

本书内容不仅对正确进行框架锚索加固边坡的抗震设计、完善结构-岩土动力相互作用理论及指导岩土工程实践具有重要意义，还能帮助人们深化框架锚索加固边坡体的抗震特点和规律性的认识，完善工程抗震设计技术规范，最大限度地节约工程设计造价，提高公路、铁路工程框架锚索结构的抗震技术服务水平。

本书的成果是在西南交通大学和福州大学结构工程实验室中完成的；在开展各个振动台试验的过程中，中国核动力西南研究设计院和福州大学土木工程学院地震台实验室给予了大力的支持；在此对他们多年的支持表示衷心的感谢。此外还要感谢四川省交通运输厅公路规划勘察设计研究院、核工业西南勘察设计研究院在研究成果应用方面给予的大力支持。由于作者水平有限，书中定会有疏漏和欠妥之处，敬请读者不吝指正。

作者
2018 年 6 月

目录 CONTENTS

1 汶川地震路基及边坡震害调查 …………………………………… 001
    1.1 "5·12"汶川特大地震概述 …………………………………… 001
    1.2 汶川地震公路震害调查 ……………………………………… 007
    1.3 汶川地震公路边坡震害 ……………………………………… 011
    1.4 汶川地震公路路基挡土墙震害 ……………………………… 036

2 锚固体动荷载试验研究 …………………………………………… 050
    2.1 试验简介 ……………………………………………………… 050
    2.2 试验成果分析 ………………………………………………… 055

3 框架锚索加固边坡的振动台试验研究 …………………………… 066
    3.1 振动台模型试验介绍 ………………………………………… 066
    3.2 边坡位移响应特性 …………………………………………… 078
    3.3 锚索轴力响应特性 …………………………………………… 096
    3.4 加速度响应特性 ……………………………………………… 102
    3.5 试验宏观现象 ………………………………………………… 119

4 框架锚索加固边坡的抗震设计方法 ……………………………… 124
    4.1 锚索动轴力计算方法研究 …………………………………… 124
    4.2 边坡稳定性分析的能量方法 ………………………………… 145
    4.3 边坡稳定性分析参数研究 …………………………………… 158

5 框架锚索-抗滑桩加固边坡的振动台试验研究 ………………… 162
    5.1 振动台模型试验介绍 ………………………………………… 162

  5.2　支护结构动力响应特性……………………………………172
  5.3　边坡体动力响应特性……………………………………184
  5.4　边坡地震损伤识别方法…………………………………187
6　框架锚索-抗滑桩加固边坡的抗震设计方法………………191
  6.1　加固边坡抗震设计计算方法……………………………191
  6.2　加固边坡抗震设计流程…………………………………201
  6.3　与振动台试验结果比较…………………………………204
参考文献……………………………………………………………205

1 汶川地震路基及边坡震害调查

认识评价路基、边坡及支挡结构抗震性能最直接、可靠的方法是震害调查，调查也可用于检验分析理论、模型试验和数值计算结果的正确性。针对国内外发生的多次地震，许多学者开展了现场震害调查分析工作，但限于样本数量不多，所得到的震害一般性规律较少。因此，充分利用"5·12"汶川地震灾区大量的路基及边坡震害作为地震动力性能研究的天然试验场，进一步开展汶川地震灾区路基及边坡震害调查研究，可充实和丰富我国西部高烈度地震区的抗震资料，对促进、完善和优化西部高烈度高山峡谷地形条件下公路建设中支挡结构的抗震设计方法具有重大的工程意义和科学价值。

1.1 "5·12"汶川特大地震概述

发生于 2008 年 5 月 12 日 14 时 28 分的汶川地震，震中位于四川省阿坝藏族羌族自治州汶川县映秀镇与漩口镇交界处。根据中国地震局的数据，此次地震的面波震级达 Ms8.0，地震烈度达到 Ⅺ 度，地震波及大半个中国及亚洲多个国家和地区。"5·12"汶川地震严重破坏地区超过 10 万平方千米，其中，极重灾区共 10 个县（市），较重灾区共 41 个县（市、区），一般灾区共 186 个县（市、区），具体见表 1.1 所示。伤亡人数超过 10 万，是中华人民共和国成立以来破坏力最大的地震，也是唐山大地震后伤亡最严重的一次地震。

表 1.1 汶川地震灾区范围一览

范围类别	省份	县（市、区）
极重灾区（10 个）	四川省	汶川县、北川县、绵竹市、什邡市、青川县、茂县、安县、都江堰市、平武县、彭州市
重灾区（41 个）	四川省（29 个）	理县、江油市、广元市利州区、广元市朝天区、旺苍县、梓潼县、绵阳市游仙区、德阳市旌阳区、小金县、绵阳市涪

续表

范围类别	省份	县（市、区）
重灾区 （41个）	四川省 （29个）	城区、罗江县、黑水县、崇州市、剑阁县、三台县、阆中市、盐亭县、松潘县、苍溪县、芦山县、中江县、广元市元坝区、大邑县、宝兴县、南江县、广汉市、汉源县、石棉县、九寨沟县
	甘肃省 （8个）	文县、陇南市武都区、康县、成县、徽县、西和县、两当县、舟曲县
	陕西省 （4个）	宁强县、略阳县、勉县、宝鸡市陈仓区

四川省公路交通基础设施在此次地震中受到严重破坏，损失约583亿元，地震导致的次生地质灾害如崩塌、落石、滑坡等非常发育，造成的路基掩埋、桥梁垮塌、隧道受损见图1.1～图1.10所示。通往极重灾区的公路一度完全中断，给抢险救灾带来了极大的困难。

图1.1 震中震害航拍照片（映秀）

图1.2 原水平状的路面抬高3 m、右旋1 m破坏

1 汶川地震路基及边坡震害调查

图 1.3 崩塌砸断桥梁、掩埋路基

图 1.4 隧道洞口及路基震害

图 1.5 桥梁被落石砸断

图 1.6 崩塌砸断桥梁

图 1.7 落石砸坏车辆、掩埋路面

图 1.8 路基坍塌

图 1.9　路基滑动路面破坏

图 1.10　被巨石砸坏的路面

"5·12"汶川地震及余震与龙门山断裂带有关，具体见图 1.11 所示。龙门山构造带呈 N40°～50°E 方向斜贯区域，长约 500 km，断面西倾，倾角不定，是一条区域性的活动断裂带。该断裂带主要由茂县—汶川断裂、北川—映秀断裂、彭县—灌县断裂等三条主干断裂组成宽 30～40 km 的冲断带。"5·12"汶川地震的地表破裂主要发生在北川—映秀断裂上，另外，彭县—灌县断裂在汶川地震中形成了长 70 多千米的地表破裂。

映秀牛眠沟为"5·12"汶川地震的宏观震中，地震直接引发山体破碎形成大量岩体碎屑流，并沿沟道刮铲、碰撞、下泄，松散物质一直堆积于牛眠沟沟口，具体见图 1.12～图 1.14 所示。

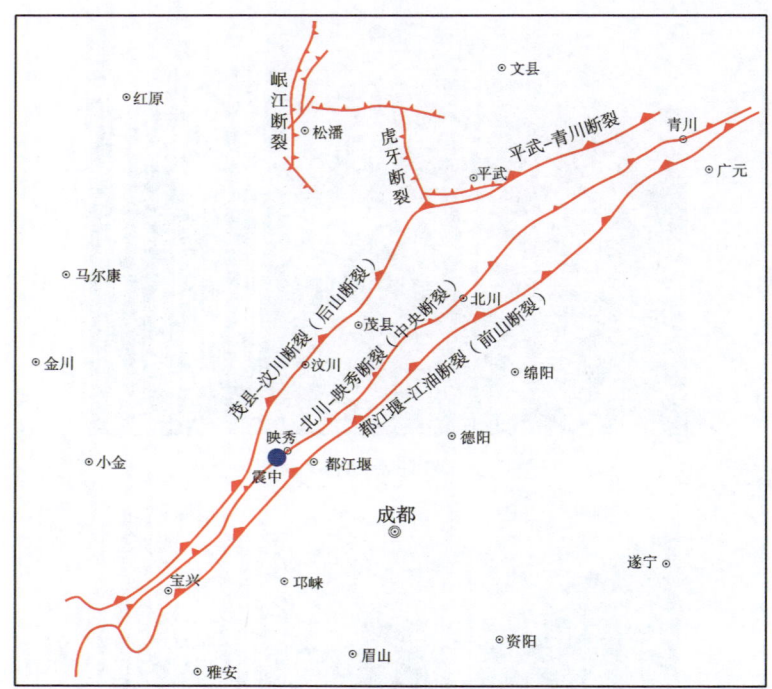

图 1.11 龙门山断裂示意

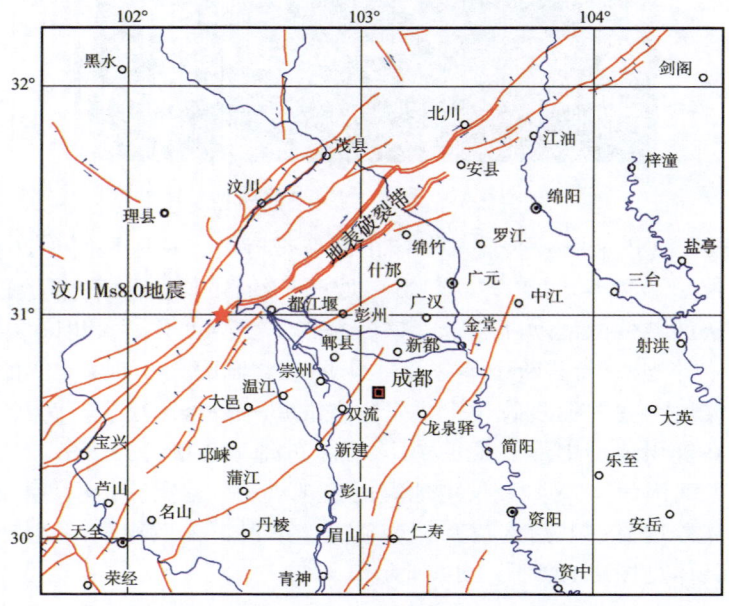

图 1.12 地表破裂示意（图内地表破裂采用双线示意）

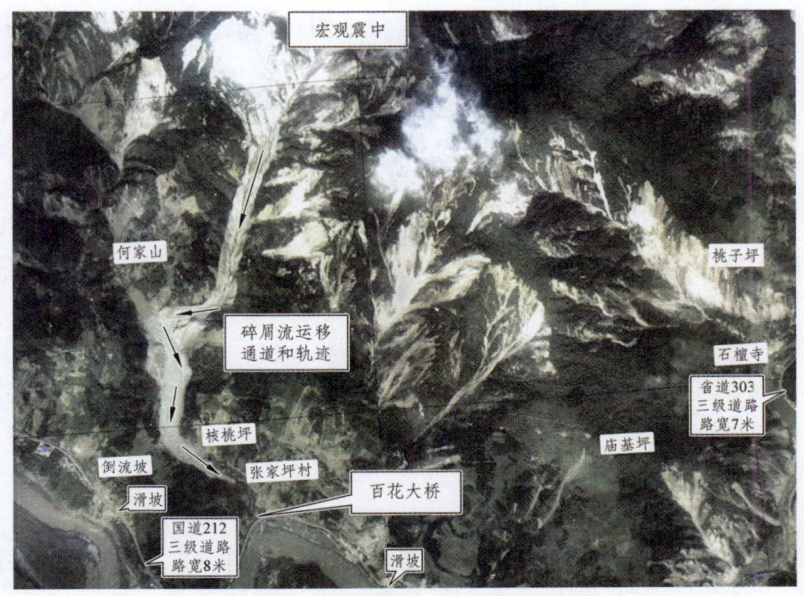

图 1.13 汶川地震宏观震中及碎屑流

（a）宏观震中（线条为发震断裂示意）　　（b）碎屑流沿沟道下泄

图 1.14 汶川地震震中震害（崩塌碎屑流）现场照片

1.2 汶川地震公路震害调查

1.2.1 震害调查范围

"5·12"汶川地震发生后，四川、甘肃、陕西相关技术人员对通往地震极重、重灾区公路进行了应急调查和检测。他们对灾区国省干道等约 7 081 km 路段进行了路基震害调查，范围主要包括：

（1）四川省Ⅶ~Ⅺ烈度区内的成都、德阳、绵阳、广元、甘孜州、阿坝州等区域。调查以国道、省道为主，国道涉及国道 108、212、213 和 317 共计 4 条线路，省道包括省道 105、106、302 和 303 等 7 条线路。

（2）陕西省Ⅵ~Ⅷ烈度区内的汉中、宝鸡、咸阳等区域。调查线路共计 10 余段，国道包括国道 108、210、310 和 316 共计 4 条线路，省道包括省道 104、210、211、212、306、309 以及姜眉公路眉太段 7 条线路。

（3）甘肃省区域内，主要对 G212（宕昌至罐子沟段，长 316 km）典型路基震害进行了统计和分析，对其中 24 处路基震害进行了重点分析和归类。

1.2.2　震害调查方法

调查组在充分收集前期应急调查、检测评估等阶段震害资料的基础上，对极重、重灾区路基路面震害进行了详细调查。调查资料包括震害工点的踏勘、特征数据测量、素描和影像资料四个部分。具体步骤如下：

（1）资料收集：收集极重、重灾区公路的建设年代、公路等级、抗震设防烈度、震害工点的施工设计图和竣工资料等。

（2）现场调查方法：利用卷尺、皮尺、相机、罗盘、定位仪、测距仪等仪器和工具，现场沿路线逐段调查并记录填表，同时利用相机等记录影像，具体见图 1.15 所示。调查时已加固恢复的工点，则对原有震害资料进行收集。

图 1.15　现场调查照片

路基震害调查内容主要细化如下：

（1）一般路基震害调查：主要对路基开裂、沉陷、滑移等破坏类型进行分类、确定损毁度及分布范围。

（2）防护支挡结构震害调查：主要确定抗滑桩、重力式挡墙、加筋土挡墙、锚固框架、锚杆锚索挂网喷混凝土、主动网、被动网等防护支挡结构在地震作用下的震害特点。

（3）路基工程结构的现场检测：主要对具有明显震害的抗滑桩、桩板墙、框架梁锚头处的预应力锚索结构等在现场进行外观调查和检测。

1.2.3 路基震害调查分类

按路基的组成类型及路基部位，路基震害可分成路基本体震害、边坡震害、支挡结构震害三类，具体见图 1.16 所示。现场调查对这三类震害进行了统计。

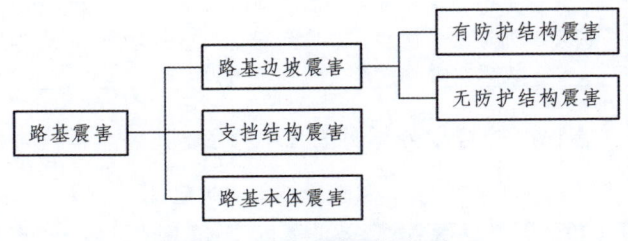

图 1.16 路基震害类型

以早期震害分级为参考基础，经现场评估路基工点的实际震害损毁情况，结合地震后公路的实际使用功能等因素，经综合分析后，调查组提出了震害程度分级标准。震害程度分级标准主要包括轻微破坏、中度破坏、严重破坏、完全损毁共四级，对应不同的震损程度，以 A、B、C、D 表示。各震害等级下的防护支挡结构震害特征详见表 1.2 所示。

表 1.2 防护支挡结构震害等级

等级	震害特征
A0 基本完好	无震害或是基本完好
A 轻微破坏	挡墙震害不明显，震害面积（开裂长度）小于挡墙面积（长度）的 10%，没有丧失支挡功能，震害无须修补，可暂时使用
B 中度破坏	挡墙震害较明显，震害面积（长度）占挡墙面积（长度）的 10%～30%，墙顶位移明显，震后需进行局部修复
C 严重破坏	挡墙震害明显，震害面积（长度）占挡墙面积（长度）的 30%～60%，墙顶位移量较大，挡墙失稳，震后需立即进行修复
D 完全损毁	该段挡墙完全破坏，震后需重新修筑挡墙

路基本体震害程度等级划分详见表 1.3 所示。

表 1.3　路基本体震害等级

等级	震害特征
A0 基本完好	无震害或是基本完好
A 轻微破坏	路基表面无明显震害，路面有细微裂缝、轻微凹陷鼓胀现象，不影响正常使用，震后暂时无须修补
B 中度破坏	路基表面震害较明显，路面有开裂错台、凹凸鼓胀现象，裂缝宽度小于 10 cm，路堤边缘有小范围垮塌现象，路堤边坡落石剥落至路面，造成行车不便，经简单处理能顺利通车
C 严重破坏	路基表面震害明显，路面开裂明显，路面错台严重，裂缝宽度大于 10 cm，路面凹凸鼓胀导致路面损坏，路堤边缘部分垮塌，边坡崩塌落石砸落至路面，边坡滑坡掩埋路面，行车空间狭小或无法通行，能步行通过，经过一定时间清理才能恢复通车
D 完全损毁	路基表面震害剧烈，开裂、错台、凹凸鼓胀导致路基彻底失效，路基大部分垮塌、侧移，边坡崩塌落石砸落堆积路面，砸坏路基并堵塞道路，边坡滑坡掩埋路基，无法通行，经过长时间清理才能恢复通车

路基边坡震害程度等级划分详见表 1.4 所示。

表 1.4　路基边坡震害等级

等级	震害特征
A0 基本完好	无震害或是基本完好
A 轻微破坏	（1）边坡防护结构震害不明显，震害面积小于结构面积的 5%，震后没有影响边坡防护功能，震后暂时无须修补；（2）无防护边坡没有明显的滑坡、崩塌，有小部分滑塌、溜坍现象，没有对支挡结构和路基本体造成损害，且处于稳定状态，不影响通车
B 中度破坏	（1）边坡防护结构震害较明显，震害面积占结构面积的 5%~20%，局部防护结构功能被削弱，震后需进行局部修复；（2）无防护边坡有滑坡、崩塌现象，对支挡结构造成了损害，对路基本体小范围造成了损伤，经过路面简单处理能顺利通车
C 严重破坏	（1）边坡防护结构震害明显，震害面积占结构面积的 20%~50%，防护结构遭到震害，局部功能失效，滑塌体震害支挡结构和路基本体，影响正常通车，震后需立即进行修复；（2）无防护边坡滑坡、崩塌现象较严重，砸毁或整体掩埋支挡结构和路基，造成无法通车，经过一定时间清理才能通车
D 完全损毁	（1）边坡防护结构震害剧烈，震害面积占结构面的 50%以上，防护功能失效，滑塌砸毁或掩埋支挡结构和路基本体，造成无法通车，经过一定时间清理才能通车，震后需立即重新加固；（2）无防护边坡产生大规模滑坡、崩塌现象，砸毁并整体掩埋支挡结构和路基本体，堵塞河道造成堰塞湖，造成无法通车，经过长时间清理或者改道才能通车

调查组总计调查了公路路基震害1488处,其中:路基本体震害579处,边坡震害534处,防护支挡结构震害375处。路基震害类型见表1.5所示。

表 1.5 路基震害类型

路基本体	直接破坏	1. 路基沉陷;2. 路面开裂;3. 路基坍塌;4. 路基错台;5. 路面隆起
	间接破坏	边坡滑塌及泥石流掩埋路基
支挡结构	直接震害	1. 墙体垮塌;2. 墙面变形开裂;3. 墙体倾覆;4. 墙体剪断
	间接震害	1. 边坡垮塌掩埋挡墙;2. 落石砸坏挡墙;3. 挡墙随路基下沉
边坡	防护结构震害类型(间接震害)	1. 剥落
		2. 垮塌
		3. 局部鼓胀变形毁坏
		4. 主动网破坏:1)主动网整体拔出;2)局部锚杆拔出;3)网被冲破;4)碎石流挤出;5)整体掩埋、整体倾覆
		5.锚杆(索)框架破坏:1)锚杆(索)封头脱落;2)锚杆(索)锚头失效;3)锚杆(索)拉断;4)锚杆(索)预应力损失;5)框架梁及结点断裂;6)框架梁表皮开裂;7)框架梁底部脱空;8)框架梁鼓胀;9)框架梁整体滑移
	无防护结构边坡震害类型(直接震害)	1.岩质边坡:1)崩塌性滑坡;2)崩塌;3)落石
		2.土质边坡:1)土质边坡滑坡;2)土质边坡表层溜坍;3)边坡表层碎落

1.3 汶川地震公路边坡震害

1.3.1 边坡震害分布

根据路基震害程度分级标准统计,路基震害程度主要为轻度破坏和中度破坏,次之为严重破坏,最少的为完全损毁(约占调查路基震害总量的11%)。Ⅷ度及以下烈度区总体上震害程度轻微,仅有个别严重破坏工点,但路基位于Ⅸ～Ⅺ度区的则破坏严重,尤其以边坡滑坡、崩塌掩埋路基为多,具体见图1.17所示。

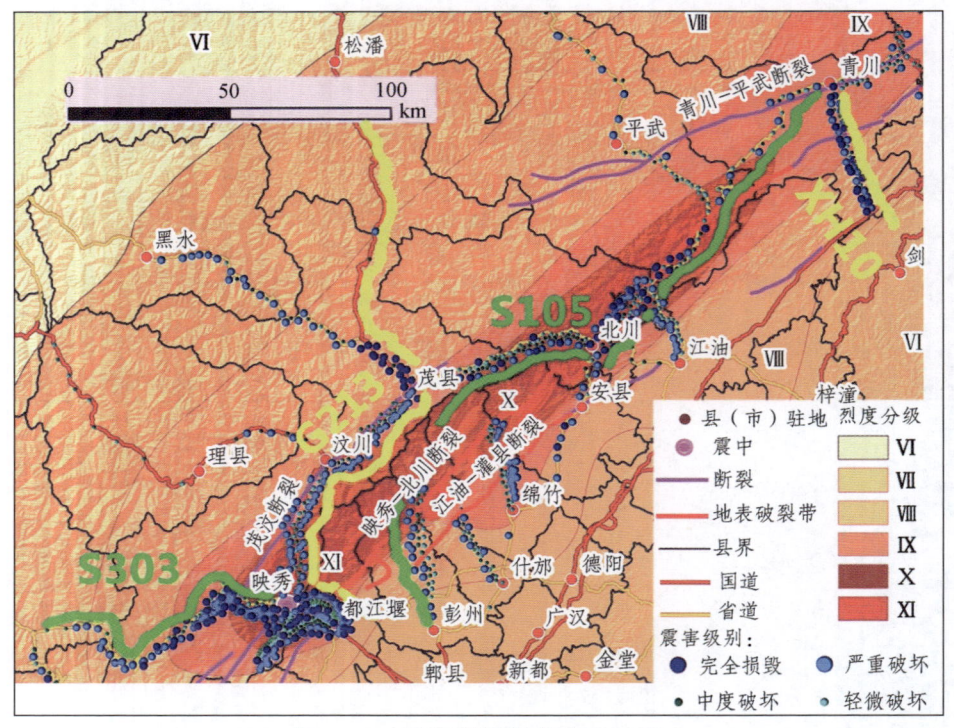

图1.17 震害损毁程度分布示意

根据调查结果,汶川地震造成四川省9条在建和已建高速公路不同程度受损,其中通往震中映秀的都汶高速公路震害程度尤为严重,其次,成都至绵阳、绵阳至广元、广元至棋盘关、广元至巴中、雅安至泸沽、成都至邛崃、成都至都江堰、成都至彭州等8条高速公路也存在部分路基沉降、路面开裂等震害。

"5·12"汶川地震导致四川省4条国道(包括国道108、212、213、317)、7条省道(包括省道105、106、302、303等)不同程度受损,尤其以Ⅷ度地震烈度区的国道213、省道302、省道303的部分路段震损最为严重,地震后短期难以抢通,典型路段震害见图1.18～图1.22所示。

调查组调查公路边坡震害样本合计为534处,在国道、省道和县乡道路三种主要公路类型上的数量分布统计见表1.6所示。

表 1.6　路基边坡震害数量统计表

线路类型	震害总数/处	不同类型线路震害占总数百分比/%	备注
国　　道	209	39.1	震害合计 534 处
省　　道	230	43.1	
县乡道路	95	17.8	

图 1.18　国道 213 都江堰至映秀段边坡震害

图 1.19　国道 317 理县至卓克基段边坡震害

图 1.20　省道 302 茂县至北川段边坡震害

图 1.21　省道 303 映秀至卧龙段边坡震害

图 1.22　县道三江至漩口段边坡震害

1.3.2　边坡震害与烈度区关系

为了全面了解汶川地震中边坡的震害现象，调查组根据汶川地震烈度区划图把震害区域划分为极重灾区、重灾区、一般灾害区和轻度灾害区。极重灾区主要位于地震烈度在Ⅸ度及以上烈度区，重灾区位于Ⅷ度区内，一般灾害区位于Ⅶ度及以下区域。

为了明确汶川地震中边坡震害与地震烈度的关系，调查组还将各个路段的边坡震害数量绘制在汶川地震烈度图上。Ⅸ度区及以上分布公路 21 条，边坡震害 420 处；Ⅷ度区分布公路 7 条，边坡震害 60 处；Ⅶ度及以下区分布公路 7 条，边坡震害 54 处。表 1.7 统计了边坡震害数量与所在烈度区的关系，绝大部分震害边坡位于Ⅸ度及以上烈度区域，在Ⅷ度区和Ⅶ度区也出现了少量轻度边坡震害。

表 1.7 不同烈度区边坡震害统计

烈度区	受损线路数量/条	边坡震害数量/处	不同烈度区震害数量占总震害数量比例/%	备注
Ⅸ 及以上	21	420	78.7	边坡震害数量合计 534 处
Ⅷ	7	60	11.2	
Ⅶ 及以下	7	54	10.1	

1.3.3 边坡震害类型

对 534 处震害边坡类型（路堑、路堤）进行统计和分析，其数量及百分比见表 1.8 所示。边坡震害主要集中在路堑边坡上。路堑边坡多高陡，地震动放大效应明显，且边坡多缺少有效的防护工程措施，这是导致路堑边坡发生大量震害的主要原因。

表 1.8 不同边坡类型震害情况统计

边坡类型	震害总数/处	不同边坡类型震害数量占总震害数量百分比/%	备注
路堑	521	97.6	边坡震害数量合计 534 处
路堤	13	2.4	

以国道 213 线都江堰至映秀和映秀至汶川为例，这两段公路以映秀为界分别位于龙门山中央断裂的下盘（南东盘）和上盘（北西盘）。其中都江堰至映秀公路以三叠系砂岩、泥岩等沉积岩为主，映秀至汶川公路以花岗闪长岩等岩浆岩为主，边坡震害调查情况见表 1.9 和表 1.10 所示。

表 1.9 国道 213 线都江堰至映秀段边坡震害情况

编号	发生震害部位	边坡震害情况	受损结构类型
1	K1021+740 千金沟大桥都江堰岸路堤边坡	锚索框架加固的路堤边坡及挂网喷浆坍塌	挂网喷浆
2	K1020+800 寿江大桥上边坡	框架锚索护坡的框架梁断裂	锚索框架梁
3	K1020+120 路堤边坡	框架梁下的喷射混凝土部分脱空，下部无防护土体溜坍	锚杆框架梁

续表

编号	发生震害部位	边坡震害情况	受损结构类型
4	上边坡护坡中部	局部坍塌，整体完好，约10%坍塌	挂网喷浆
5	下边坡平台，坡面	挂网喷浆开裂	挂网喷浆
6	上边坡底部	基本完好，底部有剪出现象，脱空局部，剪出约20 cm	挂网喷浆
7	路堤及边坡	外半幅下沉，并且坡面出现震害	网格护坡，喷浆
8	路堑上边坡	崩塌及危岩	坡面无防护
9	路堤下边坡	整体基本稳定，路肩处拉开2~7 cm，防撞墩变形	网格护坡
10	路堑上边坡	坡顶有3条大裂缝，护坡局部位移	挂网喷浆
11	路堑中上部	整体基本稳定，中部、下部有水平裂缝，剪出10~15 cm	挂网喷浆
12	路肩挡墙	挡墙伸缩缝错开20 cm，墙身和锚索未见异常	锚索框架
13	路堑上边坡	整体完好，仅见2~3条裂缝	挂网喷浆
14	路堑上边坡	与挡墙结合处开裂50 cm，下沉1.4 m	挂网喷浆
15	路堑上边坡	都江堰端挂网喷浆垮塌	挂网喷浆
16	斜坡路堤网格护坡	整体完好，与平台结合处有剪出裂缝2~5 cm	网格护坡
17	路堑上边坡	5条裂缝，震损面积约占结构面积的60%	挂网喷浆
18	路堑上边坡	整体完好，节点处有开裂现象	挡墙加框架梁
19	路堑边坡	主动网震害，挂网喷浆基本完好	边坡/主动式柔性防护网、挂网喷浆
20	路堑边坡	上边坡崩塌砸坏挂网喷浆	边坡/挂网喷浆
21	路堑边坡	主动网整体拔出	边坡/主动式柔性防护网
22	路堑边坡	坡面喷浆剥落	边坡/挂网喷浆
23	路堑边坡	坡面挂网喷浆出现横向开裂	边坡/挂网喷浆
24	路堑边坡	喷浆出现开裂垮塌，错台10~47 cm	边坡/喷浆防护
25	路堑边坡	挂网防护完全震害，岩体裸露	边坡/挂网喷浆

续表

编号	发生震害部位	边坡震害情况	受损结构类型
26	路堑边坡	喷浆坡面膨胀鼓起，隔栅网震害外露，上部较为完好	边坡/挂网喷浆
27	路堑边坡	中上部出现裂缝2条，长达73 m	边坡/挂网喷浆
28	路肩挡墙+锚杆框架	浆砌块石出现裂缝、部分锚头开裂	边坡/锚杆锚索
29	路堑边坡	局部鼓胀变形震害	边坡/挂网喷浆、喷锚
30	路堑边坡	边坡中部局部鼓胀变形震害	边坡/挂网喷浆
31	路堑边坡	边坡喷锚出现裂缝	边坡/挂网喷浆、喷锚
32	路堤边坡	锚索框架多处混凝土封锚脱落	边坡/锚杆锚索
33	路堑边坡	挂网喷浆护坡有20%面积震损	边坡/挂网喷浆
34	路堑边坡	护坡中上部出现裂缝	边坡/挂网喷浆
35	路堤外侧边坡	上部框架节点处钢筋脱落，钢筋在节点处搭接30 cm，开裂20 cm	路基本体
36	路堑边坡	主动式柔性防护网局部被冲垮	主动式柔性防护网、挂网喷浆
37	路堑边坡	主动式柔性防护网局部震害	主动式柔性防护网、挂网喷浆
38	路堑边坡	喷混凝土局部脱落，挡墙顶部喷混凝土错台30 cm，挡墙局部有破损	路堑墙/挂网喷浆
39	路堑边坡	上部框架节点处钢筋脱落	锚杆框架梁
40	路堑边坡	边坡岩体破碎、主动式柔性防护网局部震害、崩塌严重，长20 m，坡长20 m	主动式柔性防护网
41	路堑边坡	坡面挂网喷浆剥落	挂网喷浆
42	路堑边坡	喷混凝土局部脱落	挂网喷浆
43	路堑边坡	平台处喷层错台	挂网喷浆
44	路堑边坡	喷浆下部剥落	挂网喷浆
45	路肩墙、锚索框架	预应力锚索框架个别混凝土块脱落	锚索框架加固
46	路堑边坡	喷浆开裂	挂网喷浆
47	路堤边坡	边坡垮塌	圬工网格、骨架植草
48	路堑边坡	喷混凝土局部脱落	挂网喷浆

续表

编号	发生震害部位	边坡震害情况	受损结构类型
49	路堑墙	崩塌落石可见方量 50 m³	路堑边坡
50	路堑边坡	巨石崩塌，最大直径约 12 m，巨石抛射	路堑边坡
51	路堑/路堤边坡	崩塌落石，斜坡路堤土工格栅良好	路堑边坡
52	路堑边坡	内侧崩塌，右侧挂网喷浆震害，未挂网处垮塌严重	挂网喷浆
53	路堤边坡	泥石流掩埋公路路堤	路堤边坡
54	路堑边坡	右侧挡墙部分整体震害及其他开裂，上部土体溜滑，护面墙部分垮塌开裂	边坡/路堑挡墙
55	路肩墙及路堑边坡	路肩墙开裂及下部的网喷震损	边坡/挂网喷浆
56	路堑边坡	坡面为砂岩，挂网喷浆局部震害（剥落或砸坏），个别锚头被落石砸坏	边坡/框架梁、喷浆
57	路堑边坡	滑坡损毁大部分挂网喷浆，少量保留的喷浆开裂	边坡/挂网喷浆
58	路堑边坡	挂网喷浆破碎外鼓，锚索框架震害严重	边坡/挂网喷浆
59	路堑边坡	上边坡网喷下部水平裂缝，有脱空	边坡/挂网喷浆
60	路堑边坡	锚索框架基本完好，其下网喷下部脱空	边坡/挂网喷浆
61	路堑边坡	网喷震害，外侧锚索锚头全部外露	边坡/挂网喷浆
62	路堑边坡	上挡墙重修，边坡坍塌，下挡部分已全部垮塌，不影响路基宽度	边坡/挡墙、挂网喷浆
63	路堑边坡	挂网喷浆总体完好，下部出现水平裂缝脱空	边坡/挂网喷浆
64	路堑边坡	上边坡喷素浆绝大部分存在震害	喷射灰浆防护

表 1.10 国道 213 线映秀至汶川段边坡震害情况

编号	发生震害部位	震害情况	受损结构类型
1	路堑边坡	山体崩塌，柔性主被动网破坏	主被动网
2	路堑边坡	路堑边坡整体崩塌掩埋路基	路基本体
3	路堑边坡	路堑边坡整体崩塌掩埋路基	路基本体

续表

编号	发生震害部位	震害情况	受损结构类型
4	路堤边坡	拱形骨架外移 20 cm，路肩石外移 65 cm、下沉 30 cm	拱形护坡
5	路堑边坡中上部及挡墙	坡面垮塌，部分挡墙被砸毁	重力式挡墙
6	路堑边坡	锚头失效，框架梁及节点有震害	锚杆框架梁
7	路堑边坡中上部及挡墙	坡面垮塌，挡墙鼓胀 5 cm	重力式挡墙
8	路堑边坡	网被冲破	主动式柔性防护网
9	路堑边坡	路堑边坡崩塌掩埋路基	边坡/路基本体
10	路堑边坡	山体崩塌，被动防护网破坏	被动柔性防护网
11	路堑边坡及路堑墙	坡面及挡墙垮塌	重力式挡墙
12	路堑边坡	锚头失效，框架梁及结点断裂	框架梁
13	路堑边坡中上部	边坡垮塌、挡墙被砸坏	重力式挡墙
14	路堑边坡	锚头失效，框架梁及结点断裂	框架梁
15	路堑边坡	路堑边坡整体崩塌掩埋路基	路基本体
16	路堑边坡	路堑边坡整体崩塌掩埋路基	路基本体
17	路堑边坡	路堑边坡中上部整体崩塌掩埋路基	路堑边坡
18	路堑边坡及挡墙	挡墙被落石砸坏	重力式挡墙
19	路堤边坡	拱形骨架护坡外移 18 cm，下沉 30 cm，路桥过渡段涵洞沿线路走向有贯通裂缝，涵洞底有裂缝	孔窗式护面墙
20	路堑边坡	路堑边坡整体崩塌掩埋路基	路基本体
21	路堑边坡	路堑边坡整体崩塌掩埋路基	路基本体
22	路堑边坡	路堑边坡整体崩塌掩埋路基	路基本体
23	路堑边坡	路堑边坡整体崩塌掩埋路基	路基本体
24	路堑边坡	主动网被冲破	主动式柔性防护网
25	路堑边坡	路堑边坡整体崩塌掩埋路基	路基本体
26	路堑边坡	路堑边坡整体崩塌掩埋路基	路基本体
27	路堑边坡上部	主动网拉坏	主动网

续表

编号	发生震害部位	震害情况	受损结构类型
28	路堤边坡顶	路堤边坡开裂下沉，防撞护栏外倾	无防护
29	路堑上边坡	网被冲破，外侧防撞护栏被砸坏 40 m	主动网
30	路堑上边坡	大型山体崩塌	无防护
31	路堑上边坡	坡顶崩塌，砸坏护面墙顶，框架护坡大部分也被破坏	路堑护面墙+框架护坡
32	路堑上边坡	崩塌砸坏框架护坡的框架，护面墙顶部分被砸	护面墙+框架护坡
33	路堑上边坡	主动网被冲破	主动网
34	路堑上边坡	崩塌体下滑，路边有石笼挡墙	无防护
35	路堑上边坡	上边坡崩塌砸坏护面墙局部	被动网+护面墙
36	路堑上边坡	主动网喷浆部分砸坏，碎石流挤出，部分松动	锚杆+主动网+喷浆护坡
37	路堑上边坡	崩塌	无防护
38	路堑边坡	崩塌砸坏路肩，滑移	无防护
39	路堑上边坡	上边坡滑塌	无防护
40	路堑上边坡	上边坡崩塌，掩埋路基	无防护
41	路堑上边坡	上边坡崩塌掩埋路基	无防护
42	路堑上边坡	上边坡崩塌	无防护
43	路堑上边坡	崩塌，震后新修了石笼挡墙	无防护
44	路堑边坡中上部	飞石砸坏挡墙+开裂	重力式挡土墙
45	路堑上边坡	山体崩塌掩埋路基	路基本体
46	路堑边坡中上部	落石砸坏路堑墙及护栏	重力式挡墙
47	路堑边坡及路堑墙	坡顶崩塌落石砸坏墙顶，主动网部分被冲坏	主动网+路堑墙
48	路堤边坡及路肩	路堤边坡拱形护坡开裂，路肩开裂、下沉	路基本体
49	路堑边坡	主动网局部被拉坏（玉龙电冶厂大桥汶川侧）	主动网
50	路堑上边坡	冰水堆积台地滑塌	无防护

国道 213 线都江堰至映秀公路调查震害边坡样本 64 处，边坡防护类型包括挂网（含喷混凝土和柔性网）、护面墙、骨架护坡、喷浆防护、锚杆、锚索 6 种类型。震害现象主要包括开裂、坍塌、垮塌、剥落、鼓胀等，见图 1.23 ~ 图 1.25 所示。其中：路堑边坡（上边坡）58 处，占总震害数量的 90.2%；路堤边坡（下边坡）6 处，占总震害数量的 9.8%。

（a）远观图，边坡整体基本稳定　　　　（b）近观图，护面墙及框架结点局部破损

图 1.23　都映公路寿江大桥边坡震害

（a）远观图，锚杆框架加固边坡稳定，　　（b）近观图，框架梁底部脱空
　　　下部无加固则滑动

图 1.24　都映公路 K1020+120 路堤边坡震害

 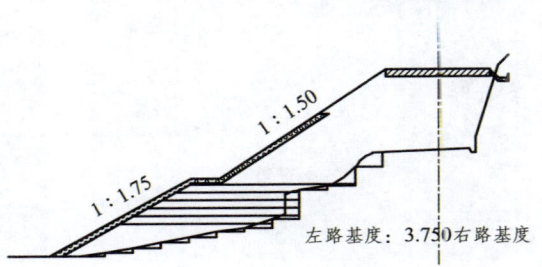

（a）路堤边坡滑动导致路面开裂　　　　（b）路堤原设计示意

图 1.25　都映公路 K1009+079 路堤边坡震害

（1）挂网类边坡震害合计44处，其中挂网喷浆工点35处，主动防护网工点6处，骨架网格护坡工点1处，主要震害现象为喷浆开裂、剥落、垮塌、变形、鼓胀等。

（2）锚杆、锚索框架类震害合计10处，其中：锚杆、锚索震害工点3处，主要表现为锚头脱落；框架震害工点7处，主要表现为框架梁及结点开裂、悬空等。

（3）骨架护坡类震害合计6处，其中锚杆加预制块防护工点4处、网格骨架植草2处，主要表现为开裂、变形、鼓胀等。

（4）喷浆防护类震害工点3处，主要表现为喷混凝土或喷浆发生变形、开裂、垮塌等。

（5）护面墙震害工点1处，主要表现为护面墙坍塌开裂震害。

国道213线映秀至汶川段共调查边坡震害50处，其中边坡防护结构震害27处，涉及护面墙、挂网类、骨架护坡、喷混凝土（灰浆）防护和锚杆（索）5种类型。震害现象为开裂、剥落、垮塌、下沉、脱空等，见图1.26、图1.27所示。

（a）框架梁脱空，并被落石砸坏　　　　（b）框架梁结点损坏

图1.26　映汶公路路堑边坡震害（框架梁）

（a）路堤边坡拱形护坡开裂，下错　　　（b）桥台路堤边坡护坡开裂

图1.27　映汶公路典型路堤边坡震害照片

在有防护工程措施的边坡震害中,路堑边坡(上边坡)为 24 处,数量比为 88.9%;路堤边坡(下边坡)为 3 处,数量比为 11.1%。由于国道 213 线映秀至汶川公路沿线以硬质花岗闪长岩为主,崩塌类地质灾害尤为突出,边坡震害多伴有崩塌、落石等对坡面防护结构的损坏,一般没有单一工程及防护结构的震害。经统计:

(1)挂网防护类震害工点 10 处,防护结构主要为主动柔性网和被动柔性网,震害现象主要为边坡崩塌、落石、垮塌、网被冲破等。

(2)圬工护面墙防护震害工点 4 处,包括实体式护面墙与拱形(孔窗式)护面墙,震害现象主要表现为开裂、垮塌、坍塌等。

(3)锚杆锚索框架类防护震害工点 3 处,震害主要表现为锚头脱落、内陷、框架梁及结点断裂、变形等。

(4)骨架类护坡防护震害工点 2 处,震害主要表现为混凝土预制块框架开裂、垮塌等。

(5)喷混凝土防护震害工点 1 处,震害主要表现为喷混凝土开裂、剥落。

1.3.4 不同边坡防护结构的震害差异

调查发现,有防护结构的路基边坡震害程度和破坏数量总体较无防护边坡少,边坡震害样本 534 处,其中,无防护边坡数量为 360 处、比例为 67.4%,有防护边坡 174 处、比例为 32.6%,见表 1.11 所示,边坡震害主要位于无防护结构的土质边坡上。现场调查时对坡面防护结构的震害也进行了统计,边坡的防护结构主要为主被动柔性网、圬工护面墙、锚杆锚索及框架梁、挂网喷混凝土等类型。

据统计,约 60%的有防护结构的边坡震害位于护面墙和挂网喷混凝土两类防护类型中。护面墙主要是为了防止岩体风化破碎和表层溜坍而设置的厚度不大的贴合坡面的圬工体,因此,与重力式挡土墙不同,由于护面墙本身不起抗滑支挡作用且结构较为单薄,因此抗震作用差,在地震作用下其震害数量相对较多。

表 1.11　不同防护类型震害情况统计

防护结构类型	震害数量/处	不同防护结构类型震害占总数百分比/%	备注
实体式护面墙	59	33.9	震害数量合计 174 处
挂网喷浆	46	26.4	
坡面柔性防护网	24	13.8	
植树	13	7.5	
种草	10	5.7	
水泥混凝土预制板	7	4.0	
锚杆结合预制板	6	3.4	
圬工网格骨架种草	2	1.1	
孔窗式护面墙	1	0.6	
喷射混凝土或喷浆（无网）	6	3.4	

　　挂网喷混凝土防护结构是路堑边坡防护中的常用形式。其与护面墙类似，主要功能是防止边坡受风化影响，提高边坡的稳定性，但其抗震性能较差，所以在强震作用下容易失效致使边坡失稳垮塌。

　　植被防护主要是起到坡体表面绿化和半封闭坡面的作用，有利于减少水土流失，兼具部分边坡稳定的效果。边坡植被防护主要分为种草和植树两类，其破坏数量总体相当。调查显示，植被防护抗震性能差，种草或者植树对地震作用下稳定边坡的效应没有明显的差异。

　　喷混凝土（浆）防护采用水泥砂浆、小石子混凝土等混合料喷在坡面上进行边坡封面和填缝，以防止边坡进一步风化、剥蚀，减少降雨冲刷影响，提高边坡稳定性。与护面墙相似，喷浆防护由于一般没有锚杆，抗震性能总体较差，在提高边坡稳定性方面不如锚杆挂网喷混凝土性能好，由于在边坡防护中使用较少，所以调查发现的震害数量也相应较少。

　　从调查结果发现，框架类与锚杆锚索类防护结构在地震中破坏较少，即便遭受损坏防护功能也没有完全失效，抗震性能良好。防护结构震害中有 109 处系防护功能失效随边坡发生了垮塌，发生该类震害的多为挂网喷浆、护面墙以及植物防护，见图 1.28～图 1.33 所示。

图 1.28 映秀至汶川段主动网震害

图 1.29 三江至漩口段水泥混凝土预制块震害

图 1.30 映汶路护面墙震害

图 1.31 北川—桂溪段植树防护震害

图 1.32 映秀以北典型的坡体破坏

图 1.33 映秀以南典型的坡体破坏

1.3.5 地层岩性及断层上下盘震害差异

以映秀附近为界,南北方向的地层岩性不同,所处的北川至映秀断裂上下盘位置也不同，震害类型和程度也不同。映秀以北位于北川至映秀断裂上盘，岩性以脆硬性花岗闪长岩为主，山体普遍高陡，卸荷作用强，岩体节理、裂隙非常发育，受地震影响，发育了大规模的崩塌、落石；而映秀以南，地层以软至中软的三叠系沉积砂泥岩为主，节理裂隙规模小，山体坡度不大，形成的崩塌、落石规模相对较小。

上述边坡震害差异在断层的上下盘也有表现。北川至映秀断裂上盘发育的崩塌、滑坡和泥石流灾害非常严重，位于断裂上盘且以花岗岩体为主的省道 S303 线映秀至耿达段、国道 213 线映秀至草坡段地质灾害规模大、数量多，道路难以短时间抢通，而以较软岩为主的都江堰至映秀段公路则较易抢通。综上可知，地层岩性及发震断裂的上下盘的不同对地震地质灾害类型和规模影响较大。

1.3.6　边坡震害影响因素

边坡震害主要受地震强度、地形、坡体结构等因素的影响，震害类型、规模等存在较大差异，以下从坡度和坡高、岩土类型、与断裂带的夹角等方面进行论述。

1. 坡度与坡高

坡高、坡度都是影响边坡稳定的重要因素，一般情况下，即使没有地震的影响，坡度越大的边坡也越容易发生灾害，坡度直接决定边坡的应力分布。一般来说，随坡度增大，坡体发育的软弱结构面增多，边坡的稳定性越低。调查统计范围内边坡灾害数量随坡度和坡高的变化关系见图 1.34 和图 1.35 所示。

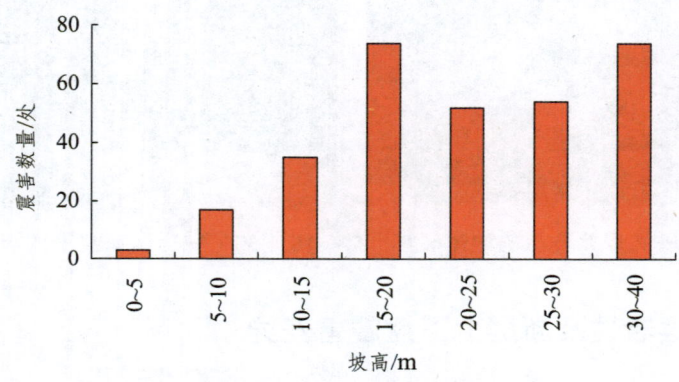

图 1.34　坡高与震害数量关系

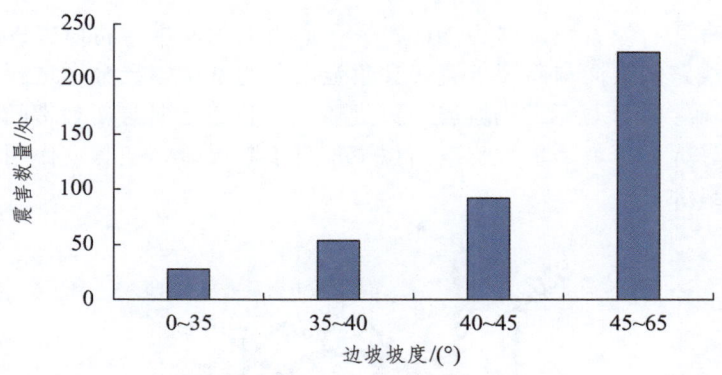

图 1.35　坡度与震害数量关系

图 1.34 表示的是坡高与路堑边坡震害数量的分布关系,需要说明的是因为路基"红线"内边坡高度多在 40 m 以下,故调查统计样本为低于 40 m 的边坡,可知,随坡高增加,震害数量也在增加,高度大于 20 m 的边坡是防护重点。

图 1.35 表示的是边坡坡度与震害数量的统计关系,需要说明的是因为路基"红线"范围内的边坡坡度大多小于 65°,故调查统计样本为小于 65°的边坡,可知,边坡震害主要分布于 35°~ 65°区间,坡度小于 65°震害数量随着坡度增加呈上升趋势,坡度大于 35°的边坡是防护的重点。

2. 岩土类型

岩土体是边坡灾害发生的承载体。调查时将边坡岩土类型分为岩质、土质、上土下岩三类,统计见表 1.12 所示。岩质与上土下岩边坡震害数量超过震害数量的一半,多出现崩塌性滑坡现象是"5·12"汶川地震与其他地震边坡震害的显著区别。

表 1.12　不同地层岩性组合的边坡震害情况统计

地层岩性组合条件	震害总数/处	不同岩性组合边坡震害占总震害数量百分比/%	备注
土质	209	45.6	不同地层岩性组合震害样本合计 458 处
上土下岩	146	31.9	
岩质	103	22.5	

3. 工点路线走向与发震断裂走向的夹角

将"5·12"汶川地震发震断裂(龙门山中央断裂)简化为穿过北川、映秀的一条直线，该直线走向为 NE32°。以此直线为基准，将研究区域内调查统计的各线路的走向与断裂带直线夹角范围分为 9 个等级分别进行统计，见图 1.36 所示。统计显示，边坡震害数量随所处公路走向与断裂带间夹角增大而呈下降趋势，也就是边坡临空面位于垂直于断层时，地震动作用最大，震害程度也最大。

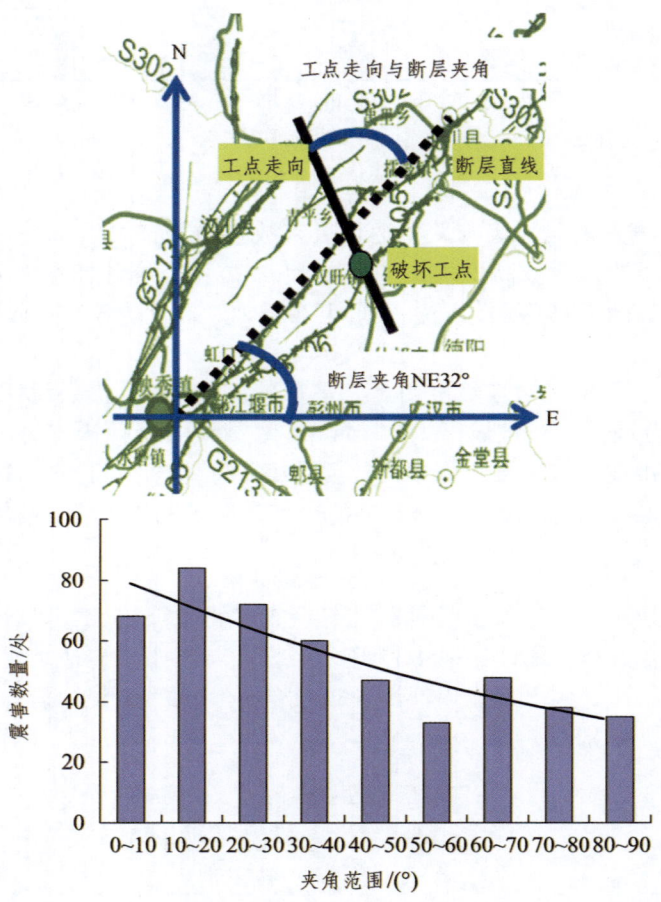

图 1.36　震害点所处公路走向及数量与发震断裂夹角关系

1.3.7　边坡锚固防护工程抗震效果

边坡锚固工程就是用一定的传力体系将变形或潜在不稳定岩土体锚固在稳定岩土体之上的工程。视传力体系所采用的材料的不同，边坡锚固工程可以分为锚杆和锚索两大类。锚固工程一般由主体传力系统（锚杆、锚索）和辅助传力系统组成。锚固体系震害按不同结构进行分类，见图1.37所示。

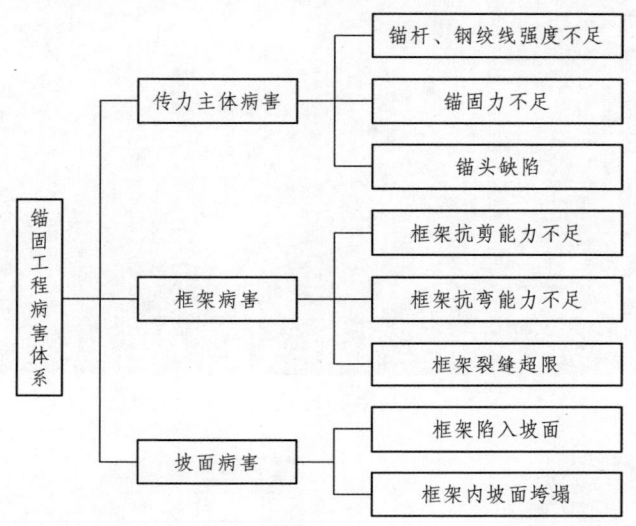

图1.37　锚固体系病害分类

从震害调查可知，采用了锚固防护工程（锚杆挂网喷混凝土、锚杆锚索框架梁等）的边坡震害总体较轻或表观无明显震害现象，表明锚固工程用于高烈度地震山区公路边坡防护总体是有效的，且以锚杆（索）框架梁防护工程的抗震性能表现最好，见图1.38～图1.55所示。

1. 有无防护措施的破坏差异

据调查，有防护工程路堑边坡的破坏程度明显轻于未防护的边坡，且与边坡高度的关系并不明显，边坡采用了挂网喷混凝土（浆）、锚固框架梁、主动防护网等防护措施工点的震害总体较轻或无明显震害，而未采取防护的相邻边坡则发生了明显破坏。

2. 防护边坡类型不同的破坏差异

有防护工程的边坡其破坏程度也有差异，有的边坡虽然实施了防护措施，但仍没有达到有效加固边坡的目的，需要综合考虑岩性、坡体结构、坡度等因素选取合适的防护工程措施。震害调查表明，预应力锚索框架梁是一种有效的抗震防护类型，采用了此种防护类型的边坡没有明显震害或震害程度明显较小。

图 1.38　G213 公路无防护与锚索框架梁震害对比

图 1.39　有无防护破坏情况对比

图 1.40　无防护与锚杆框架防护对比

图 1.41　高边坡防护与矮边坡无防护对比

图 1.42　无防护与锚杆挂网喷混凝土边坡对比

图 1.43 锚杆挂网喷混凝土防护与无防护对比

图 1.44 隧道口边坡无防护，破坏严重

图 1.45 锚杆挂网喷混凝土防护与无防护对比

图 1.46 锚杆框架加固边坡，无震害

图 1.47 边坡采用框架梁防震害轻微，上方崩塌落石掩埋路基

图 1.48 锚杆框架梁防护后无破坏，紧邻路基严重隆起

图 1.49 锚杆框架未见明显病害

图 1.50 锚杆挂网喷混凝土与锚索挂网喷混凝土对比

图 1.51 柔性主动网防护

图 1.52 锚杆挂网喷混凝土与锚杆框架梁防护对比

图 1.53 锚杆框架梁防护，无明显震害

图 1.54 挂网喷混凝土与锚杆框架对比

图 1.55 都映高速公路紫坪铺水库出口边仰坡垫墩锚杆植草防护受地震影响较小（与之紧邻的庙子坪大桥震后病害严重）

1.3.8 锚固工程震害分析

结合震害调查分析，边坡锚固结构总体上震害较少，在地震作用下主要发生以下四类震害：① 传力主体损伤；② 框架震害；③ 坡面承载力不足；④ 坡面防护破坏。在锚固结构的四类震害中，前三项即传力主体震害、框架震害和坡面承载力问题，其最终都是锚杆锚固力或者是锚索预应力受到影响，从而影响加固工程的效果。

1. 传力主体震害

锚杆、钢绞线强度不足：① 对于锚杆而言，其强度不足主要表现在所受拉力超过了杆体钢筋的承受能力。在确保施工和锚固体完整性的情形下，出现该类问题的主要原因是边坡在地震作用下的变形程度超过了设计预期。② 对于锚索而言，出现此类问题的主要原因有两点：一是锚索的受力方向和轴向的夹角过大，锚索被剪断；二是设计参数取值不准确，当边坡的变形位移累积到一定的程度时，锚索承受的拉力超出其本身极限抗拉强度后断裂。若此类破坏发生在锚索的自由段，则锚头的夹具会松动，拉出锚索，断裂的部位即可直观判断；若此类破坏发生在锚固段，则难以直接判断。边坡锚固工程断面示意见图 1.56 所示。

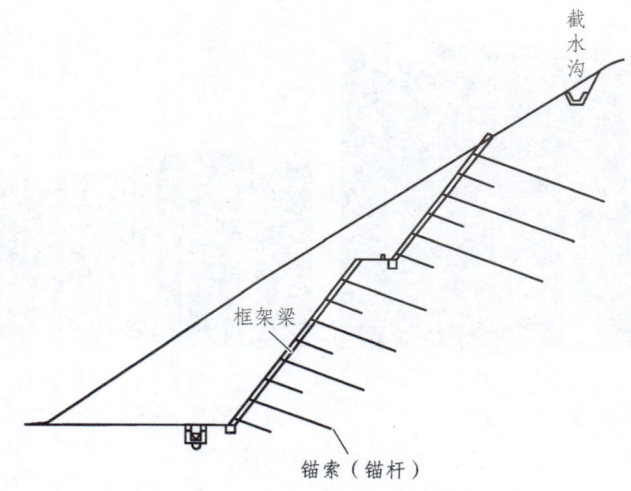

图 1.56　边坡锚固工程断面示意

锚固力不足：根据规范规定，无论是锚杆还是锚索，在大范围使用之前，都需要进行现场拉拔试验。但是由于岩土体的性质变化较大，在岩性变弱的部分可能会在使用过程中出现此类震害。对于此类震害的判断，在安装锚索测力计的部位，可以观测到锚索预应力的持续下降；在未安装锚索测力计的部位，可以通过现场拉拔测试来检测。汶川地震发生后，由于在地震作用下，边坡发生了剧烈的变形，因此导致部分锚固工程出现松动、断裂、破损。

锚头缺陷：此类病害产生的原因，除了地震因素外，还与工程时限以及施工质量相关。一是锚具老化腐蚀；二是锚头承压板凹陷变形，如图 1.57 所示。

（a）锚头沉陷

（b）钢垫板变形

图 1.57　锚头震害图片

2. 框架震害和边坡坡面承载力

框架震害和边坡坡面的承载力有较为密切的关系，其主要的震害形式如下：

框架受弯破坏：截面最大弯矩处梁的弯矩超过了抗弯能力从而发生弯曲破坏。具体部位可能是节点靠山侧的受拉弯矩，也可能是跨中受拉弯矩。

框架抗剪能力不足：框架梁的截面抗剪强度不足引起剪切破坏，主要是因为截面尺寸偏小或者混凝土的强度不足、箍筋数量不足等所导致。一般来说，可能出现最大剪力的位置在节点的上下或者左右两侧，在破坏时出现斜向裂缝，如图 1.58 所示。

（a）边坡加固工程震害全景

（b）框架节点剪切破坏　　　　　（c）框架梁受弯破坏

图 1.58　锚索框架梁震害

1.4 汶川地震公路路基挡土墙震害

选取汶川地震极重灾区内的都江堰至汶川段公路这一地震"足尺"天然试验场为调查对象，重点调查公路挡土墙结构类型、震害情况、破坏特征等，收集第一手原始、原型震害资料，为挡土墙的进一步研究、改进设计获取基础资料。

1.4.1 线路概况

国道 213 线都江堰至汶川段是阿坝藏族羌族自治州通往成都的咽喉要道，也是到卧龙、黄龙、九寨沟等世界著名景点的黄金旅游线路。都汶公路可以分为两段：都江堰至映秀镇段长 21 km，为三级公路，是紫坪铺水库改建道路，2003 年建成；映秀镇至汶川县城段长 56 km，为二（三）级公路，2007 年建成。"5·12"汶川地震发生后，都汶公路是成都进入震中地区的生命通道，万众瞩目。为"抢通、保通"都汶公路提供技术支撑及收集珍贵的第一手震害资料，作者于震后前往震区，对道路沿线的挡土墙震害进行了大量的实地调查。

调查路线起点是都江堰紫坪铺大坝，经映秀镇止于汶川县城，见图 1.59 所示。该段路线位于龙门山中南段、四川盆地西北侧，地势西北高东南低，海拔 830～1 325 m，相对高差 495 m。路线沿岷江右岸逆流而上，穿越友谊隧道，跨越岷江支流寿江，经漩口、百花至映秀，再经石马巷、银杏、绵虒镇，止于汶川县城北。

图 1.59 都江堰至汶川段震害调查路线

调查区为龙门山构造带，区域内断层较为发育，线路穿过的大部分区域位于龙门山中央断裂带与前山断裂带之间。从档案部门查阅了道路设计图纸，场地设防烈度为Ⅶ度，设计基本地震加速度为 0.1g。"5·12"汶川地震中该区域实际地震烈度为Ⅸ~Ⅺ度。

1.4.2 路基设计概况

国道 213 线都江堰至映秀段为三级公路，路基宽 7.5 m，行车道宽 6.5 m，两侧路肩宽度分别为 0.5 m。路拱横坡坡度为 2%，路肩横坡坡度为 3%。映秀至汶川段为二级公路，路基宽 8.5 m，行车道宽 7 m，两侧路肩宽度分别为 0.75 m。以上两段路面类型为沥青混凝土路面，设计行车速度为 40 km/h。

公路沿岷江左右两岸布线，纵向和横向半填、半挖路基形式较多。挖方边坡为松散堆积物或破碎岩体时，一般坡高 6~8 m 为一级，每级留 2 m 平台，坡面采用护面墙或锚杆挡土墙等防护；边坡为完整砂岩、灰岩、花岗岩时，坡高 10~15 m 为一级，每级留 1.5 m 平台，坡面无防护。填方路堤边坡高度大于 7 m 时，路基边坡坡率采用阶梯形式，下部缓一些为 1:75~1:2.0，上部相对陡一些为 1:1.5，其间设 2 m 平台；高度小于 7 m 的边坡为一坡到底，坡率为 1:1.5。路堤的填筑材料多来自路基挖方如花岗岩、砂泥岩、碎块石土等，粗粒土填料的最大粒径小于压实层厚度的 2/3（表 1.13）。

表 1.13 路堤压实度及填料最小强度要求

填挖类型		自路面底面起计深度范围/cm	压实度/%	填料最小 CBR 值	填料最大粒径/cm
路床路堤	上路床	0~30	≥95	6	10
	下路床	30~80	≥95	4	10
	上路堤	80~150	≥94	3	15
	下路堤	>150	≥92	2	15
零填及路堑路床		0~30	≥95	4	10
		30~80	≥95	6	10

斜坡地层主要为第四系崩坡积、残坡积碎（块）石质土，土层厚度一般较薄，大部分地段基岩裸露，斜坡自然坡度一般为 12°~15°，局部为 25°~30°，受地形横坡影响，路基多采取半挖半填、全填的方式。设计上根据地形、

地质条件及工点特征、稳定性分析结论,大量采用了重力式挡土墙对路基进行支挡。

1.4.3 路基挡土墙震害调查

国道 213 线都江堰—映秀—汶川段,道路全长 77 km,原设计重力式挡土墙 274 处,全长 19 894.5 m;加筋土挡土墙 9 处,全长 745.09 m;锚杆框架挡土墙、桩板式挡土墙等 101 处,全长 8 044.31 m。

汶川地震对挡土墙造成了大量的破坏,本次震害调查对各类震害工点进行了系统的调查记录。调查内容包括震害工点所在的边坡条件、工程地质条件、路线走向、路基形式、路基本体和挡土墙结构外形特征以及震害类型和特征等内容。经统计发现:发生震害的重力式挡土墙共有 87 处,全长 6 103.4 m;加筋土挡土墙 3 处,全长 251 m;锚杆框架挡土墙、桩板式挡土墙等 13 处,全长 1 146.8 m。震害调查概况见表 1.14 所示。

表 1.14 国道 213 线都江堰至汶川挡土墙震害概况

编号	长度/m	受损部位	震害情况	震害结构类型
1	54	K1008+800 路肩挡墙上部外倾	墙顶的平均位移为 50 cm,部分墙体后土压力超挡墙抗剪强度,发生了垮塌	重力式挡墙
2	50	路堑挡墙	墙顶片块石开裂	重力式挡墙
3	10	路堑挡墙中上部	墙面鼓胀、墙顶坍塌	重力式挡墙
4	20	路堑边坡中下部	垮塌,已新修混凝土挡墙	重力式挡墙
5	60	路堑挡墙	上部护面墙挤压震害,顶部垮塌	重力式挡墙
6	45	K1014+175 路肩挡墙上部外倾	长度约 30 m 范围内挡墙上部向外弯曲,墙顶的平均位移为 50 cm	重力式挡墙
7	20	K1020+120 路堤边坡	上部路堑墙外倾 36 cm,下部无防护土体溜坍	重力式挡墙
8	121	K1022+900 路堤加筋土挡墙中部	在台阶处下方出现面板垮塌、筋带断裂震害,但路基本体并没发生严重震害,整体稳定	加筋土挡土墙
9	85	上边坡中上部	中上部开裂,已进行抹面修复	重力式挡墙
10	40	路肩挡墙中上部	基本完好,路肩处下沉开裂,小桩号端外倾错开 10 cm	重力式挡墙
11	42	路肩挡墙中上部	挡墙外倾,上 10 cm、下 7 cm,路肩开裂	重力式挡墙

续表

编号	长度/m	受损部位	震害情况	震害结构类型
12	15	路堑挡墙中上部	挡墙外倾 5 cm，拉开 2 cm	重力式挡墙
13	100	路堑中上部	整体基本稳定，中部、下部水平裂缝，剪出 10~15 cm	重力式挡墙/挂网喷浆
14	40	路肩挡墙	挡墙伸缩缝错开 20 cm，墙身和锚索未见异常	锚索框架
15	40	路肩挡墙中上部	上部外倾 10 cm，一处竖向裂缝 3~5 cm	重力式挡墙
16	50	路堑墙中上部	整体稳定，5 条竖向裂缝，最宽 5 cm	重力式挡墙
17	200	路堑挡墙	水平开裂，缝长 30 m	重力式挡墙
18	50	路堑挡墙及边坡中下部	挡墙被砸坏，部分震后已被修复	重力式挡墙
19	50	路堑上边坡	整体完好，节点处有开裂现象	框架梁挡墙
20	50	路堑挡墙及边坡中下部	挡墙有贯通的竖向裂缝	重力式挡墙
21	40	路堑挡墙及边坡中下部	路肩挡墙最大开裂 20 cm，已采用锚杆框架修复	重力式挡墙
22	50	路堑挡墙	出现下部剪切，剪出约 5 cm	重力式挡墙
23	50	路堑桩板墙	桩倾斜，与挡板拉开	桩板式挡墙
24	60	路堤加筋挡墙中下部	中下部垮塌，震后已用混凝土加固	加筋土挡土墙
25	18.9	路堑挡墙	挡墙顶部局部垮塌，1 m 以上范围表层脱落	重力式挡墙
26	20	路肩墙	整体侧移外倾 21 cm 局部鼓胀，竖向两条较大裂缝	重力式挡墙
27	68.5	路肩墙	挡墙伸缩缝处外倾 90 cm	重力式挡墙
28	30	路堑墙	挡土墙被砸垮，落石最大直径为 2.5 m	重力式挡墙
29	23	路堑挡墙	坡顶下滑的落石砸坏挡墙，中间内凹形成一陡峭冲沟	重力式挡墙
30	16	路堑挡墙	挡土墙竖向开裂有贯通裂缝，外倾 26 cm	重力式挡墙
31	37.6	路肩墙	伸缩缝处外倾 8 cm	重力式挡墙
32	28	路肩墙	浆砌块石，路肩墙外倾 78 cm	重力式挡墙
33	55	路堑墙	坡脚墙开裂严重，最大裂缝达 15 cm	重力式挡墙

续表

编号	长度/m	受损部位	震害情况	震害结构类型
34	130	路肩墙	墙顶位移达 27 cm	重力式挡墙
35	30	路肩挡墙	墙顶位移为 7~20 cm,扩大基础整体错动带动挡墙错动,基础没有问题	重力式挡墙
36	28	路肩挡墙	墙顶位移 25 cm	重力式挡墙
37	40	路肩墙中上部	上部外移 22 cm,下部外移 15 cm	重力式挡墙
38	50	路堑墙中上部	砸坏挡墙,有 3 cm 裂缝	重力式挡墙
39	40	路肩墙中上部	外移约 5 cm	重力式挡墙
40	20	路肩墙中上部	发生侧移、中部隆起,外倾约 59 cm	重力式挡墙
41	110	路堑墙中上部	发生错台,上部约 20 cm	重力式挡墙
42	215	路堑边坡中上部	出现两条竖向裂缝,端部破裂,外倾 82 cm	重力式挡墙
43	70	路肩加筋土挡墙中上部	原加筋挡墙面板震害,现外加 1~1.5 m 混凝土挡墙	加筋土挡土墙
44	72.5	路堑边坡	上部框架节点处钢筋脱落	锚杆框架挡土墙
45	40	路堑墙中上部	挡土墙端部下沉,局部被落石砸坏	重力式挡墙
46	100	路肩墙	挡墙完全垮塌	重力式挡墙
47	60	路肩墙	挡土墙顶部外移 40 cm	重力式挡墙
48	55	路堑墙	墙体面板脱落	重力式挡墙
49	40	路肩墙	上部开裂隙长 2 m,墙体外倾约 63 cm	重力式挡墙
50	40	路堑墙	浆砌卵石与混凝土墙界面开裂	重力式挡墙
51	65	路堑墙	伸缩缝张开 7 cm,贯通竖向裂隙逢宽 4 cm,外倾 51 cm	重力式挡墙
52	40	路肩墙	墙顶位移 50 cm	重力式挡墙
53	30	路堑挡墙	挡墙中部鼓胀约,外倾约 70 cm	重力式挡墙
54	30	路堑墙	挡墙中部鼓胀约,外倾约 36 cm	重力式挡墙

续表

编号	长度/m	受损部位	震害情况	震害结构类型
55	30	路肩墙	挡墙伸缩缝张开 10 cm，外倾约 57 cm	重力式挡墙
56	60	路堑墙	中部鼓胀约 30 cm	重力式挡墙
57	75	路肩墙	挡土墙中部向外弯曲，最大变形约 45 cm	重力式挡墙
58	30	路肩墙	两条贯通竖向裂隙缝宽 2 cm，外倾约 43 cm	重力式挡墙
59	30	路堑墙及上边坡	挡墙局部被砸坏	重力式挡墙
60	50	路堑墙	挡墙垮塌	重力式挡墙
61	60	路堑墙	挡墙垮塌、开裂，裂缝宽 80 cm	重力式挡墙
62	70	路肩墙	施工缝水平剪出 20 cm	重力式挡墙
63	20	路肩墙	施工缝水平剪出 40 cm	重力式挡墙
64	150	路堑墙	伸缩缝处错开 3~5 cm，局部因变形砂浆脱落	重力式挡墙
65	300	路堑边坡	内侧崩塌，右侧挂网喷浆震害，未挂网处垮塌严重	坡脚挡墙/边坡无防护
66	40	路肩墙	挡土墙全部垮塌	重力式挡墙
67	30	中上部	伸缩缝错开，挡土墙局部开裂垮塌	重力式挡墙
68	60	路堑墙	右侧挡墙部分整体震害及其他开裂，上部土体溜滑，护面墙部分垮塌开裂	边坡/路堑挡墙
69	150	路肩墙、路堑墙	路肩墙为锚索框架，上边坡挡墙部分砸坏，网喷震害	重力式挡墙
70	60	路堑抗滑桩及桩间挡墙	浆砌块石开裂，最宽为 7~15 cm，抗滑桩歪斜变形，桩前倾-50 cm	抗滑桩/重力式挡墙
71	20	路堑墙	上挡墙裂缝，一段在上部，一段在中部，缝宽 2 cm	重力式挡墙
72	18.6	路堑墙	上挡墙开裂最宽 15 cm，路堤抗滑桩完好	重力式挡墙
73	30	路肩墙	挡墙已震后加固	重力式挡墙
74	30	路堑墙	挡墙局部外鼓，墙顶外倾约 28 cm	重力式挡墙
75	11	路堑墙	墙体外鼓 15 cm，墙后土体坍塌，上挡墙垮塌已修复	重力式挡墙
76	30	路肩墙	外侧挡墙变形垮塌，震后用框架梁修复和加固	框架式挡土墙
77	16.5	路堤边坡	拱形骨架外移 20 cm，路肩石外移 65 cm、下沉 30 cm	拱形护坡墙

续表

编号	长度/m	受损部位	震害情况	震害结构类型
78	174	路堑边坡中上部及挡墙	坡面垮塌，部分挡墙被砸毁	重力式挡墙
79	150	路堑边坡	锚头失效，框架梁及节点震害	锚杆框架挡土墙
80	282.7	路堑边坡中上部及挡墙	坡面垮塌，挡墙鼓胀 5 cm	重力式挡墙
81	37.6	路肩墙	路肩外移 3 cm	重力式挡墙
82	53.3	路肩墙	墙顶外移 50 cm	重力式挡墙
83	87.8	路基	路堑边坡崩塌掩埋路基	坡脚矮挡墙
84	293	路堑边坡及路堑墙	坡面及挡墙垮塌	重力式挡墙
85	115	路堑边坡	锚头失效，框架梁及结点断裂	锚杆框架挡土墙
86	493	路堑边坡中上部	边坡垮塌、挡墙被砸坏	重力式挡墙
87	115	路堑边坡	锚头失效，框架梁及结点断裂	锚杆框架挡土墙
88	115	路堑边坡中上部	挡墙鼓胀，外倾 50 cm	重力式挡墙
89	148	路堑墙及边坡	挡墙被砸坏	重力式挡墙
90	39	路肩墙	路肩外移 15 cm、下沉 20 cm	重力式挡墙
91	140	路堑边坡及挡墙	挡墙被落石砸坏	重力式挡墙
92	97	路肩墙	墙位移 18 cm、下沉 30 cm	重力式挡墙
93	5.2	路肩墙	路肩侧移约 1.1m，局部垮塌	重力式挡墙
94	10	路肩墙	路肩侧移 12 cm	重力式挡墙
95	30	路堑墙	变形开裂，裂缝宽 2 cm	重力式挡墙
96	42	路肩墙	路肩墙顶位移 17 cm	重力式挡墙
97	205	路堑墙	墙面开裂，伸缩缝外错，约 36 cm	重力式挡墙
98	125	路肩墙	路肩墙顶位移 7～26 cm，已做浆砌块石支撑	重力式挡墙
99	220	路堑边坡中上部	飞石砸坏挡墙+开裂	重力式挡土墙
100	55	路堑边坡中上部	落石砸坏路堑墙及侧护栏	重力式挡墙
101	55	路堑墙	挡墙墙顶外移约 68 cm	重力式挡墙
102	77	路堑墙	则桑大桥映秀侧崩塌，墙顶垮塌	重力式挡墙
103	10	路肩墙	路肩开裂下沉，下沉约 12 cm，墙体外倾 55 cm	重力式挡墙

注：震害工点各编号均对应有坐标位置。

调查的国道213线紧邻震中，主要位于龙门山中央断层的下盘，挡土墙结构受次生地质灾害的影响较小，以结构性损坏为主，受损严重。挡土墙结构震害主要表现为墙体的基底位移、墙身剪裂、墙身倾覆等，部分震害工点见图1.60～图1.73所示。

图1.60 震害编号7：K1020+120路堑墙外倾和路基本体塌陷

图1.61 震害编号8：K1022+900加筋土挡土墙发生震害，墙面板垮塌、筋带断裂

图1.62 震害编号46：重力式挡土墙垮塌，路基滑移

图1.63 震害编号13：挂网喷浆坡体发生剥落

图1.64 震害编号36：重力式挡土墙外倾

图1.65 震害编号23：桩板式挡土墙倾斜

图 1.66　震害编号 75：重力式挡土墙外鼓

图 1.67　震害编号 70：重力式挡土墙施工缝水平剪出

图 1.68　震害编号 92：重力式挡土墙外倾

图 1.69　震害编号 98：重力式挡土墙外倾

图 1.70　震害编号 93：重力式挡土墙局部垮塌

图 1.71　震害编号 96：重力式挡土墙墙顶外倾

图 1.72　震害编号 90：重力式挡土墙外倾墙后填土开裂　　图 1.73　震害编号 103：重力式挡土墙外倾墙后填土开裂

1.4.4　路基挡土墙震害统计分析

由挡土墙震害调查可知：受损的 103 处挡土墙中，重力式挡土墙 87 处，占 84%；加筋土挡土墙 3 处，占 3%；锚杆框架挡土墙、桩板式挡土墙等 13 处，占 13%。震害调查概况见表 1.14 所示。

根据震害挡土墙的墙身材料、基础持力层岩土类别、震害破坏类型、挡土墙高度、挡土墙与断裂带夹角等不同作以下分类分析。

1. 挡土墙墙身材料分类

挡土墙墙身材料主要有钢筋混凝土、素混凝土和浆砌片（块）石三种。在震害挡土墙中锚杆框架挡土墙、桩板式挡土墙等 13 处，墙身全部采用钢筋混凝土；加筋挡土墙 3 处，采用装配式素混凝土面板、复合加筋带；重力式挡土墙采用浆砌片（块）石砌筑的 64 处，素混凝土砌筑的 23 处。所占比例如图 1.74 所示。

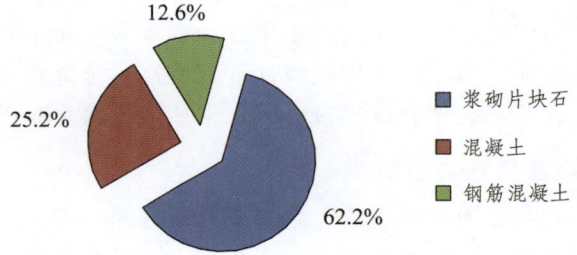

图 1.74　震害挡土墙墙身材料百分比

抗剪强度与材料性质密切相关，钢筋混凝土的抗剪强度最高，素混凝土其次，浆砌片（块）石受砌缝砂浆强度控制其抗剪强度最低。重力式挡土墙因其圬工体积大，便于就地取材，施工中常常使用，但在强地震作用下，浆砌片（块）石墙身在砌缝处发生初始破坏，进而扩展为垮塌。为提高重力式挡土墙抗震性能，墙身材料应优选混凝土，如需采用浆砌片（块）石材料，建议砂浆强度应提高，采用10号以上。

2. 挡土墙基础持力层岩土类别分类

挡土墙基础持力层岩土类别可以分为第四系堆积物、基岩、人工换填基础三类。挡土墙施工时首先考虑的因素是地基承载力和基底摩擦系数，一旦满足设计要求，一般均可作为持力层。震害调查路段挡土墙基础为第四系堆积之碎（块）石土的有57处，为花岗岩、砂岩、泥岩等基岩的有36处；为人工换填处理的地基有10处，所占比例如图1.75所示。

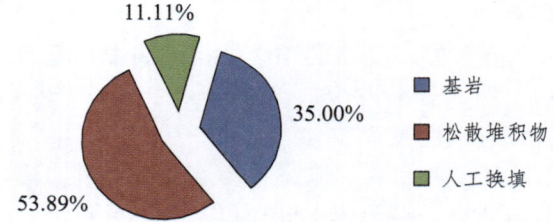

图1.75 震害挡土墙基础持力层岩土类别百分比

地震发生时在纵波和横波作用下，挡土墙发生上下和水平运动，对于近场地震上下振动尤为明显。基础置于第四系堆积物中的挡土墙震害较基岩中的多，分析其原因为：在抗震设计分类中第四系堆积物属Ⅱ、Ⅲ类场地土，基岩属Ⅰ类场地土，前者地震反应谱动力放大系数 β 较大，也就是所受地震力较大；第四系堆积物其物理力学指标与基岩相比较差，特别是具体工点的碎（石）土密实度不均匀，会因地震而丧失或降低承载力，产生过大竖向和水平位移，导致墙体破坏。至于人工换填基础震害较少可能与该类挡土墙总数较少有关。为提高重力式挡土墙抗震性能，在高烈度地震区建议基础持力层优选完整基岩，若基岩埋置深度较大时可采用人工换填基础。

3. 挡土墙震害破坏类型分类

挡土墙震害主要分为墙体垮塌、墙身变形、开裂、墙体倾斜以及墙身剪切，五类震害所占比例如图1.76所示。引起震害的最根本原因为地震动造成墙背土压力增大或地基失稳。

1 汶川地震路基及边坡震害调查

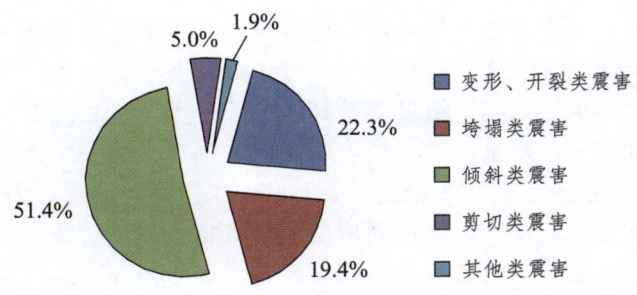

图 1.76 挡土墙震害破坏类型百分比

1）变形、开裂类震害

经调查，变形开裂类挡土墙震害有 23 处。此类震害也伴随其他类型的震害特征，产生变形开裂挡墙中伴随发生倾斜震害 5 处，剪断震害 2 处，墙顶位移震害 3 处，局部外鼓 1 处。

该类震害主要表现为挡土墙墙身出现裂缝、鼓胀现象。其主要原因是墙后土压力作用增大，导致挡土墙墙身变形，砌筑砂浆的强度与质量也是重要原因之一。

2）垮塌类震害

经调查，垮塌类挡墙震害有 20 处。挡墙发生垮塌震害的同时也伴随其他类型的震害特征。

该类震害主要表现为挡土墙墙身垮塌。其主要原因是墙后土体在地震作用下使土压力急剧增大，超过挡土墙材料强度以及抗倾极限，从而发生垮塌。

3）倾斜类震害

经调查，倾斜类挡土墙震害有 53 处。

该类震害主要表现为挡土墙墙身向外倾斜，墙顶产生位移等现象。其主要原因是地震中墙后土压力作用增大，超出挡土墙抗倾力矩，从而导致震害。

4）剪切类震害

经调查，剪切类挡土墙震害有 5 处。

该类震害主要表现为挡墙墙身被剪断，墙体上半部分移出错位。其主要原因是墙后土压力作用超出墙体抗剪强度极限，从而导致震害。

5）其他类震害

其他类震害有 2 处，具体包括 1 处挡土墙面板脱落和 1 处挡土墙施工缝错台。

在高烈度地震区，如何提高挡土墙抗震性能，减少各类震害破坏现象是地震后设计上急需研究的问题。设计上对于垮塌、变形开裂和剪切震害处理方案较为简单,主要是高烈度地震区墙身材料采用混凝土结构,慎用浆砌结构,挡土墙基础应置于稳定的地基中(以中风化基岩为宜)。而对于占震害破坏50%以上的重力式挡土墙倾斜破坏,依据现行《公路工程抗震设计规范》(JTG B02—2013)主要采用增大挡土墙截面来提高重力式挡土墙的抗倾覆能力,即通过增大挡土墙自重来抵抗地震作用,这样的抗震设计因其自重增加,地震惯性力也会随之增大,使得高烈度地震区挡土墙的抗震性能得不到有效保证,同时会造成圬工数量多、造价高、施工进度慢等问题。对于使用极为广泛的重力式挡土墙,针对其抗倾覆能力差的特性,需要进一步研究减震构造措施,既提高抗震性能又节约工程造价。

4. 挡土墙高度与震害数量的关系

调查中发现,震害挡土墙占挡土墙总数的长度比(或者数量比)随着挡墙高度的增加而增大,如图 1.77 和图 1.78 所示。

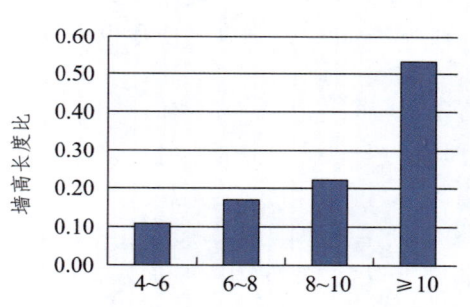

图 1.77　震害挡土墙墙高长度比　　　图 1.78　震害挡土墙墙高数量比

挡土墙高度越高越易发生震害,是因为随着墙身高度增加,地震动峰值加速度放大,使得墙体所受水平惯性力增加,同时墙后填土地震土压力增加伴随力作用点升高。

5. 挡土墙和断裂带走向夹角与震害数量关系

龙门山断裂带近似为一条穿过映秀和北川,方向为北偏东 32°的直线。它与挡土墙震害工点结构走向的夹角与震害数量的统计关系见图 1.79 所示。

根据直方图可以看出 0~12°夹角范围之内挡土墙结构震害较多,在 0~36°夹角范围内的累计震害百分比在 70%以上,震害数量随着与发震断裂夹角的增大而减少,成整体下降趋势,即地震动在垂直于断裂带方向最大,导致支挡结构的临空面法线方向与断裂带垂直时破坏严重。

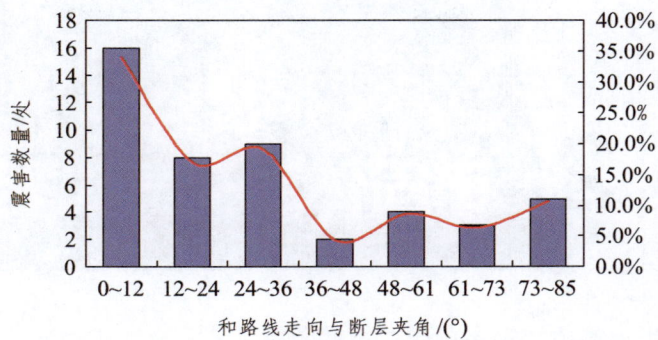

图 1.79　挡土墙结构和断层所成夹角与震害数量关系

垂直和平行断裂的地震动特性往往是许多工程师和研究人员的重要研究课题。根据卧龙记录的垂直和平行断裂的加速度谱比较，垂直断裂地震动的加速度谱较大，而平行断裂地震动的加速度谱较小，说明垂直断裂的地震动完全控制着对结构物的影响，原因是卧龙台站非常接近断裂，上述结果主要适用于近场地震记录。地震时，震源释放的优势应变能以弹性波的形式垂直于发震断裂向外传播，无论是体波还是面波，其传波过程中会产生强烈的振动，由挡土墙地基将力传递给墙身，墙身横向受力最为不利，故易发震害。

2 锚固体动荷载试验研究

通过汶川地震边坡震害调查及统计分析可知，有防护措施边坡的震害程度及数量明显低于无防护边坡，锚杆、锚索及框架梁（地梁）边坡防护结构具有良好的抗震性能，但仍存在个别锚束体失效的案例，因此有必要对此类结构进行进一步研究。现有边坡锚固研究大多针对整体边坡中的锚固系统采用室内振动台试验或数值仿真方法进行研究。然而在实际工程中，边坡在地震作用下的动力特性极为复杂，锚固结构所受到的外荷载经边坡"滤波"后，这些波与锚固系统产生相互作用，相互作用的程度受输入地震动特性和边坡自身特性的控制，因此认识单个锚索的抗震性能十分必要。

为了研究单一锚固系统的抗震特性，我们设计了多组室内锚固系统的动力加载试验，试验构件主要由锚束体、灌浆体和基体组成。其中，为了便于试验加载及弱化边坡特性的影响，试验基体形状设计为圆柱体，地震荷载用正弦波代替。参考 SEAOSC（南加州结构工程师协会，Structural Engineers Association of Southern California）针对建筑结构中锚固结构的简化试验方法及 Seed 等提出的等效剪应力法，确定按照每级循环 5 次逐级递增的加载方案开展试验。此外，为了研究锚束体失效和灌浆体失效两种较为常见的破坏模式（尤其是针对汶川地震震害调查中出现的锚头失效的情况），本章还设计了锚固系统的各部件强度及尺寸，使系统的锚束体-灌浆体强度小于灌浆体-基体强度，以此对试验破坏模式进行一定的限制来确保研究成果的单一性。

基于上述设计原则，利用室内模型试验，我们研究了单一锚固结构在简化地震荷载下的动力特性，主要研究目标如下：

（1）破坏模式。
（2）界面黏结力的分布变化。
（3）参数影响研究，如锚固长度、荷载频率、动静荷载比。

2.1 试验简介

锚固体系内部的黏结界面特性是锚固设计最重要的参数之一。目前在国内边坡锚固设计规范中,假设锚固系统内部黏结界面上的应力为均匀分布,然而这与现有的静力锚固体拉拔试验结果存在明显的差异。当锚固体受到地震作用时这种差异可能会进一步增大,而现有的规范并未在设计锚固体承载力时考虑地震荷载的特殊性。实际工程中由于在设计边坡锚固体系时常考虑了较大的安全系数,因此在经历地震后(如前述汶川地震震害调查结果)仅有较少的锚固体失效。尽管现有的保守设计方法能保证在通常情况下锚固体有足够的抗震性能,但是由于地震自身的特殊性、随机性以及锚固体失效后的巨大潜在风险,仍有必要定量分析锚固系统的抗震能力。

2.1.1 试验材料与监测元件

试验模型主要由筋材、水泥灌浆体和混凝土基体三部分组成。其中用钢筋模拟锚杆(或拉力型锚索),水泥砂浆模拟灌浆体,混凝土模拟中硬强度的完整岩体(基体)。试验材料的具体参数如下:

(1)筋材为 $\phi 16$ Ⅱ 级螺纹钢筋,张拉受力段长 10 cm。试验设计了 4 种锚固长度,分别为:$10d$、$15d$、$17.5d$ 和 $20d$(d 为钢筋直径)。

(2)灌浆材料为水泥砂浆,其配合比为水泥:砂:水 = 1:2:0.45,强度等级为 M30,灌浆孔径为 70 mm。

(3)采用 C30 混凝土模拟中硬完整岩体。

为了测试锚固体系在界面上黏结力的分布规律与传递特性,用箔式胶基应变片作为主要测试元件,其尺寸为 2 mm × 3 mm。在锚固段的锚杆-灌浆体界面和灌浆体-基岩界面沿全长方向均粘贴应变片,监测界面上的剪应力分布和传递规律。应变片的粘贴位置从灌浆孔口处向锚固端深处布置,4 个试验工况中锚固长度与应变片粘贴位置如表 2.1 所示。

表 2.1 测试元件锚固长度和粘贴位置

编号	锚固长度/mm	应变片粘贴深度/mm									
1	160	10	20	30	50	90	130				
2	240	10	20	30	50	90	130	170	210		
3	280	10	20	30	50	90	130	170	210	250	
4	320	10	20	30	50	90	130	170	210	250	290	310

按照试验目的,为了控制试验的预期破坏模式,如锚杆失效或锚杆与灌

浆体界面失效，需要确保试验设计的锚杆-灌浆体界面强度小于灌浆体-基体界面强度，为此《岩土锚杆（索）技术规程》（CECS：2005）推荐：当砂浆强度等级为 M25～M40 时，水泥砂浆与螺纹钢筋的黏结强度标准值为 2～3 MPa；当岩石单轴饱和抗压强度为 30～60 MPa 时，推荐强度等级为 M30 的水泥砂浆，其黏结强度取 1.2～1.6 MPa。本试验设计的锚杆、灌浆体基本符合上述取值条件，具体验算结果如下：

锚杆为直径 16 mm 的螺纹钢筋，锚杆-灌浆体界面单位长度抗力为锚杆周长与锚杆-灌浆体黏结强度标准值（此处取均值 2.5 MPa）的乘积：$F = 2 \times \pi \times 8 \text{ mm} \times 2.5 \text{ MPa} \approx 0.126 \text{ MN/m}$。灌浆体孔径为 70 mm，灌浆体-基体界面单位长度抗力为灌浆体周长与灌浆体-基体黏结强度标准值（此处取均值 1.4 MPa）的乘积：$F = 2 \times \pi \times 35 \text{ mm} \times 1.4 \text{ MPa} \approx 0.308 \text{ MN/m}$。上述计算结果表明，试验锚固体设计满足前述目标：锚杆-灌浆体界面强度小于灌浆体-基体界面强度。

2.1.2 试件制作

为了保证各系统组件的可靠与监测元件的粘贴质量，整个岩体-砂浆-锚杆系统的制备过程与现场实际锚固体的施工过程相反，具体如下：首先加工锚杆，然后制作砂浆-锚杆，最后制作岩体-砂浆-锚杆。试件的详细制作过程如下：

（1）钢筋预处理：采用打磨工具将需要粘贴应变片的钢筋两侧打磨光滑。

（2）应变片粘贴：粘贴前用砂纸对预先设计的粘贴位置进行人工打磨并作标记，采用 502 胶水在标记处粘贴应变片，粘贴后采用点焊固定连接数据线，最后在应变片上加防水胶和环氧树脂进行防水处理并放置于通风处。

（3）锚杆-砂浆体系：为了保证锚杆在砂浆层内保持居中，我们制作了一个垫片并装配在锚杆一端用来固定。采用 PVC 管作为模具，将防水层风干完毕的锚束体一端装上垫片再套上模具进行浇注，待砂浆养护完成后锯开模板，得到了锚束体-砂浆体系。随后在砂浆表面的固定位置处（粘贴位置同钢筋相同）粘贴应变片，粘贴前对指定位置进行打磨，采用 502 胶水粘贴应变片，再用点焊连接数据线，最后用防水胶和环氧树脂进行防水处理。锚固体制作流程如图 2.1 所示。

（4）灌浆体-基体体系：为了保证灌浆体在混凝土模拟的岩体中居中，我们制作了承拉板、预埋螺栓和垫板作为固定辅助装置。首先将灌浆体在垫板和承拉板上固定，套上模具后浇注混凝土，待混凝土养护完成后锯开模板得到试验的最终试件。灌浆体和基体制作流程如图 2.2 和图 2.3 所示。

（a）打磨后的钢筋

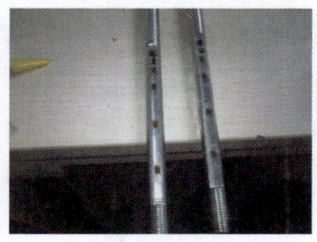

（b）应变片粘贴

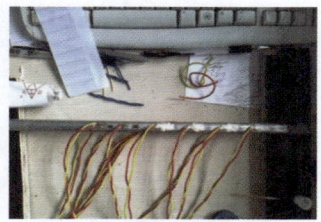

（c）应变片和数据线粘贴

（d）最终锚固体试件

图 2.1　锚固体制作流程示意

（a）垫片和模具

（b）浇注砂浆

（c）锯开模板

（d）锚杆-砂浆体

（e）砂浆表面粘贴应变片

图 2.2　灌浆体制作流程示意

 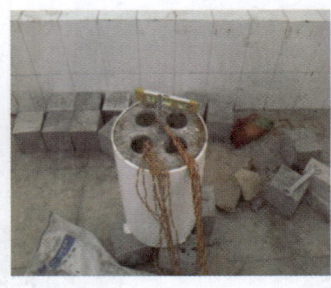 

（a）承拉板　　　　　（b）固定模板　　　　　（c）最终试件

图 2.3　基体制作流程示意

2.1.3　加载工况

试验时将试件水平固定在台座上并用美国 MTS 系统对试件施加拉应力荷载，采用往复循环荷载来等效地震力对锚固体的轴向作用。选定等效循环次数为 5 次一级，并逐级增大加载幅值。根据实际工程中锚固体的受力特点，加载过程中仅对试件施加拉力。试件和试验加载拉力装置如图 2.4 和图 2.5 所示。

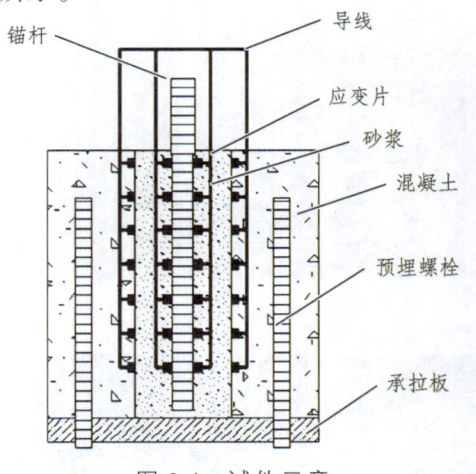 

图 2.4　试件示意　　　　　　图 2.5　试验加载拉力装置示意

进行循环加载试验前先对试件施加预应力，然后对试件施加正弦荷载，每级荷载循环 5 次，加载频率分为 1 Hz 和 2 Hz 两种工况。选择这个频率范围的原因是该荷载频率与一般地震荷载主频相一致。按照前述估算，锚杆-灌浆体界面上的黏结强度为 0.126 MN/m，则对于锚固长度为 320 mm 的试件，其锚杆抗拔力约为 40.32 kN，选定初始预加应力为预估抗拔力的 15%，加载一级后按每级幅值递增 0.5 kN 加载直至试件破坏，加载示意如图 2.6 所示，试样尺寸与加载工况如表 2.2 所示。

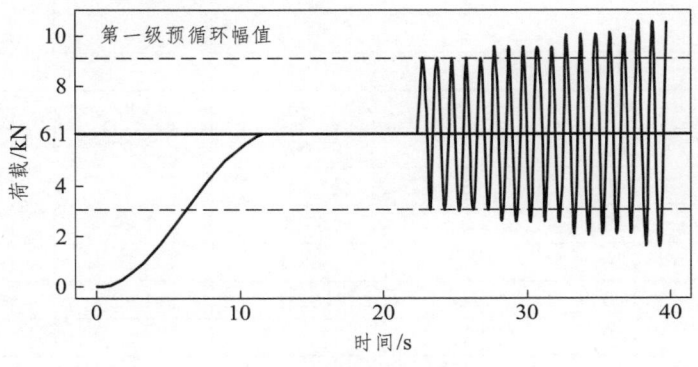

图 2.6　加载工况示意

表 2.2　试件尺寸及加载工况参照

试件编号	锚固深度/mm	灌浆孔径/mm	加载频率/Hz	预应力/kN
1	320	70	1	6.1
2	320	70	2	6.1
3	280	70	1	6.1
4	280	70	2	6.1
5	240	70	1	6.1
6	240	70	2	6.1
7	240	70	1	7.6
8	240	70	静力	—
9	160	70	1	6.1
10	160	70	2	6.1

2.2　试验成果分析

2.2.1　试件破坏模式

室内共对 10 个试件计 10 组工况进行了试验，各试件的具体试验成果汇总如表 2.3 所示。

表 2.3　试件破坏模式统计

试件编号	锚固深度 /mm	加载频率 /Hz	试验最终荷载 /kN	加载点位移 /mm	破坏模式
1	320	1	68.44	2.41	锚杆拔出
2	320	2	61.52	3.03	锚杆拔出
3	280	1	97	—	锚杆拔出
4	280	2	74	3.88	锚头断裂
5	240	1	67	2.57	锚杆拔出
6	240	2	94	—	锚杆拔出
7	240	1	67.59	2.69	锚头断裂
8	240	静力	63.2	2.16	锚杆拔出
9	160	1	62.3	4.92	锚杆拔出
10	160	2	—	—	—

从试验结果看，试件的破坏模式主要为锚杆失效（锚头断裂）和锚杆-灌浆体界面失效（锚杆拔出），试件失效示意如图 2.7 和图 2.8 所示。

 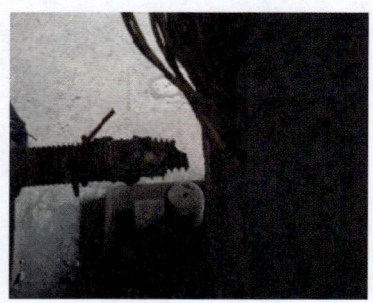

图 2.7　锚固试件失效示意（锚头断裂）

图 2.8　锚固试件失效示意（锚杆拔出）

从图 2.7 中可以看到，锚头断裂发生在锚固段靠近孔口处，并且离孔口有一定的距离。此时混凝土基体表面未见有明显的开裂情况，说明锚固体系的失效主要是由于锚固体自身强度不足。由于锚固系统受力时，锚固体上黏结应力的分布不均匀，对于拉力型锚杆其峰值通常分布在靠近孔口处，因而锚头断裂的位置也分布在靠近孔口处。从同量级不同加载频率的两组对照试验（试件编号 3 和 4）中可以看出，由于荷载加载频率不同导致试件的破坏形式发生了改变。

从图 2.8 中可以看到，发生锚杆拔出时，锚杆本身结构较为完整，而混凝土基体表面出现较明显的开裂。此外，被拔出的锚杆上附着有碎裂的砂浆，说明体系的失效首先出现在锚固体-灌浆体界面。随着锚固体被拔出，失效区域逐渐传递至周边混凝土基体并引起其表面开裂。

2.2.2 轴向抗拔力与变形

从试验过程中发现，制件过程中的诸多不可控因素、试验设备匹配和测试误差等导致部分试验成果存在较大的误差。为了保证分析结果的合理性和可靠性，选择试件编号 1、2、7、8、9 共 5 组进行分析对比，如图 2.9～图 2.13 所示。

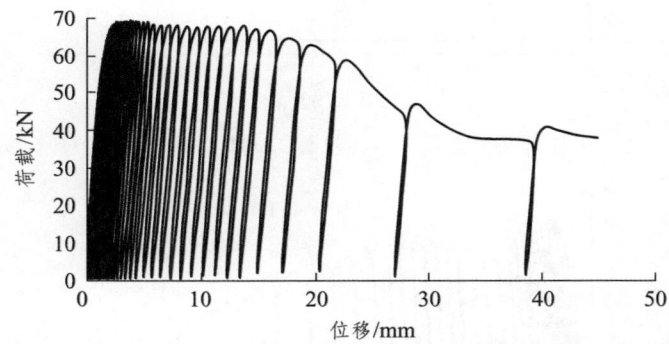

图 2.9 试件 1（锚固深度 320 mm，加载周期 1 s）荷载-位移曲线

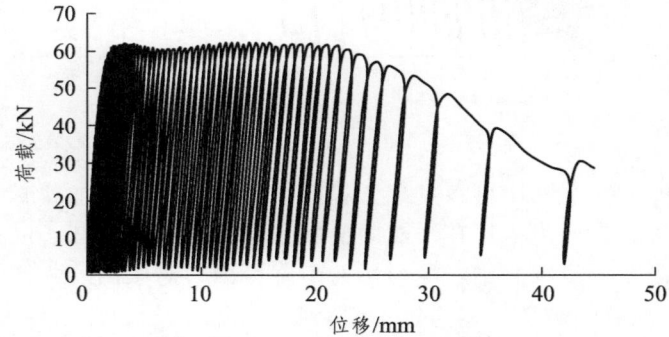

图 2.10 试件 2（锚固深度 320 mm，加载周期 0.5 s）荷载-位移曲线

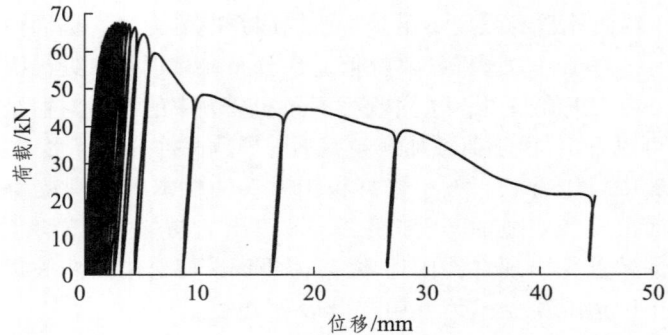

图 2.11 试件 7（锚固深度 240 mm，加载周期 1 s，加载工况 2）荷载-位移曲线

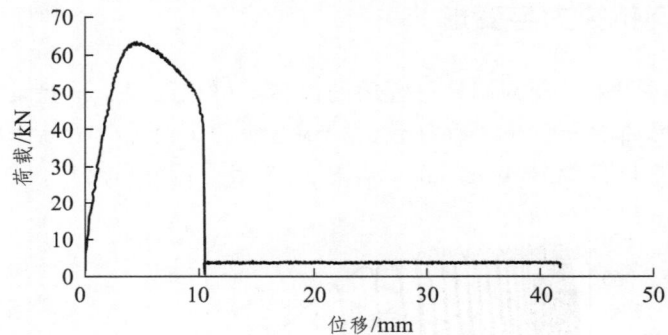

图 2.12 试件 8（锚固深度 240 mm，单调加载）荷载-位移曲线

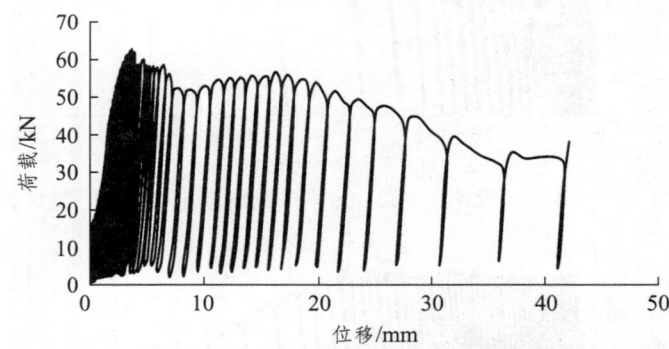

图 2.13 试件 9（锚固深度 160 mm，加载周期 0.5 s）荷载-位移曲线

从图 2.9 到图 2.13 中可以发现，锚固体试件进行单调加载时的破坏模式表现为脆性破坏，而进行循环加载时的破坏模式为延性破坏。两种加载方式对破坏模式的主要影响集中在峰值后的下降段内。对照图 2.7 和图 2.8 的破坏曲线，单调加载的破坏主要为锚头断裂而循环加载的破坏主要为锚杆拔出。针对重复加载工况，试件的受力变形主要分为四个阶段：① 弹性阶段；② 塑

性初始段；③ 峰值发展段；④ 延性变形段。与单调加载相比，重复荷载作用下的力学性能主要体现在第③和④阶段。进入第③阶段后，试件的承载力在达到峰值后并未迅速下降，承载力保持稳定，位移不断增长，当位移达到一定程度后，进入第④阶段。第④阶段承载力开始下降，此时试件的位移明显大于单调荷载作用下试件的位移，说明试件在进入破坏失效时处于延性状态，也就是说锚固体不可能发生突然破坏，而具有一个明显的破坏过程。对比图2.9和图2.10可以看到，提高加载频率，试件的峰值承载力下降了约15%。此外，在不同加载频率下，锚固体受荷达到峰值后，锚固体的位移发展规律有较明显差异。增大加载频率，在达到峰值荷载后锚固体的位移发展明显增大，而对于频率较小的试件，在峰值荷载后锚固体的位移较小。由于地震荷载主要的能量集中在10 Hz以内，因此根据上述结果可以得到：设计时应当在考虑地震荷载峰值的基础上，进一步考虑加载频率对锚固体承载力的影响及位移破坏发展趋势的影响。

2.2.3　锚杆-灌浆体界面黏结分析

本节针对试验数据较好的试件1和2进行分析，主要分析其锚杆-灌浆体界面上预埋应变片在加载过程中实时测得的应变数据，以此得到加载过程中界面黏结力的分布、传递规律。

选择 $L = 320\ \text{mm}$、$T = 1\ \text{s}$ 的试验试件实测值与理论解进行对比，比较动荷载作用下界面剪应力的分布特征，其计算简图如图2.14所示，不同加载等级下试件1的力-位移曲线如图2.15所示，试验结果如图2.16所示。

$$\tau = \frac{\varepsilon \times E \times A_s}{\pi \times d \times \Delta L} \tag{2.1}$$

$$\tau = \frac{P}{\pi a} \times \frac{tz}{2} \times \exp\left(-\frac{1}{2}tz^2\right) \tag{2.2}$$

$$t = \frac{1}{(1+\mu)(3-2\mu)a^2}\left(\frac{E}{E_a}\right) \tag{2.3}$$

式中　ε——应变值；

　　　E——钢筋弹性模量（MPa）；

　　　A_s——钢筋面积（mm^2）；

　　　d——钢筋直径（mm）；

ΔL —— 应变片测值有效范围（mm）；
P —— 锚杆端头所受的拉拔力（kN）；
a —— 锚束体半径（mm）；
z —— 锚固长度（mm）；
μ —— 泊松比；
E —— 基体弹性模量（MPa）；
E_a —— 锚束体弹性模量（MPa）。

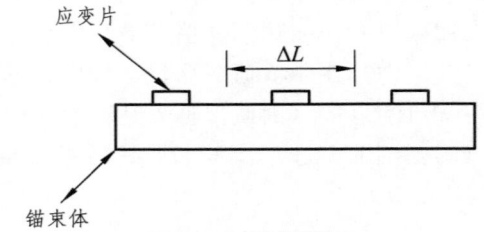

图 2.14　计算简图

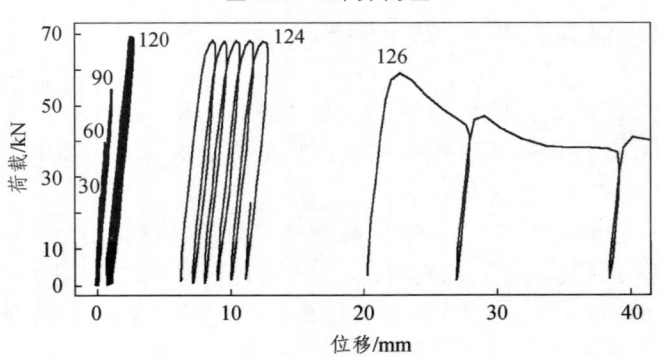

图 2.15　不同加载等级下试件 1 力-位移曲线

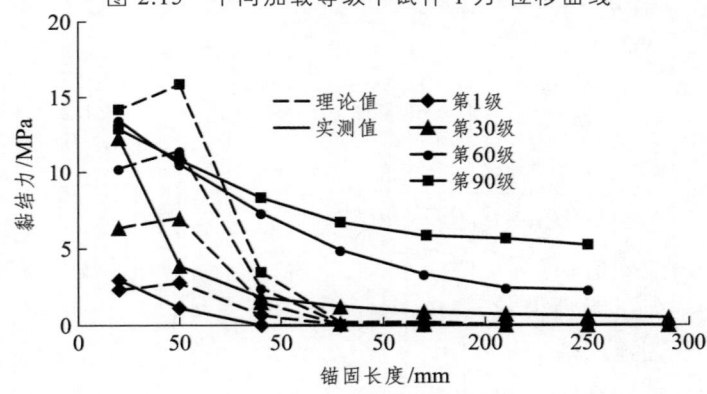

图 2.16　试验值与理论值比较

图 2.15 为试件 1 在加载过程中，部分加载等级对应该级（5 次循环内）的受力变形图。图 2.16 给出了试件处于弹性阶段时的第 1、30、60 和 90 级加载条件下得到的最大值与上述理论计算值的比较结果，可见理论值在第 30、90 级的峰值较实测值偏大，但二者剪应力的分布形式均呈现出单峰值特性，锚固段端头附近出现了剪应力集中的现象。而试验得到的有效锚固段长度明显大于理论计算值，约为理论值的 2 倍。锚杆与灌浆体界面上由摩擦力、机械咬合力、化学胶着力构成的应力的变化规律随着外荷载的增大和界面脱黏的发生均不断变化，三者之间的转化过程可描述如下：

弹性变形阶段的锚固体系黏结力以化学胶着力为主，另外 2 项为辅；弹塑性变形阶段界面出现初期滑移时化学胶着力基本不变，而在此阶段内由于体系变形增速加快，机械咬合力和摩擦力开始增大；当体系进入塑性流动阶段时，灌浆体内产生破裂现象，摩阻力和机械咬合力迅速增大而化学胶着力快速下降；当体系进入界面完全脱黏阶段时，化学胶着力丧失，摩阻力已经很小，黏结力主要由机械咬合力提供，而且界面间的错动趋势加剧导致机械咬合力减小。

2.2.4 参数研究

1. 加载频率

为了更好地研究加载周期（频率）对锚固体系承载变形能力的影响，将图 2.9 和图 2.10 进行了对比，对比结果如图 2.17 所示。

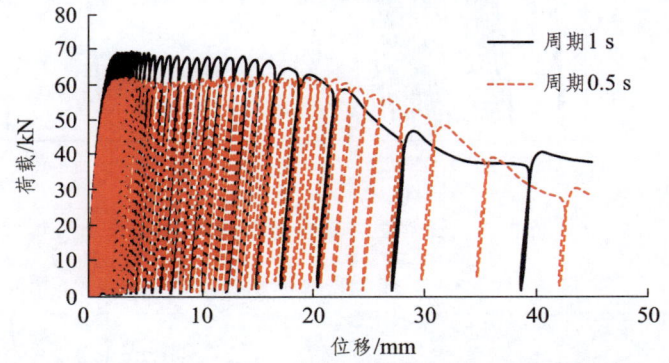

图 2.17　同锚固深度（320 mm）、不同加载周期对比

观察图 2.17 可以看到，当加载周期减小后，锚固体的承载力下降。但体系承载力达到峰值后，加载频率较低的试件其承载下降反而更缓慢。由此可

知对于相同的锚固深度,外荷载频率对锚固体的主要影响对象为:① 承载力峰值;② 峰值后下降段发展趋势(延性破坏的发展程度)。为了更直观地进行对比,选取了上述两组工况中典型加载等级进行分析,结果如图 2.18 和图 2.19 所示。从图 2.18 和图 2.19 的对比中可以看到:加载等级 30 和 60 处于弹性变形范围内;加载等级 90 接近塑性发展起始点;加载等级 120 处于峰值初始段;加载等级 124 处于峰值段与下降段间的过渡段;加载等级 126 则处于下降段(延性发展阶段)。图中各加载等级的荷载幅值汇总如表 2.4 和表 2.5 所示,试件 1 对应加载周期 1 s,试件 2 对应加载周期 0.5 s。

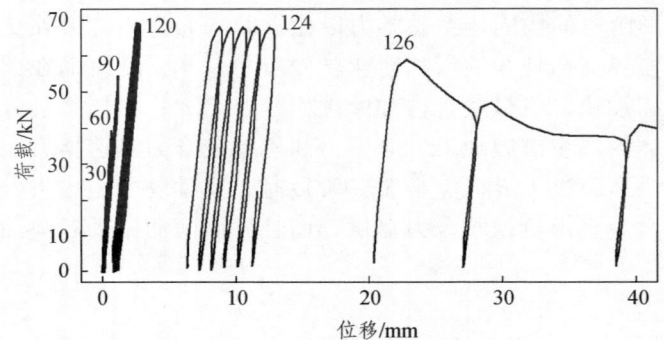

图 2.18 试件 1 特定加载等级受力变形图

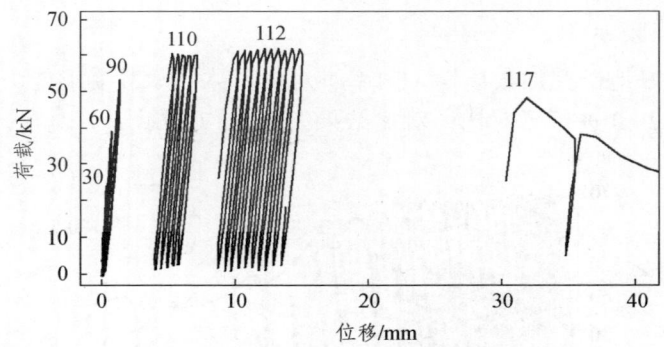

图 2.19 试件 2 特定加载等级受力变形

表 2.4 试件 1 特定加载等级荷载

荷载	第 30 级	第 60 级	第 90 级	第 120 级	第 124 级	第 126 级
低限/kN	0	0	0	0	0	0
高限/kN	24.1	39.1	54.1	69.1	67.8	58.7

表 2.5　试件 2 特定加载等级荷载

荷载	第 30 级	第 60 级	第 90 级	第 120 级	第 124 级	第 126 级
低限/kN	0	0	0	0	0	0
高限/kN	24.1	39.1	54.1	60.9	61.5	48.4

弹性变形时期的试件 1 和试件 2 力学特性相似，继续提高加载等级，124 级时的试件 1 和 110、112 级时的试件 2 应力应变关系曲线中产生了明显滞回圈，说明锚固体系产生了明显的塑性发展，体系的阻尼特性显著增强。加载频率对锚固体系延展性的影响也开始显现，试件 1 的位移增长速率明显小于试件 2。为了详细分析重复荷载周期对体系的影响，对图 2.17 进行分析，绘制图中两组试件承载力-位移曲线的包络线，如图 2.20 所示。

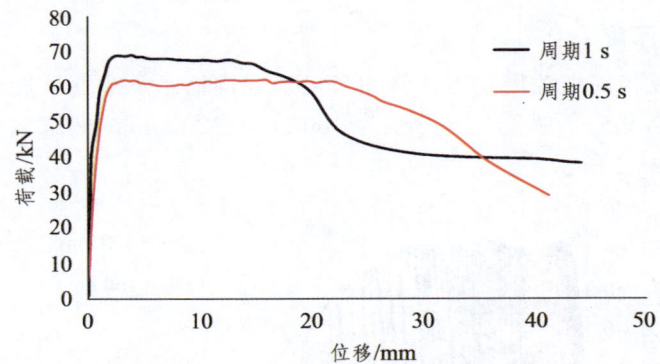

图 2.20　同锚固深度（320 mm）、不同加载周期包络线对比

观察图 2.20 可以看到，两组试件的荷载-位移曲线存在相同的变化规律，变化的过程均可分为 4 个阶段（OA——弹性阶段，AB——界面初期脱黏阶段，BC——界面脱黏发展阶段，CD——界面完全脱黏阶段），如图 2.21 所示。表 2.6 给出了试件 1 和试件 2 各阶段的临界荷载-位移对应值。

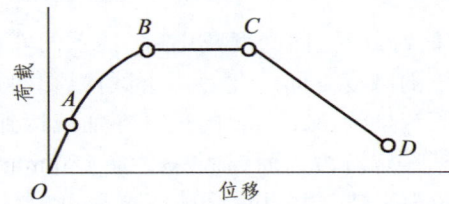

图 2.21　试验加载工况下试件荷载-位移的阶段

表 2.6 两组试件临界荷载-位移对应值

试件	A		B		C		D	
	荷载	位移	荷载	位移	荷载	位移	荷载	位移
1	25.6	0.6	68.4	2.3	66.6	15.9	37.9	45
2	27.3	0.5	60.5	2.5	61.4	22	28.7	45

注：表中荷载的单位符号为 kN，位移的单位符号为 mm。

比较试件 1 和试件 2 各阶段的位移变形值与最终变形值之比可知，弹性阶段和初期脱黏阶段试件 1、2 的变形比例一致，分别为 1% 和 5%，而脱黏发展阶段两者之比明显不同，分别为 35% 和 49%。结合工程实践中安全性能控制标准，建议将锚固体系中锚杆与灌浆体之间的位移控制标准定为：对于重要结构取 1%，对于一般结构取 5% 来设计锚杆的锚固力。

2. 锚固深度

为了研究相同加载周期下，锚固长度对锚固体系承载变形能力的影响，选取加载周期 0.5 s，锚固长度分别为 160 mm、320 mm 的两组试验结果进行对比，如图 2.22 所示。

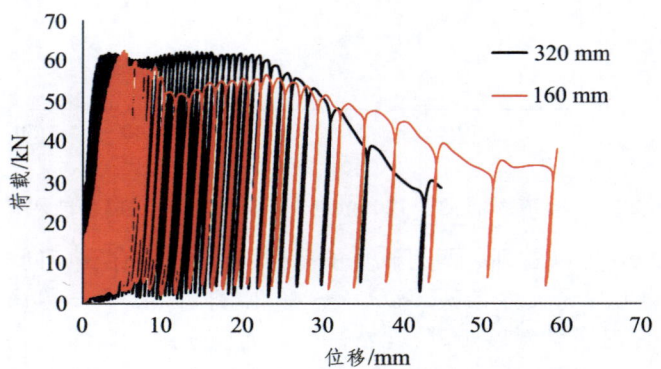

图 2.22 同加载周期（0.5 s）、不同锚固深度对比

从图 2.22 中可以看到，当锚固深度减小后，体系的峰值承载力几乎相同，但初始弹性阶段内系统的刚度不同。此外两组试件承载力达到峰值后的变形情况有较大差异，锚固深度为 320 mm 的试件在加载达到峰值后，承载力几乎不变直至位移发展到一定阶段；而锚固深度为 160 mm 的试件在加载达到峰值后，承载力下降较为迅速，并且最终破坏位移更大。由图 2.21 得到该两组试件的临界荷载-位移对应关系，如表 2.7 所示。

表 2.7 两组试件临界荷载-位移对应关系

试件	A		B		C		D	
	荷载	位移	荷载	位移	荷载	位移	荷载	位移
1	27.3	0.5	60.5	2.5	61.4	22	28.7	45
2	16.5	0.3	62.73	5.1	53.9	27.8	35.2	51.9

注：试件 1 对应锚固长度为 320 mm，试件 2 对应锚固长度为 160 mm；表中荷载的单位符号为 kN，位移的单位符号为 mm。

锚固长度的不同明显影响了各阶段临界荷载-位移对应关系，试件 1 和试件 2 各阶段位移与最终位移值之比分别为 1%、5%、49% 和 0.6%、9.8%、54%。将表 2.7 的规律与表 2.6 对比，发现加载周期主要影响体系的极限承载力和阶段 B 到 C 的位移，而锚固长度对体系的影响则体现在极限承载力和各阶段的位移上，甚至对试件的破坏位移产生了较明显的影响。

从图 2.23 所示的包络图中可以看到，在单调荷载与简化地震荷载两种加载工况下试件的极限承载力相近，在简化地震荷载作用下，体系的强度略高于单调荷载但是差异的幅度小于 10%。两种加载工况下试件在达到极限承载力前的承载-变形情况相近，但试件按单调加载时，承载力达到峰值后迅速下降，位移增长较小；而在本章采用的简化地震荷载加载工况下，试件承载力下降较为缓慢但位移增长迅速。

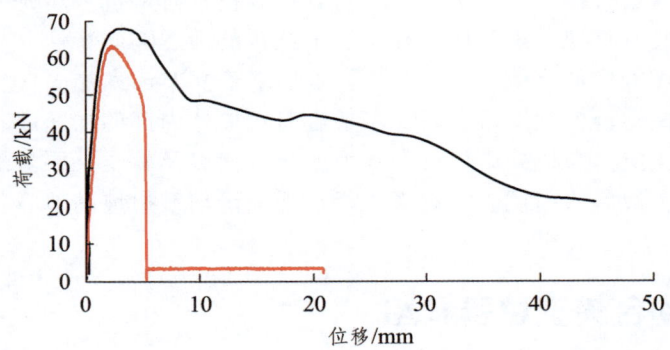

图 2.23 同锚固深度（240 mm）、单调荷载与简化地震荷载对比

3 框架锚索加固边坡的振动台试验研究

加固边坡有多种工程措施，但其中用框架锚索加固边坡具有结构质量轻、与坡面接触良好、施工速度快等特点。"5·12"汶川地震和"4·20"芦山地震的震害调查均揭示框架锚索具有良好的抗震性能，因此在地震灾区框架锚索仅出现局部破坏现象，主要表现为个别框架锚索体系中锚头沉陷、钢垫板变形和框架梁拉裂。目前，针对框架梁-预应力锚索-被加固土体-稳定岩层之间的静力研究已有较丰富的成果，然而由于地震作用下框架锚索体系与岩土体之间的相互作用机理较复杂，故对框架锚索加固含软弱夹层边坡体的地震动力响应特性研究较少，尤其是边坡内部软弱夹层和锚索预应力的地震空间响应特性研究更是少有人涉及。

软弱夹层的存在显著改变了边坡体的稳定性[1-6]，而框架锚索支护措施在加固该类型边坡时得到广泛采用，但对其抗震机理有待进一步研究。振动台试验可在实验室重现地震作用过程中岩土结构的地震响应特性，是目前研究岩土结构地震响应的有效手段之一[7]。本章基于框架锚索加固含软弱夹层岩质边坡体的振动台模型试验，研究了地震时边坡体内部的加速度和位移响应特性、锚索预应力与框架梁位移的动力变化规律以及软弱夹层对地震波传播规律的影响，最后依据试验宏观现象揭示平面滑动型边坡的地震破坏模式。

3.1 振动台模型试验介绍

在输入地震波时，振动台按其振动控制技术主要分为开环控制、离线迭代控制和在线迭代控制。综合比较这三种加载方式可知，实时在线迭代控制技术能够有效地降低振动系统加载过程中的时变和非线性特征带来的误差，是保证快速、准确完成振动台模型试验的有力保障[8]。本章振动台模型试验在福州大学工程结构实验室的地震模拟试验台上进行。该振动台采用实时在线迭代控制技术。在试验过程中主要测试了框架锚索-边坡体在水平地震荷载作用下的动力响应特性。

3.1.1 振动台概况

福州大学地震模拟振动台系统由 1 个台面尺寸为 4.0 m×4.0 m 和 2 个台面尺寸为 2.5 m×2.5 m 的振动台组成，3 个振动台在 10 m×30 m 的基坑内呈直线布置，其中大台居中，小台位于其左右两侧，具体见图 3.1 所示。振动台主要技术指标为：振动方向为在 X 向、Y 向的平动和绕 Z 轴的转动，具有三个自由度；台面自重分别为 9.65 t（大台）和 4.95 t（小台），最大有效荷载为 220 kN（大台）和 100 kN（小台）；台面满载最大加速度分别为 X 向 1.5g，Y 向 1.2g，最大位移为 ±250 mm，最大转角为 −13°～19°，最大倾覆偏心矩为 600 kN·m，最大偏心力矩为 110 kN·m，最大偏心 0.5 m；输入波波形为周期波、随机波和地震波，工作频率范围为 0.1～50 Hz。试验采用 128 通道的 BBM 数据采集系统，最大引用误差不大于 0.5%。在试验过程中，数据采集、信号监测、信号在线分析同步进行，具体见图 3.2 所示。

图 3.1　地震模拟振动台系统

图 3.2　数据采集系统

3.1.2 模型相似设计

在工程实践中，针对框架锚索加固边坡的试验模型常选择滑面为直线形的边坡作为研究对象。在试验模型设计时，选取加速度、材料密度和模型几何尺寸为基本控制参量。边坡-框架锚索动力相互作用系统共由四部分组成：输入地震波、边坡、锚索和框架梁。分离出这四部分分别满足相似设计，见式（3.1）~（3.4），解决了无法同时满足所有参数相似比要求的问题，具体推导过程见文献[9]。为了使试验模型设计合理并最大限度地满足几何相似，取模型缩尺比例为1∶20，加速度和模型材料密度的相似比为1∶1，然后按分离相似设计导出各物理量的相似关系式和相似系数，具体见表3.1所示。

表3.1 框架锚索加固边坡试验的相似常数

模型构成	物理量	相似关系	相似常数
基本控制量	长度	C_L	20
	密度	C_ρ	1
	加速度	C_g	1
输入地震波	时间	$C_t = C_L^{0.5} C_g^{-0.5}$	4.47
	加速度	$C_a = C_g$	1
	频率	$C_\omega = C_L^{-0.5} C_g^{0.5}$	0.224
模型材料	应力	$C_\sigma = C_L C_\rho C_g$	20
	黏聚力	$C_c = C_L C_\rho C_g$	20
	抗剪强度	$C_\tau = C_L C_\rho C_g$	20
	内摩擦角	C_φ	1
锚索	拉伸刚度	$C_{EA} = C_L^3 C_\rho C_g$	8×10^3
	力	$C_F = C_L^3 C_\rho C_g$	8×10^3
	应变	C_ε	1
	应力	$C_\sigma = C_L C_\rho C_g$	20
框架梁	弯曲刚度	$C_{EI} = C_L^5 C_\rho C_g$	3.2×10^6

输入地震波相似设计特征方程

$$f'_W(L,\rho,g\,|\,a,t,\omega) = 0 \tag{3.1}$$

边坡相似设计特征方程

$$f'_S(L,\rho,g\,|\,\tau,c,\varphi,\sigma) = 0 \tag{3.2}$$

锚索相似设计特征方程

$$f'_C(L,\rho,g\,|\,\sigma,\varepsilon,EA,F) = 0 \tag{3.3}$$

框架梁相似设计特征方程

$$f'_F(L,\rho,g\,|\,\sigma,\varepsilon,\tau,\gamma,EI,M)=0 \quad (3.4)$$

式中　L ——长度（m）；

ρ ——密度（kg/m³）；

g ——重力加速度（m/s²）；

a ——地震波幅值（m）；

t ——地震波持时（s）；

ω ——地震波频率（Hz）；

τ ——剪应力（Pa）；

c ——黏聚力（Pa）；

φ ——内摩擦角；

σ ——应力（Pa）；

ε ——应变；

EA ——拉伸刚度（N）；

F ——力（N）；

γ ——剪应变；

EI ——弯曲刚度（N·m²）；

M ——弯矩（N·m）。

3.1.3　模型制作过程

框架锚索支护结构加固边坡的抗震性能与锚固力密切相关，而决定锚固力量值大小的因素为锚索-锚固体材料间的黏结力和锚固体-岩土层间的黏结力，一般认为前者大于后者[10]，因此模型试验时需确定锚固体与岩土体之间的黏结材料。试验边坡锚索设计锚固力为50N，若采用水泥砂浆作为黏结材料，存在极限抗拔力远大于设计值的现象而造成锚索框架梁加固边坡体在地震过程中足够稳定而无变形，试验产生失真。振动台模型试验前首先进行黏结材料选取试验，具体见图3.3所示，结果表明取基岩材料作黏结剂人工捣固30~50次即可提供100~150N的极限抗拔力，与设计值同一量级，满足要求。试验用锚索材料应具有一定的抗拉刚度和柔性，试验前初步选定3mm厚的PVC透明塑料、5mm×1mm和5mm×0.3mm（宽×厚）的Q235铁片三种材料进行对比分析，通过测量其拉伸变形[图3.4（a）]最终确定采用

5 mm×0.3 mm 的 Q235 铁片来模拟锚索。锚固体材料选用水泥砂浆，制作完成后的试验用锚固体见图 3.4（b）所示。

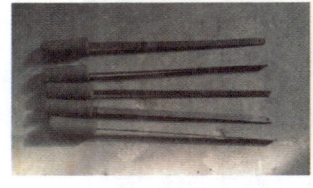 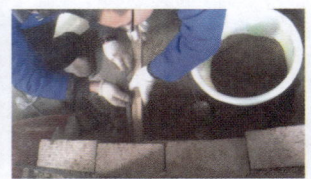 

（a）锚固体　　　　　（b）人工捣固　　　　　（c）抗拔测试

图 3.3　黏结材料选取试验

 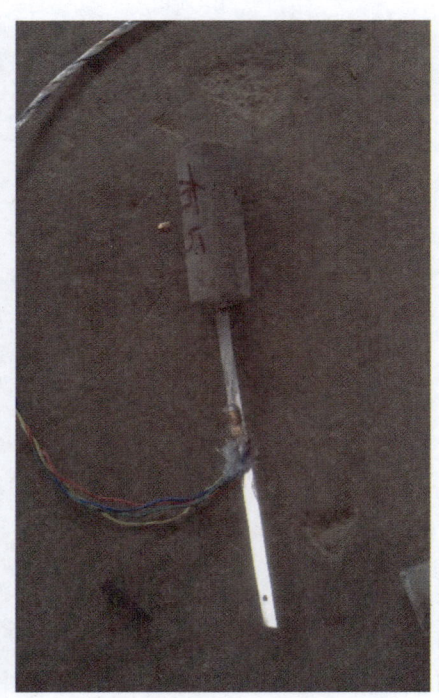

（a）锚索变形测试　　　　　　　　（b）试验用锚索体系

图 3.4　试验用锚索筋材选取试验

模型边坡高 1.2 m，坡面角度为 53°，根据边坡体内部结构面和岩土体物理力学性质差异将其分为潜在滑体、软弱夹层和基岩三部分，具体见图 3.5 所示。其中，基岩材料采用河砂、石膏、水、黏土、重晶石粉按质量比 5∶2.5∶1.4∶3∶4 配制而成，基岩面与水平面夹角为 33°，基岩采用分层（层厚 20 cm）人工夯实填筑，具体见图 3.6 所示，夯实遍数按密度控制，并在填筑到锚固体设计位置时埋设 PVC 管,以便边坡垒筑完成后锚索支护措施的安装,具体见图 3.7 所示;软弱夹层的垂直厚度为 10 cm,相似材料选用细砂;上部潜在滑体具有表层破碎、岩块间黏结强度低的特点,相似材料选用碎石和膨润土混合制成。模型试验中边坡各部分的物理力学参数由室内土工试验测得,具体见表 3.2 所示。

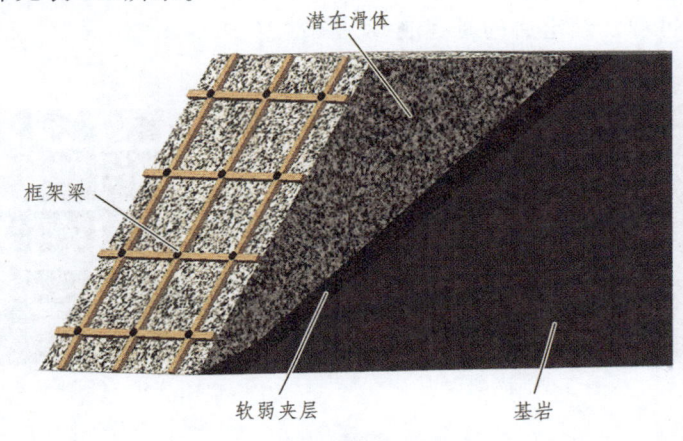

图 3.5 模型边坡组分

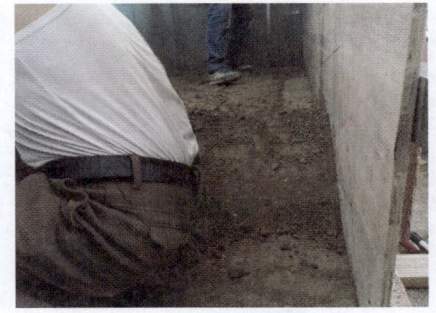

图 3.6 边坡填筑施工

图 3.7 锚索预留孔洞

表 3.2 模型材料物理力学参数

材料	密度 $\rho/(g \cdot cm^{-3})$	弹性模量 E/MPa	内摩擦角 $\varphi/(°)$	黏聚力 c/kPa	泊松比 μ
边坡体	2.0	4.0	30	2.6	0.25
基 岩	2.7	10	42	7.4	0.25
软弱层	1.8	3.0	25	1.2	0.3
锚 索	6.2	200 000	按弹性材料处理	0.20	

框架梁采用水泥砂浆制成，水平向横梁和竖向纵梁的截面尺寸均为 3 cm×2 cm，间距分别均为 30 cm 和 38 cm，制作完成后的框架梁见图 3.8 所示。在边坡体制作完成后，拔出埋设在坡体内的 PVC 管，将锚固体直接植入基岩，并利用人工捣固实现设计锚固力，然后安装框架梁，框架梁结构安装就位的示意见图 3.9 所示，最后人工张拉锚索自由端至设计锚固力，锁定。预应力施加过程及锁定后的时程曲线见图 3.10 所示，制作完成后的模型全貌见图 3.11 所示。

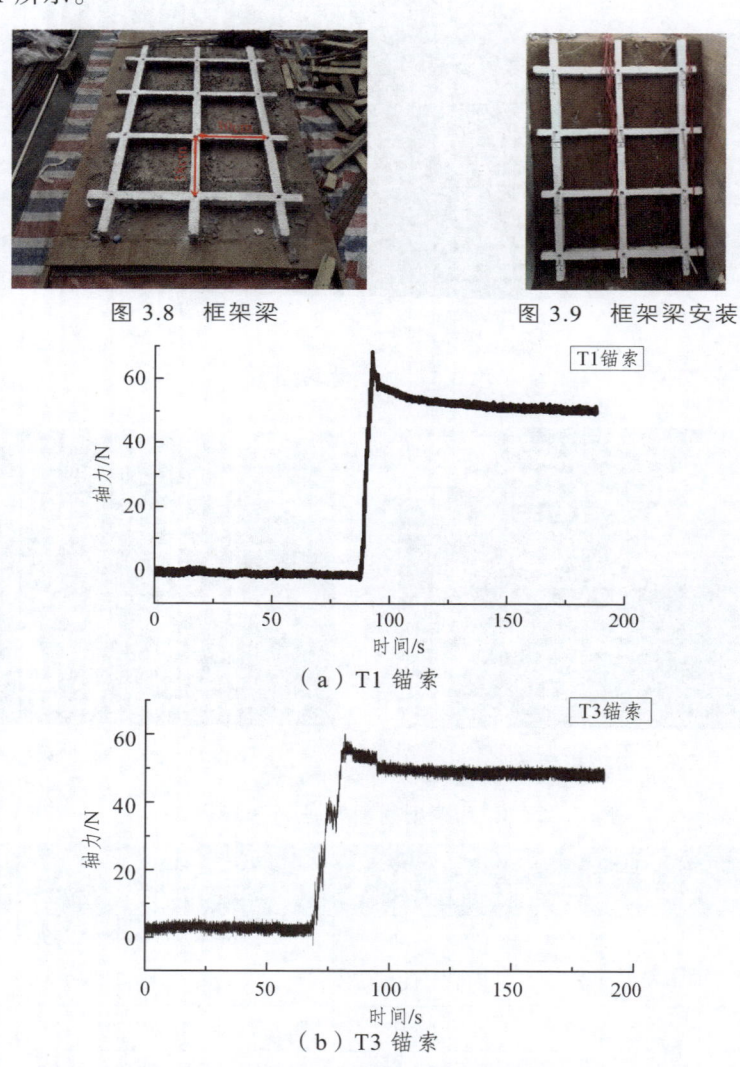

图 3.8 框架梁　　　　　　图 3.9 框架梁安装

（a）T1 锚索

（b）T3 锚索

图 3.10 预应力加载过程及锁定后时程曲线

3 框架锚索加固边坡的振动台试验研究

（a）轴视图

（b）正视图

图 3.11　制作完成后的模型全貌

3.1.4　监测点布置

试验中采集了锚索轴力、加速度和位移动态响应值，各类型传感器在安装之前均进行现场标定，保证测量数据的真实、可靠。监测点布设原则和位置如下：

（1）锚索轴力测试传感器[图 3.12（a）]。为研究锚索轴力沿空间的地震响应特性，试验时选取中间竖梁节点处对应的锚索为测试对象，计 4 孔锚索。在静力条件下，通常认为锚索自由段沿长度方向的预应力为恒定值，在振动台模型试验时也认为锚索自由段动轴力响应值沿长度方向一致，因此对每孔测试锚索在其端头布置 1 个锚索测力计监测轴力在地震过程中的响应值。振动台模型试验时共布设 4 个锚索轴力测试传感器，具体见图 3.13（a）所示。

（a）轴力传感器

（b）加速度传感器

（c）激光位移传感器

图 3.12　测试传感器元器件

（2）加速度传感器[图 3.12（b）]。为研究基岩和潜在滑体内的加速度高

073

程响应特性,分别在距箱壁 30 cm 处和距坡面 5 cm 处由下到上等间距布置加速度传感器,传感器编号依次为 A1、A2、A3 和 A11、A12、A13、A14。为研究软弱夹层对坡体加速度响应特性的影响,在相对坡脚高度为 100 cm 和 30 cm 处分别布置了竖向监测断面Ⅰ和Ⅱ,每个监测断面均在基岩、软弱夹层和滑体内各布置 1 个加速度监测点,传感器编号依次为 A4、A5、A6 和 A7、A8、A9;另外在坡脚自由场、滑体重心和振动台台面各布置 1 个加速度测点。振动台模型试验时共布设 16 个加速度传感器,具体见图 3.13(a)所示。

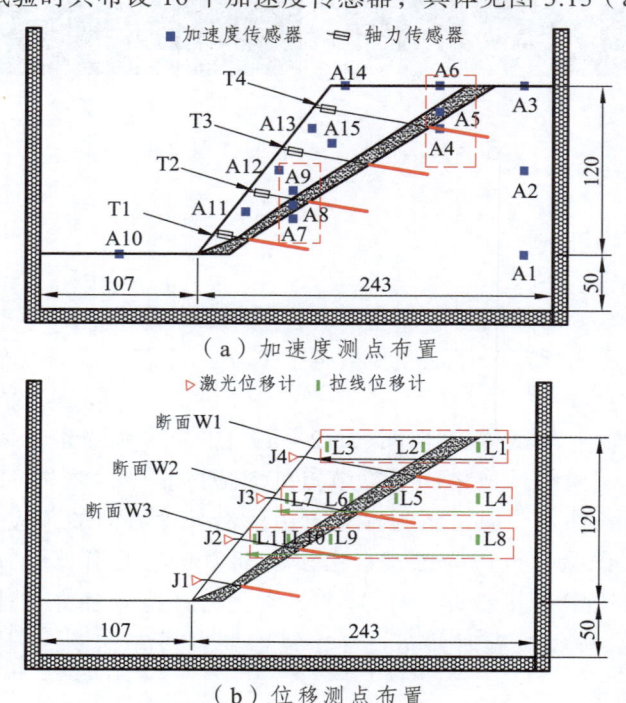

(a)加速度测点布置

(b)位移测点布置

图 3.13　模型试验边坡体中各传感器测点布置示意(单位:cm)

(3)位移传感器[图 3.12(c)]。为研究框架梁结构沿高程的位移响应特性,在中间竖梁节点处布设激光位移传感器,监测框架梁节点动位移响应时程,由下到上传感器编号依次为 J1、J2、J3 和 J4;为研究坡体内部的位移响应特性,在相对坡脚高度为 120 cm、80 cm 和 40 cm 处分别布置了水平向监测断面 W1、W2 和 W3,采用自制的拉线位移计装置[11]监测基岩和滑体中的动位移响应时程,传感器编号依次为 L1、L2、L3、L4、L5、L6、L7 和 L8、L9、L10、L11,其中 L1、L4、L5、L8 和 L9 位于基岩内,L2、L3、L6、L7、L10 和 L11 位于滑体内。振动台模型试验时共布设 15 个位移传感器,具体见图 3.13(b)所示。

3.1.5 加载工况

试验选择人工波、El Centro 波和汶川-清平波作为地震激励，分别在 X 方向输入归一化的加速度时程曲线，峰值依次为 $0.1g$、$0.2g$、$0.3g$、$0.4g$、$0.5g$ 和 $0.7g$，加载次序为人工波→El Centro 波→汶川-清平波。由于加载方式为在线迭代，所以完成每一加载工况即进行了 1~3 次地震激励，通过台面实测加速度时程曲线确定的峰值见表 3.3 所示。试验开始前、结束后及加载峰值加速度发生改变时都进行时间长度不小于 48 s 的高斯平稳白噪声激振的微震试验。根据相似关系进行时间压缩后的人工波、El Centro 波和汶川-清平地震波加速度时程曲线、加速度傅里叶谱和加速度反应谱见图 3.14 所示，其中汶川-清平波的频率成分较丰富而 El Centro 波和人工波的卓越频带在 20 Hz 内。

表 3.3 输入地震波加载峰值（$\times g$）

加载峰值	台面监测峰值		
	人工波	El Centro 波	汶川-清平波
0.1	0.05、0.075、0.091	0.072、0.088、0.1	0.053、0.07、0.08
0.2	0.16、0.204、0.237	0.14、0.18、0.202	0.12、0.15、0.162
0.3	0.30、0.349	0.208、0.27、0.32	0.212、0.231
0.4	0.37、0.432	0.381、0.399	0.337、0.355
0.5	0.485、0.564	0.477、0.509	0.407、0.445
0.7	0.7、0.753、0.761	0.66、0.685	0.457、0.602

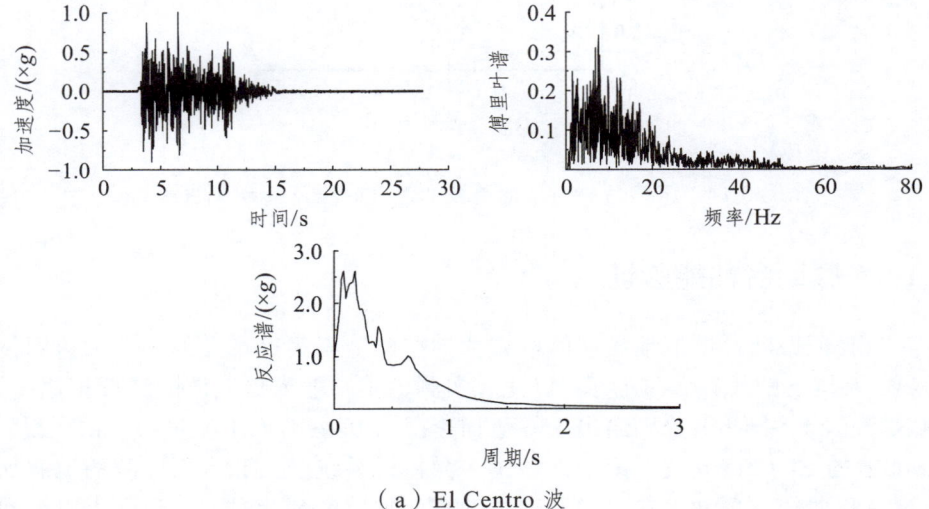

（a）El Centro 波

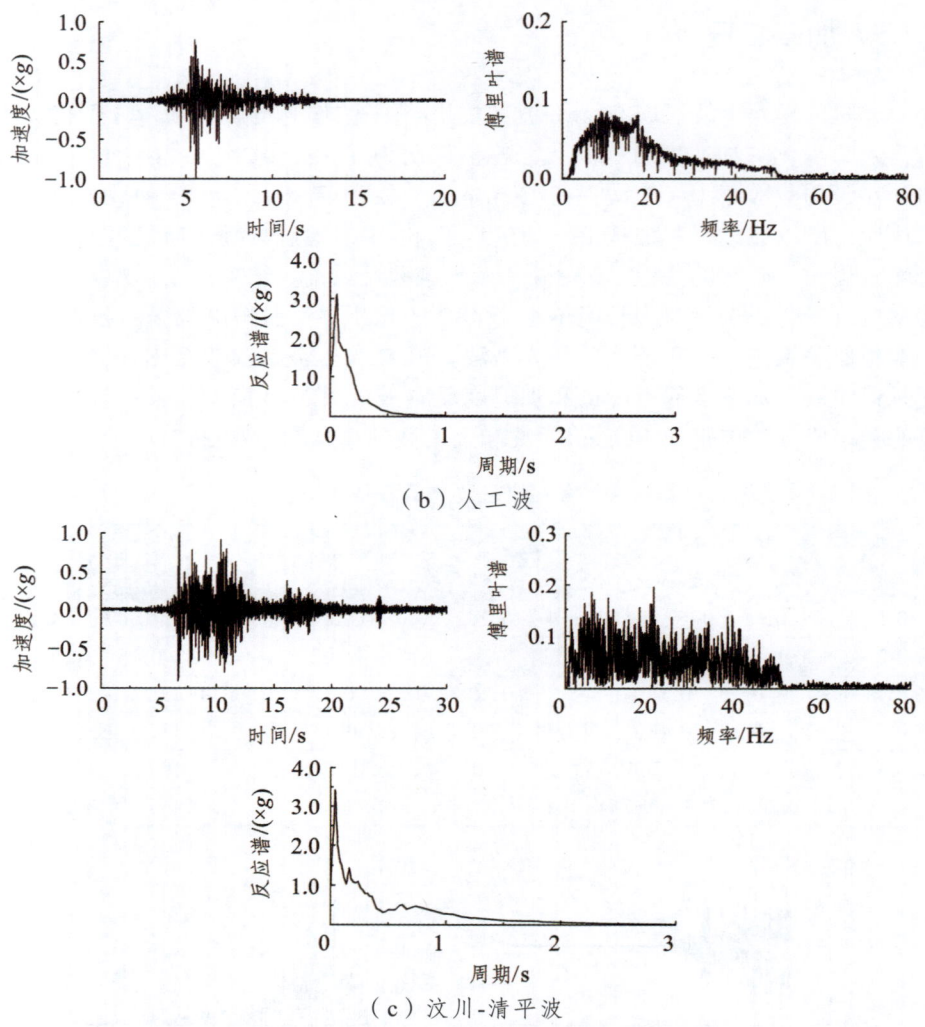

（b）人工波

（c）汶川-清平波

图 3.14 压缩后的输入地震波加速度时程及其频谱曲线

3.1.6 振动台性能验证

为验证振动台模拟地震波的可靠性，在模型箱底板布设了 1 个加速度传感器，具体见图 3.11（a）所示，以比较实测输出与输入地震波的波形相似度。图 3.15（a）和（b）分别给出了峰值加速度为 $0.2g$ 的人工波（第 2 次激励）和 $0.4g$ 的 El Centro 波（第 2 次激励）激振时系统输入和台面监测的地震加速度时程曲线，可知，输入与输出波的峰值加速度到达时刻一致，人工波和

El Centro 波峰值出现时间分别为 5.184 s 和 6.544 s,峰值误差为 0.6%和 1.5%,输入与输出波的强震段基本一致,人工波和 El Centro 波加速度时程曲线的绝对误差[12]为 5.9%和 8.3%。据此可判断该振动台输入与台面输出的加速度波形吻合度高,保证了本次振动台模型试验模拟地震的真实性。

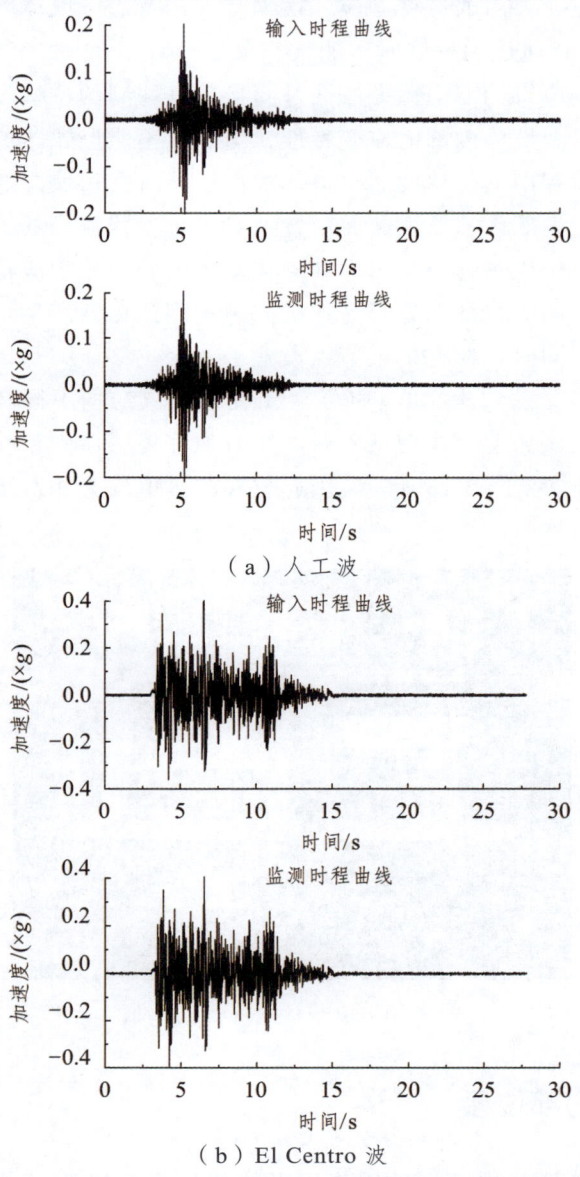

图 3.15 输入与台面监测的地震波加速度时程曲线

3.2 边坡位移响应特性

在现阶段做振动台模型试验时,国内外大部分学者主要关注边坡坡体内部的加速度响应、坡面的位移响应,很少有人论及边坡坡体内部的位移响应特性。个别研究者通过加速度时程曲线积分成位移[13,14]来探讨坡体内部在弹性阶段的位移响应特性,但该方法通过间接数据得到的位移难以避免产生误差,不能准确反映坡体内部的应变特性,当然更不能反映边坡坡体在塑性变形阶段和破坏过程中的位移发展趋势。本次试验时在边坡内部沿高度方向布置了3个位移监测断面,监测断面位置及对应传感器编号具体见图3.13(b)所示,量测地震作用过程中基岩内和潜在滑体内的位移响应特征,探讨软弱夹层两侧的位移响应特征差异及潜在滑体内不同位置处产生永久变形时对应的加速度幅值;同时,在框架梁节点设置了4个位移监测点,监测点位置及对应传感器编号见图3.13(b)所示,量测框架梁结构不同高度处位移值的动态响应规律。做振动台模型试验时,所有位移传感器固定在焊接于模型箱内的槽钢上,具体见图3.16所示,因此位移测量值均为相对于振动台台面的位移,即相对位移。

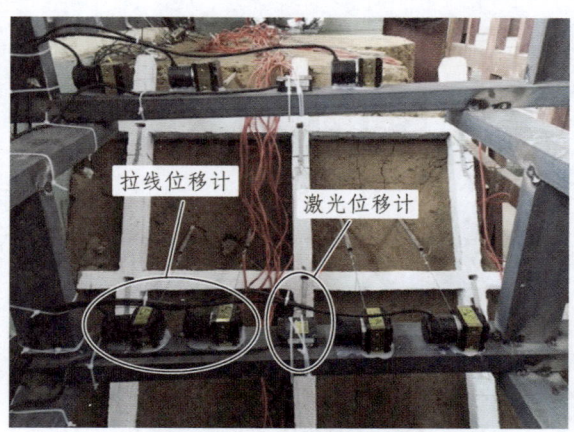

图3.16 位移计固定形式示意

3.2.1 边坡内部位移

为研究边坡坡体内部在地震作用下的位移响应特性,本节主要分析了拉线位移计测点的峰值位移和地震结束时刻残余位移变化规律等。值得注意的是 W3 监测断面[图 3.13（b）]位移响应值基本为 0，本节对该断面不作分析。

1. 峰值位移

1）W1 监测断面

W1 监测断面由 3 个拉线位移计测点组成，传感器编号为 L1、L2 和 L3，具体位置见图 3.13（b）所示，分别位于基岩内、邻近软弱夹层的滑体内和邻近坡面的滑体内，针对每个位移监测点在其对应位置布设 1 个加速度传感器，监测坡体内部测点的位移变化特性与响应加速度的关系。本节仅列出人工波激振下台面加速度传感器监测峰值为 $0.237g$、$0.370g$ 和 $0.432g$ 时 L1 测点与 L2 测点的位移时程曲线及其对应加速度传感器 A3、A6 的时程曲线，具体见图 3.17 和图 3.18 所示。由图可知：

（1）每一点的响应位移与响应加速度时程曲线均具有明显的强震段，且位移与加速度时程曲线发生剧烈波动的时间段一致。

（2）台面监测地震波峰值为 $0.237g$ 和 $0.370g$ 时基岩内 A3 测点与滑体内 A6 测点的加速度响应峰值差别较小，但在 $0.432g$ 时 A6 测点的响应峰值明显大于 A3 测点的响应峰值，其值分别为 $2.173g$ 和 $1.089g$。

（3）基岩内的位移响应值较小且无残余变形值出现，如：在台面地震波峰值为 $0.432g$ 时 A3 测点的加速度峰值为 $1.089g$，此时 L1 测点的位移响应峰值为 1.123 mm，地震结束时刻的残余变形为 0 mm。

（4）在台面监测地震波峰值相同时，滑体内的位移响应峰值大于基岩内的位移响应峰值，且在峰值加速度为 $0.237g$、$0.370g$ 和 $0.432g$ 时均出现了残余变形，如：$0.237g$ 时为 0.147 mm，$0.370g$ 时为 2.028 mm，$0.432g$ 时为 8.968 mm。

（5）滑体内的位移残余变形值产生在加速度时程曲线的强震段，具体见图 3.18（a）和图 3.18（b）中的矩形标记区域，随着地震波幅值的减小变形趋于平缓，但在台面监测地震波峰值为 $0.432g$ 时，滑体内 A6 测点的加速度响应时程曲线的强震段过后 L2 测点仍产生了约 3 mm 的残余变形，占地震波激振过程中产生的总残余变形值的 1/3。

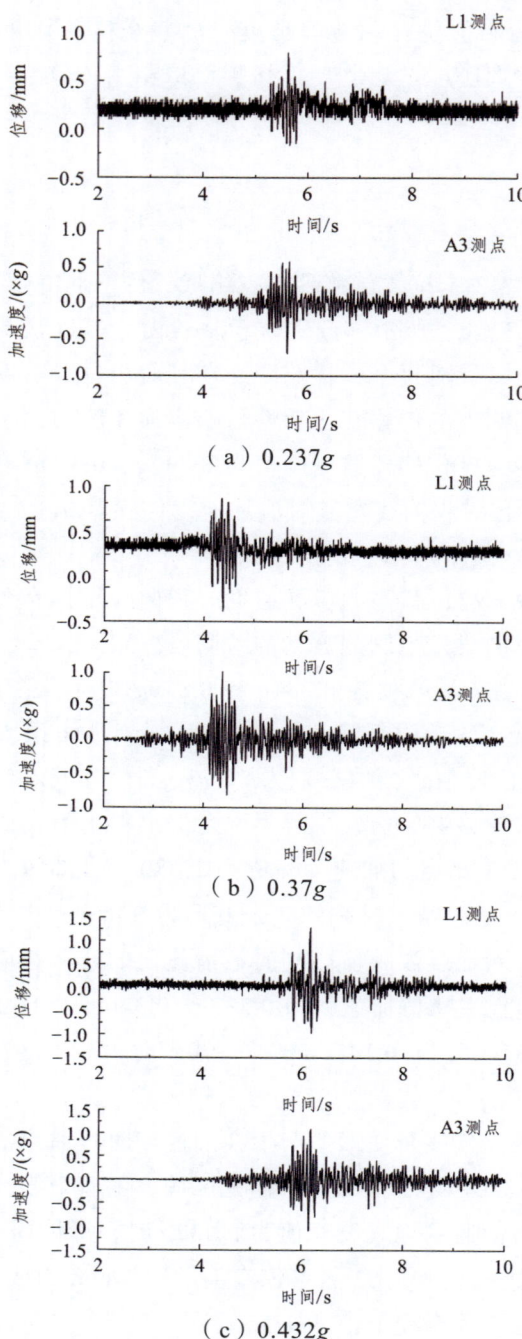

图 3.17　L1 测点与 A3 测点时程曲线

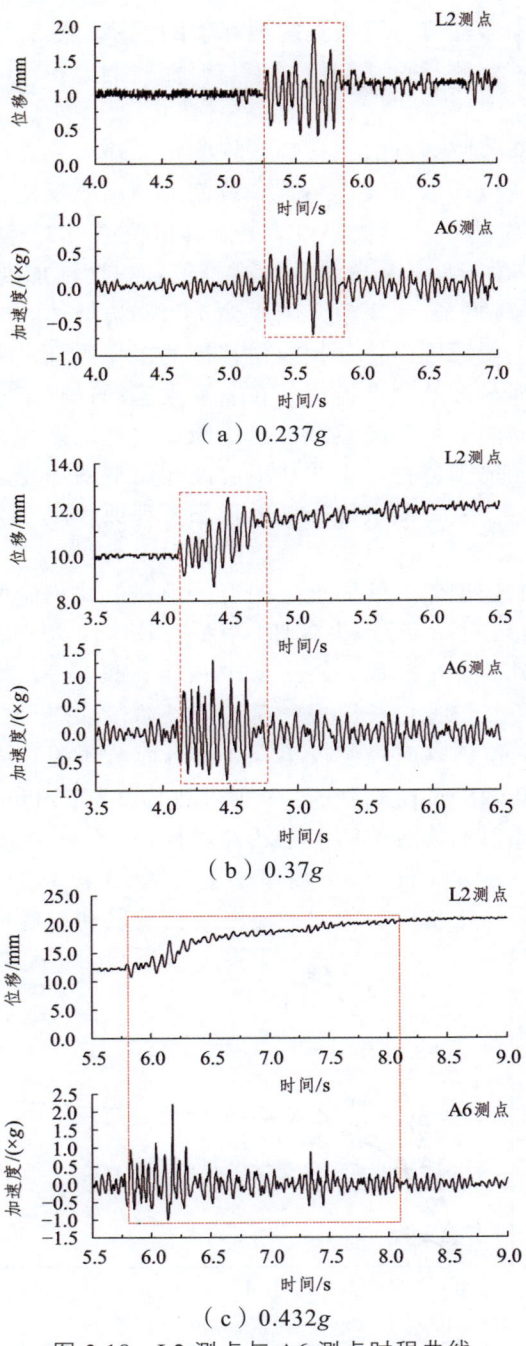

图 3.18 L2 测点与 A6 测点时程曲线

为探讨响应位移峰值与输入地震波峰值的关系，图 3.19 给出了人工波激振下 L1、L2、L3 监测点位移响应峰值与台面监测地震波峰值的关系曲线。由图可知：

（1）坡体顶部各监测点的位移响应峰值均随输入地震波峰值加速度的增加而增大，且峰值位移量值大小与其到坡面的距离成反比，即在台面的地震波峰值相同时，L1 测点峰值位移<L2 测点峰值位移<L3 测点峰值位移。

（2）测点 L3 位于坡体顶部外缘，在峰值加速度增加到 0.1g 时即产生破坏，而观察此时坡顶的宏观现象（图 3.51）可知边坡体并未产生裂缝。分析造成这种现象的主要原因是：① 拉线位移计的工作原理是将位移传感器安装在固定位置，拉绳与被监测点连接，在监测点运动过程中拉绳伸长或缩短量值通过位移传感器的信号转换系统输出。因此，在地震开始前拉绳中已存在一定量值的拉力，地震过程中土体在地震波作用下的往复运动将引起拉绳拉力的进一步增大。② L3 测点位于坡体顶部，埋深较浅，其上覆土压力小，且到坡面距离较小，岩土体对该监测点的侧向阻力小。

（3）测点 L2 处于邻近软弱夹层的滑体内，位移响应峰值大，在台面监测地震波峰值 0.432g 作用后产生破坏。根据位移响应峰值随加速度峰值的变化关系可将其划分为 3 个阶段，如图 3.19 所示，即 oa 段、ab 段和 bc 段，依次为缓慢增长阶段、快速增长阶段和急剧增长阶段。

（4）基岩内的位移响应峰值较小，如在台面监测的峰值加速度为 0.485g 时，峰值位移为 0.928 mm，0.76g 时峰值位移为 2.807 mm，位移响应峰值随台面监测地震波峰值加速度的增加呈线性增长，但在 0.485g 时直线斜率将发生变化，如图 3.19 所示，直线 $a'b'$ 斜率小于直线 oa' 斜率，据此可将基岩顶面的位移响应峰值分为 2 阶段，依次为缓慢增长阶段和快速增长阶段。

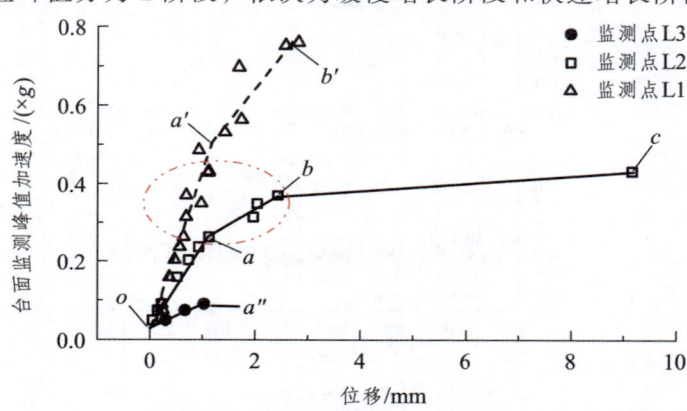

图 3.19 人工波激励时 W1 断面位移响应峰值与台面监测地震波峰值关系

综上分析可知，W1 断面滑体内的位移响应峰值与基岩内的位移响应峰值具有明显的差异，尤其是在台面监测地震波峰值大于 0.237g 后，具体见图中双点画线标记区域，地震时软弱夹层的存在对边坡顶部位移响应影响剧烈。

2）W2 监测断面

W2 监测断面由 4 个拉线位移计测点组成，传感器编号为 L4、L5、L6 和 L7，具体位置见图 3.13（b）所示，分别位于基岩内（邻近箱壁）、基岩内（邻近软弱夹层）、滑体内（邻近软弱夹层）和滑体内（邻近坡面），针对每个位移监测点均在其对应位置布设 1 个加速度传感器，监测坡体内部测点的位移变化特性与响应加速度的关系。

本节仅列出 L7 测点在人工波、El Centro 波和汶川-清平波分别激励时，加载峰值加速度为 $0.4g$ 和 $0.7g$ 的第 2 次迭代过程中的位移时程曲线及其对应加速度传感器 A13 的时程曲线，具体见图 3.20 和图 3.21 所示。由图可知：

（1）与输入地震波峰值相比，A13 测点的加速度响应峰值均出现了放大效应。

（2）位移响应时程曲线在加速度时程曲线的强震段均将出现剧烈波动，在输入波峰值为 $0.4g$ 和 $0.7g$ 人工波、El Centro 波激励时 L7 测点将产生残余变形，而汶川-清平波激励时无残余变形值。分析产生这种现象的原因为：① 地震波加载次序不同，由第 3.1 节知，在每一峰值加速度下三种地震波加载先后顺序为人工波→El Centro 波→汶川-清平波；② 地震波频谱特性不同；③ 地震波激励时滑体所处的变形状态和锚索轴力存在差异。

（3）L7 测点的峰值位移、残余变形值和残余变形值出现时刻对应的响应加速度幅值，在 $0.4g$ 人工波激励时为 1.344 mm、0.269 mm 和 $0.4g$，在 $0.4g$ El Centro 波激励时为 1.002 mm、0.098 mm 和 $0.5g$，在 $0.7g$ 人工波激励时为 2.444 mm、0.635 mm 和 $0.8g$，在 $0.7g$ El Centro 波激振时为 2.493 mm、1.149 mm 和 $0.8g$。

（4）不论是人工波激励还是 El Centro 波激励，L7 测点位移响应时程曲线中产生残余变形区段，残余变形结束时刻对应的加速度幅值均小于残余变形开始出现时刻的加速度幅值，如 $0.4g$ El Centro 地震波激励时，残余变形开始出现时的加速度幅值为 $0.5g$，结束时刻对应的加速度幅值为 $0.35g$，具体见图 3.20（b）和图 3.21（b）矩形标记区域所示。

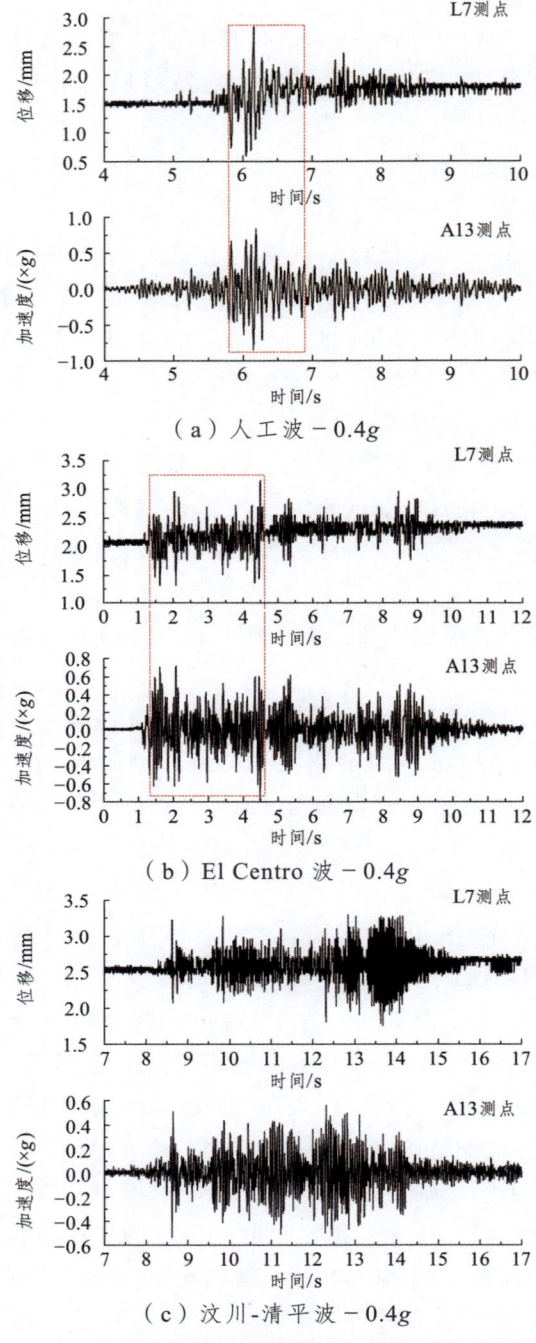

(a) 人工波-0.4g

(b) El Centro 波-0.4g

(c) 汶川-清平波-0.4g

图 3.20 加载地震波峰值 0.4g 第 2 次迭代

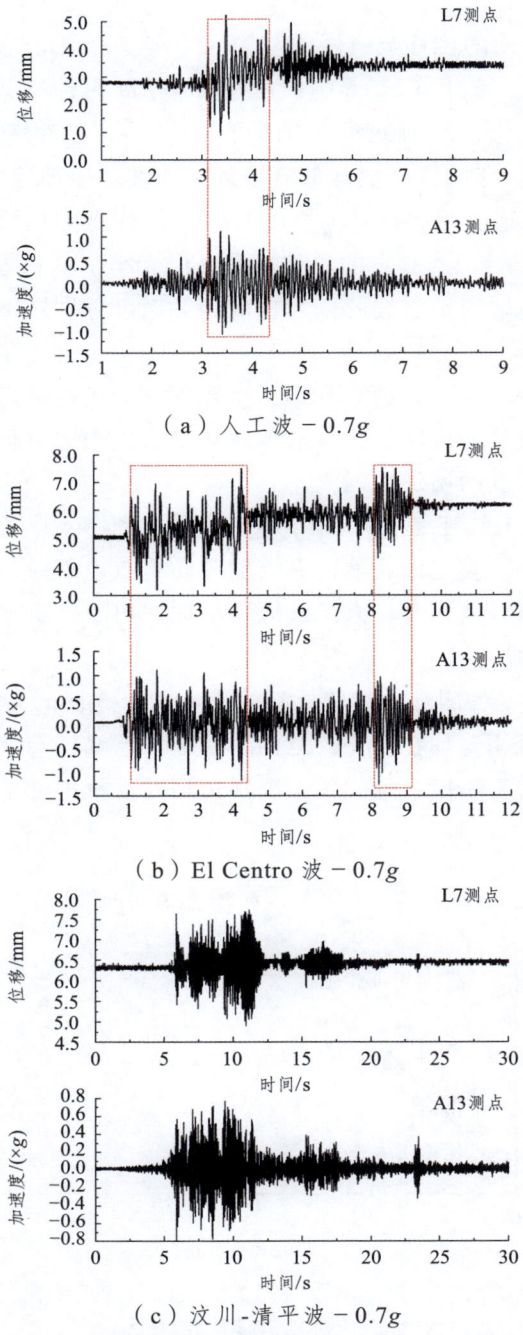

（a）人工波－0.7g

（b）El Centro 波－0.7g

（c）汶川-清平波－0.7g

图 3.21　加载地震波峰值 0.7g 第 2 次迭代

为研究 W2 断面的位移响应峰值与输入地震波峰值的关系，图 3.22 和图 3.23 分别给出了人工波和 El Centro 波激励时 W2 断面各测点的响应位移峰值与台面监测地震波峰值间的关系。由图可知：

（1）各测点的位移响应峰值均随着输入地震波峰值加速度的增加而增大。

（2）在同类型地震波激励时基岩内 L4 和 L5 测点的位移响应峰值大小基本相等，滑体内 L6 和 L7 测点的位移响应峰值大小基本相等，滑体内和基岩内位移响应峰值与输入地震波峰值加速度的关系可分别用图示的实线和虚线表示。

（3）不论是人工波还是 El Centro 波激励时，滑体内测点的位移响应峰值均大于基岩内的位移响应峰值，且滑体内和基岩内响应位移峰值之差随着输入地震波峰值加速度的增加而增大。

（4）不论是人工波还是 El Centro 波激励时，图中实线与虚线的变化特性具有 2 个阶段，对同类型地震波而言，曲线转折点出现时刻的峰值加速度相等，对不同类型地震波而言，人工波激励时曲线出现转折点时的峰值加速度大于 El Centro 波激励时。

综上分析可知，各测点的响应位移峰值不大于 3 mm，基岩内和滑体内测点的响应位移峰值相差均在 1 mm 之内，且输入波峰值与响应位移峰值关系曲线未出现急剧增长阶段，框架锚索支护边坡对滑体中部的抗震加固效果显著。

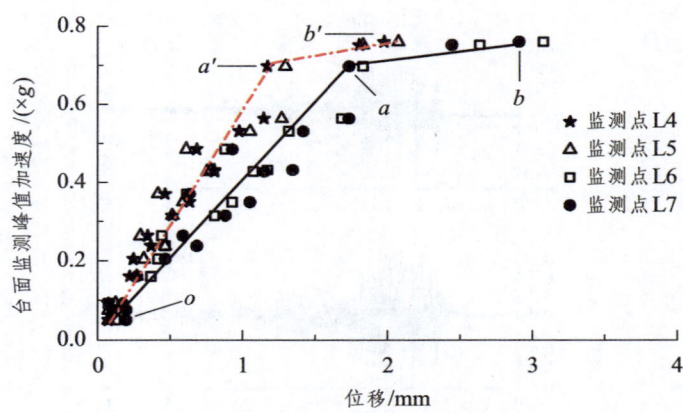

图 3.22 人工波激励时 W2 断面位移响应峰值与台面监测地震波峰值关系

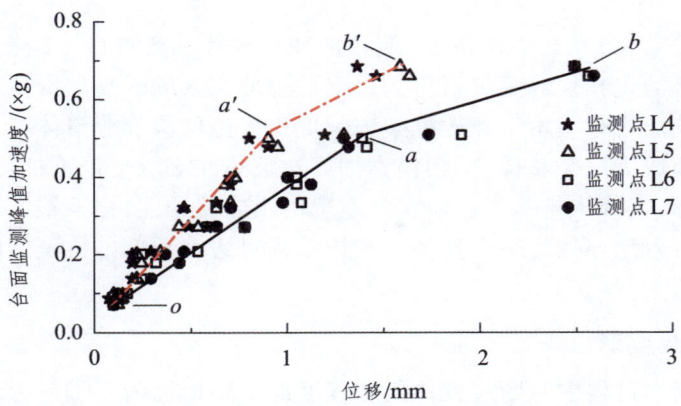

图 3.23　El Centro 波激励时 W2 断面位移响应峰值与台面监测地震波峰值关系

3）W1 与 W2 监测断面的差异性分析

为研究高程对位移响应峰值的影响，本节选取人工波激励时基岩内的 L1、L5 监测点和滑体内的 L2、L6 监测点位移响应峰值进行对比分析，监测点具体位置见图 3.13（b）所示，值得说明的是其均接近软弱夹层。由图 3.24 可知：在台面监测地震波峰值加速度相同时，滑体内测点位移响应峰值均是 120 cm 处大于 80 cm 处，而基岩内测点位移响应峰值在台面输入地震波峰值小于 0.3g 时，120 cm 处与 80 cm 处基本一致，随着输入地震波峰值加速度的增加，其响应位移峰值出现随高程增加而增大的现象，但其差值不超过 0.5 mm；对比分析 L1、L2、L5 和 L6 监测点的位移响应峰值与台面输入加速

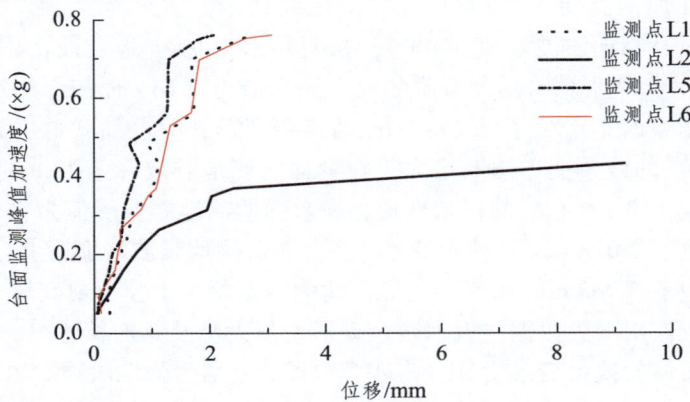

图 3.24　人工波激励时软弱夹层两侧位移响应峰值与台面监测地震波峰值关系

度峰值的关系知，L1、L5 和 L6 测点的变化规律一致且与 L2 测点的变化规律具有显著的差异。综上分析可知，支护边坡在 80 cm 高度滑体和基岩处的地震位移响应规律基本一致，框架锚索加固措施使该部分滑体与基岩紧密结合在一起而成为一个整体，框架锚索加固边坡体在 80 cm 以下抗震性能较好，而 120 cm 高度滑体与基岩在地震时表现出个体差异性，框架锚索加固措施并没有将其有效地连接为一个整体，支护结构对边坡顶部的抗震加固效果不明显。

2. 残余变形

震害调查过程中判断边坡体震害程度的主要指标为：①是否产生宏观变形迹象；②变形量值大小。为研究加固边坡体在地震作用下残余变形响应特性，此处选取人工波激励时的位移响应数据进行分析。图 3.25 给出了人工波激励时 W1 断面和 W2 断面各测点的残余变形值与台面输入地震波峰值间的关系。值得注意的是，L3 测点在峰值加速度小于 $0.1g$ 时已出现破坏，具体原因见上小节分析，故在图 3.25 不再表述其残余值。由图可知，台面输出地震波峰值在 $0.05g \rightarrow 0.761g$ 变化时，L1、L4 和 L5 测点在地震波加载过程结束时刻的残余变形值均较小，最大值不超过 0.1 mm，且其量值随地震波加载峰值的增加呈现出在 0 mm 附近上下波动的特性，若忽略拉线位移计的测量误差影响，则基岩在地震作用下始终处于弹性响应阶段；而滑体内 L2、L6 和 L7 测点将出现明显的残余变形，其变形值与台面输出地震波峰值的关系在 120 cm 和 80 cm 处具有明显的差异，以下将对其进行具体分析。

1）W1 监测断面

在台面监测地震波峰值为 $0.05g$、$0.075g$ 和 $0.091g$ 地震波作用结束时刻，L2 测点无残余变形值；在台面监测地震波峰值为 $0.16g$ 时，L2 测点在地震波作用过程结束时刻产生了 0.073 mm 的残余变形，随着加载地震波峰值的增加，L2 测点的残余变形逐渐增大，在台面监测地震波峰值为 $0.349g$ 地震波作用时产生了 0.391 mm 的残余变形，在台面监测地震波峰值为 $0.37g$ 地震波作用时产生了 2.028 mm 的残余变形，在台面监测地震波峰值为 $0.432g$ 地震波作用时产生了 8.968 mm 的残余变形，此刻测点位置土体出现破坏，在随后的加载地震波作用下无数据。根据残余变形量值大小及其增长速率，可将 L2 测点所代表土体的残余变形发展分为四个阶段，分别为弹性阶段、塑性阶段、屈服阶段和破坏阶段，具体见图 3.25（a）中的 *oa* 段、*ab* 段、*bc* 段和 *cd* 段。

2）W2 监测断面

在台面监测地震波峰值为 $0.05g \rightarrow 0.237g$ 的人工地震波作用下，L6 测点无残余变形值,随着输入地震波峰值加速度的增加,L6 测点的残余变形值逐渐增大,但其量值较小,如:在台面监测地震波峰值加速度为 0.485g 人工波激励时,残余变形值为 0.147 mm;在台面监测地震波峰值加速度为 0.761g 人工波激励时,残余变形值为 0.879 mm。根据残余变形量值大小及其增长速率,可将 L6 测点所代表土体的残余变形发展分为 2 个阶段,分别为弹性阶段和塑性阶段,具体见图 3.25(b)中的 oa 段和 ab 段。

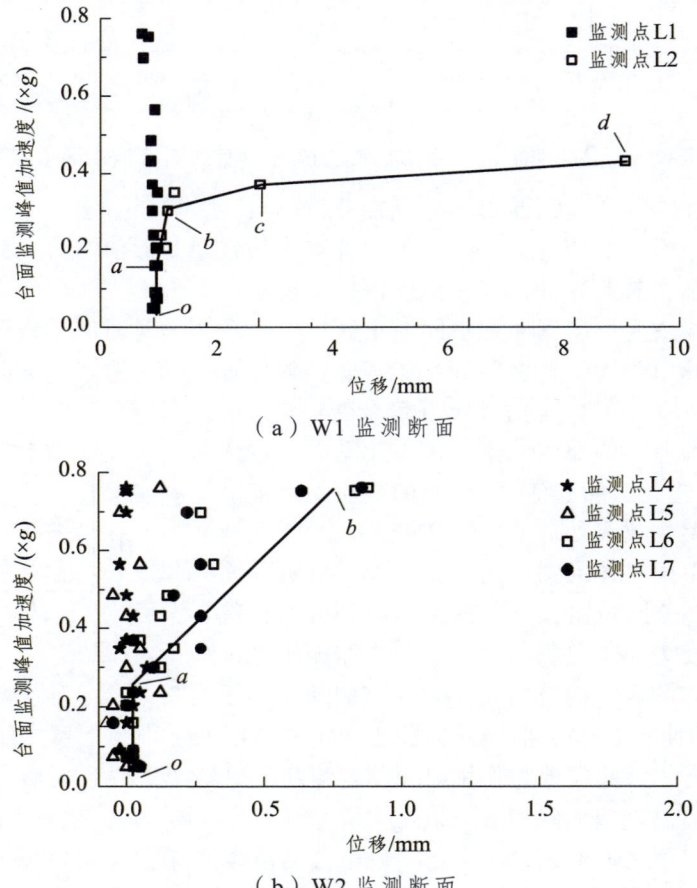

(a)W1 监测断面

(b)W2 监测断面

图 3.25 人工波激振下坡体内部残余变形与台面监测地震波峰值的关系

在同一峰值地震波激励时,L7 测点的残余变形值与 L6 测点的残余变形值基本一致,其差值最大为 0.195 mm,具体见图 3.26 所示,若忽略拉线位移计的测量误差影响,则 L7 测点残余位移随输入地震波峰值加速度变化的响应规律与 L6 测点相同,此处不再重复分析。

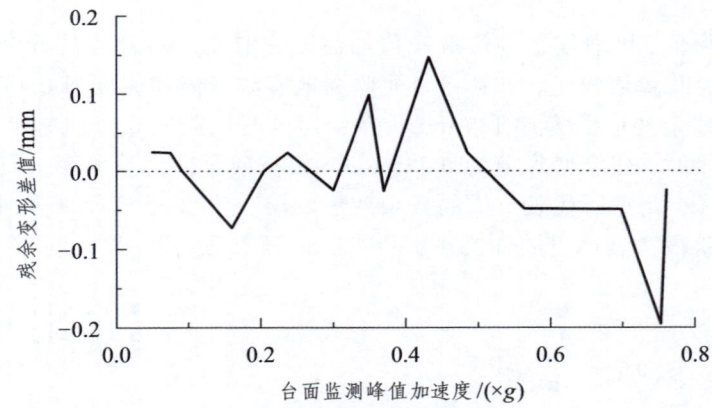

图 3.26　L6 和 L7 测点残余变形差值与台面监测峰值加速度关系

3）W1 与 W2 监测断面的差异性分析

综合分析图 3.25（a）和（b）中各测点的残余变形值与台面监测加速度峰值的关系，其差异性体现在滑体内，主要有以下方面：

（1）残余变形出现时刻不同。土体产生残余变形时对应的台面监测地震波加速度峰值为 W1 监测断面小于 W2 监测断面，前者在 0.16g 时开始产生残余变形，后者在 0.3g 时才出现残余变形。为解释产生这种差异的原因，作土体单元受力示意图（图 3.27）进行分析：① 滑体内的响应加速度沿边坡高度存在放大效应（具体见第 3.4 节），在地震作用下单位土体的惯性力 ma 在 W1 监测断面内大于 W2 监测断面；② 每孔锚索的预应力相等且滑体长度为 W1 监测断面大于 W2 监测断面，则单元土体的水平向应力 σ_x 为 W1 监测断面小于 W2 监测断面；③ W2 监测断面位于 W1 监测断面下方，上覆土压力 σ_z 为前者大于后者，因此在地震作用时 W1 监测断面更易产生残余变形。如：L2 测点在台面监测地震波峰值为 0.204g 时，开始产生残余变形时刻 A6 测点的响应加速度幅值为 0.35g；L7 测点在台面监测地震波峰值为 0.349g 时，开始产生残余变形时刻 A13 测点的响应加速度幅值为 0.4g。

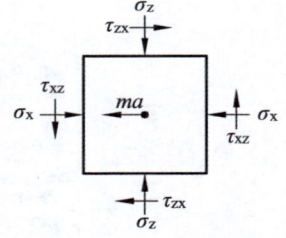

图 3.27　土体单元受力示意

（2）残余变形量值大小不同。土体产生残余变形时，变形值为 W1 监测断面大于 W2 监测断面。为研究 W1 和 W2 监测断面残余变形量值差别与加速度峰值的关系，图 3.28 给出了 L2 测点与 L7 测点残余变形差值随台面地震波峰值加速度的变化曲线。由图可知，在地震波峰值加速度不大于 0.1g 时，两测点残余变形差值为 0；在地震波峰值加速度不大于 $0.3g$ 时，两测点的变形差值随地震波峰值加速度的增加出现缓慢增长；在地震波峰值加速度不大于 $0.37g$ 时，两测点的变形差值随地震波峰值加速度的增加呈现快速增长；随着输入地震波峰值加速度的进一步加大，其变形差值出现急剧增大的现象。因此，根据变形曲线的特性将其残余变形差值划分为四阶段：无差值阶段、缓慢增加阶段、快速增加阶段和急剧增加阶段。其分界点分别见图 3.28 中的点 1、点 2 和点 3。

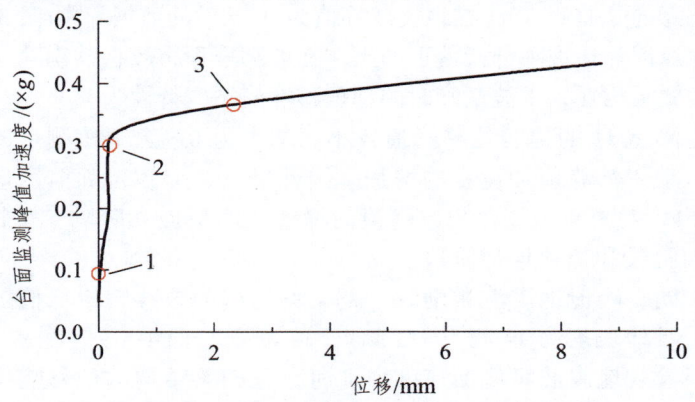

图 3.28　L2 和 L7 测点残余变形差值与台面监测峰值加速度关系

（3）土体变形发展阶段不同。W1 监测断面在各加载工况作用下将依次经历弹性变形阶段、塑性变形阶段、屈服阶段和破坏阶段，而 W2 监测断面在各加载工况作用下先后处于弹性变形阶段和塑性变形阶段，具体表现为：在台面监测地震波峰值不大于 $0.1g$ 时，二者均处于弹性阶段；随着输入地震波峰值的增加，前者开始产生塑性变形，而后者仍处于弹性阶段；在输入地震波峰值为 $0.3g$ 时，前者进入屈服变形阶段，后者也开始出现塑性变形；在输入地震波峰值为 $0.432g$ 时，前者岩土体出现破坏，而后者处于塑性变形阶段。

综上分析可知，框架锚索加固含软弱夹层边坡体的地震动位移响应特性表明，在地震作用下基岩始终处于弹性响应阶段，在输入地震波峰值加速度不大于 $0.3g$ 时加固边坡的整体稳定性较好，随着输入地震波峰值加速度的增加潜在滑体顶部进入屈服阶段，坡顶出现局部破坏。因此，在高烈度地震区框架锚索支护结构工程设计时需着重加强对边坡顶部岩土体的防护。

3.2.2　框架梁位移

为研究坡面框架梁结构的地震位移响应特性，振动台模型试验时在中间竖梁节点处布置激光位移传感器监测点，传感器编号由下到上依次为 J1、J2、J3 和 J4，具体见图 3.13（b）所示，监测各加载工况下框架梁节点处的响应位移峰值及残余变形值。本节选取人工波激励时的动位移响应值进行分析。

1. 峰值位移

框架梁监测点的位移响应峰值与台面监测地震波峰值的关系见图 3.29 所示，值得注意的是监测点 J1 在地震波峰值为 0.7g 后的数据异常[图 3.31（a）]，分析其产生原因为边坡顶部滑落下的土体在坡脚堆积，故将其剔除。由图 3.29 可知，框架梁结构在人工波激励时的动位移峰值响应特性为：

（1）监测点 J1 的地震位移峰值较小，基本为 0，余下监测点的位移响应峰值随输入地震波峰值加速度的增加呈线性增大，但在台面监测地震波峰值为 0.7g 时出现转折点，位移响应峰值的增加速率呈现二阶段变化特性，分别为缓慢增加阶段和快速增加阶段。

（2）在同一峰值地震波激励时，框架梁结构的位移响应峰值随高度的增加而增大，具体表现为 J4 测点>J3 测点>J2 测点>J1 测点。

（3）当输入地震波峰值加速度增加时，框架梁结构的位移响应峰值增长速率随高度的增加而变大，见图 3.29 中编号分别为 4#、3#、2#线的斜率，其大小关系为 4#<3#<2#。

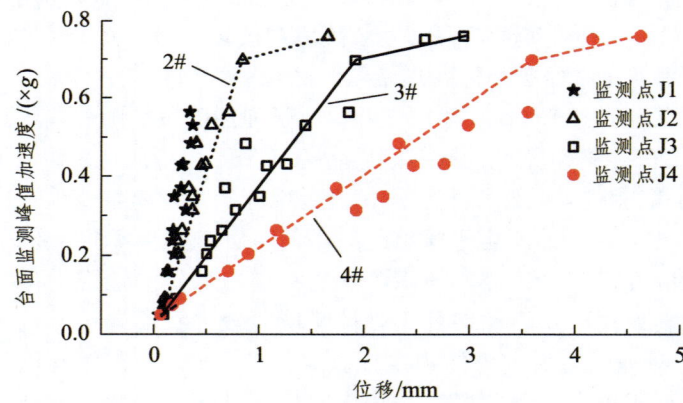

图 3.29 框架梁位移响应峰值与台面监测地震波峰值关系

2. 残余变形

框架梁监测点的残余位移与台面监测地震波峰值的关系见图 3.30 所示。由图可知，在地震波加载工况下，框架梁结构的残余变形值很小，最大值不超过 0.3 mm。为判断该残余变形值是否为框架梁结构在地震过程中真实产生的,本节给出了 J1、J2、J3、J4 监测点的位移-时间曲线,见图 3.31 所示,根据其变形趋势可判断 J2、J3、J4 监测点在台面监测地震波峰值为 0.761g 时确实产生了较小的残余变形。分析图中位移随台面监测地震波峰值的变化规律,知:

(1)在台面监测地震波峰值不大于 0.5g 时,框架梁结构在地震作用下处于弹性响应阶段;随着输入地震波峰值加速度的增加,监测点 J3 和 J4 开始出现残余变形,而监测点 J1 和 J2 仍处于弹性阶段;在监测地震波峰值为 0.7g 时,监测点 J2 也开始产生残余变形。

(2)台面监测地震波峰值相同时,残余变形值的变化规律为随着高度的增加而增大,即监测点 J4>监测点 J3>监测点 J2。相邻测点间的残余变形差值最大为 0.183 mm,此时混凝土梁的剪应变为 4.8×10^{-4},小于其极限剪应变。

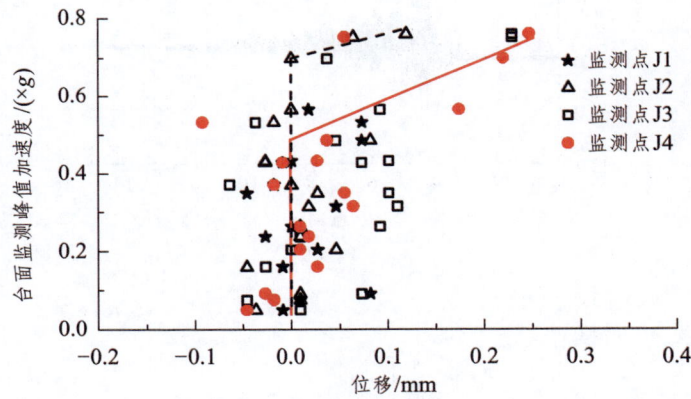

图 3.30 框架梁残余位移与台面监测地震波峰值关系

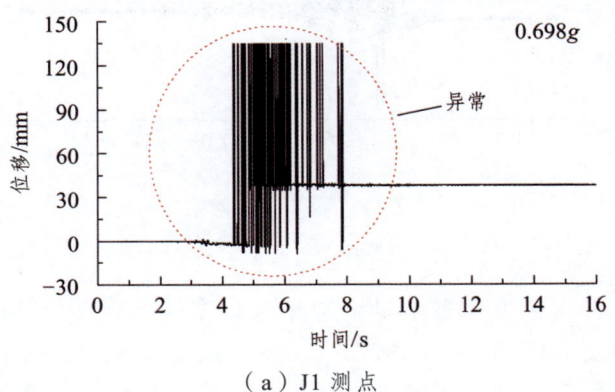

(a)J1 测点

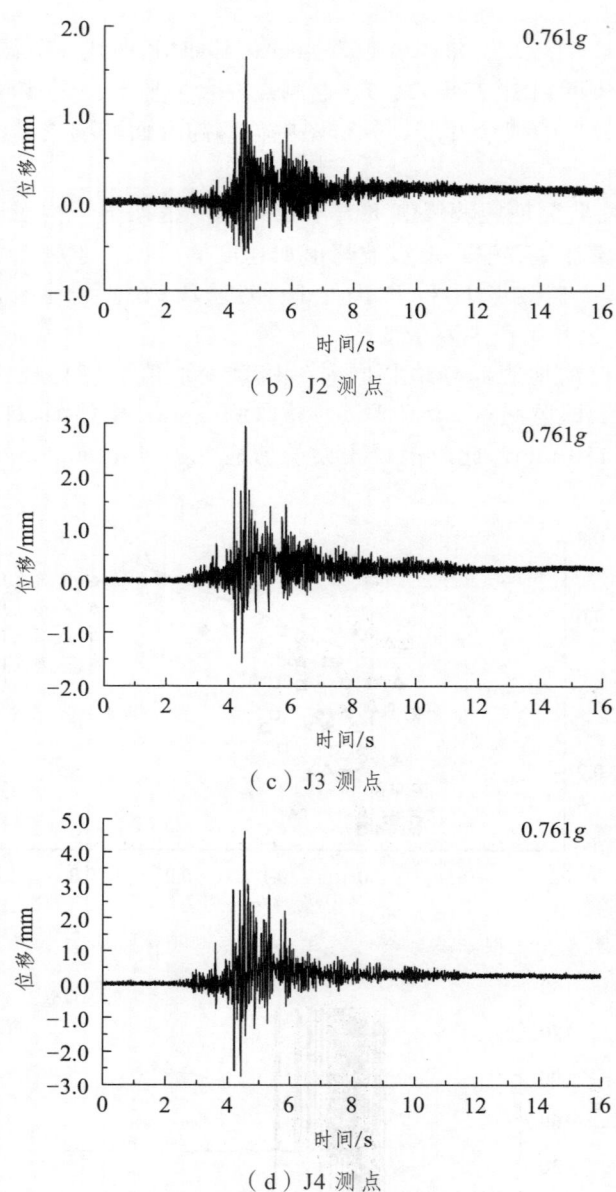

(b) J2 测点

(c) J3 测点

(d) J4 测点

图 3.31 框架梁测点位移时程曲线

综上分析可知：坡面框架梁结构在地震作用下响应位移峰值随输入地震波峰值加速度的增加呈线性增大，在输入地震波峰值不大于 0.5g 时无残余变形，框架梁处于弹性响应阶段；在输入地震波峰值为 0.761g 时框架梁结构出现残余变形，但其变形值较小，最大值为 0.247 mm，框架梁结构完好无损。

3.2.3 框架梁与边坡内部变形差异性分析

为研究边坡内部与框架梁结构地震位移响应的差异性，本节选取滑体内的 L2、L6 测点与框架梁上的 J4、J3 测点对比分析其响应位移峰值和残余值。

由图 3.25 中 L6 测点和图 3.30 中 J3 测点的响应位移峰值知，在输入地震波峰值加速度不同时 L6 测点和 J3 测点的位移响应峰值大小基本相同；由图 3.25（b）中 L6 测点和图 3.30 中 J3 测点的响应位移残余值知，在输入地震波峰值加速度不大于 0.5g 时两者的残余变形差值基本为零，在台面监测地震波峰值为 0.564g、0.698g、0.753g 和 0.761g 时其差值分别为 0.225 mm、0.232 mm、0.65 mm 和 0.601 mm。这说明框架锚索体系与加固边坡体在峰值加速度不大于 0.5g 时其地震位移响应一致，加固边坡体抗震效果显著，随着输入地震波峰值加速度的增加，滑体内部出现明显的塑性变形，二者变形不协调，但其差值较小。

由图 3.25 中 L2 测点和图 3.30 中 J4 测点的响应位移峰值知，在输入地震波峰值不大于 0.349g 时二者的位移峰值大小基本相同，在台面监测地震波峰值为 0.37g 和 0.432g 时其位移差值为 0.688 mm 和 6.408 mm；由图 3.25（a）中的 L2 测点和图 3.30 中 J4 测点的响应位移残余值知，在输入地震波峰值加速度不大于 0.16g 时两者的残余变形差值基本为零，在台面监测地震波峰值为 0.204g、0.3g、0.349g 和 0.37g 时其差值分别为 0.235 mm、0.26 mm、0.336 mm 和 2.046 mm。这说明框架锚索对坡顶的抗震加固效果明显弱于 W2 断面处，但在峰值加速度不大于 0.349g 时两者的变形不协调差值较小。

综上分析可知，在边坡岩土体的变形出现屈服之前，框架梁与边坡体内部的响应位移峰值一致，且残余变形出现不一致时的差值较小，框架梁与边坡体具有良好的变形协调一致性，框架锚索加固边坡抗震性能良好。随着输入地震波峰值加速度的增加，框架锚索加固边坡体将出现局部破坏，但框架梁结构完好无损，这与"5·12"汶川地震震害调查时框架梁加固边坡体的破坏形式之一较一致。因此，在高烈度地震区选用框架锚索加固边坡时，应对其坡顶采取适当加固处理措施，如表层喷射混凝土等，加强潜在滑体内岩土体间的整体性，避免地震时造成坡顶的局部破坏。

3.3 锚索轴力响应特性

现阶段对于锚杆-灌浆体-岩体三者之间在动力荷载作用下的力学黏结性能有部分研究成果，但对锚索加固边坡体受到地震激励时的轴力动态变化规律尚未见报道。对于土木工程师而言，锚索轴力在地震过程中的响应值与地震结束时的残余值是评价边坡体稳定状态的关键因素，本次振动台模型试验时布设了轴力传感器，具体见图3.13（a）所示，测量元件编号由下到上依次为 T1、T2、T3 和 T4。

为了研究边坡锚索轴力在地震时的变化规律，本节选取人工波激振时台面监测地震波峰值为 $0.204g$ 和 $0.564g$ 的轴力-时间监测数据作出图 3.32 和图 3.33，由图可知：

① 边坡不同高度处的锚索轴力响应值与台面监测地震波加速度时程曲线均具有明显的强震段，且强震段发生时间一致。

② 锚索轴力响应峰值随测点所在高度、输入地震波峰值变化具有明显的差异。如：对于边坡不同高度处的锚索，在 $0.204g$ 和 $0.564g$ 地震波激励时均表现出 T4 测点>T3 测点>T2 测点>T1 测点；对于同一锚索的轴力响应峰值均表现出 $0.564g$ 激励时大于 $0.204g$ 激励时。

③ 与初始预应力相比较，锚索轴力残余值变化与测点所在高度、输入地震波峰值有关。如：在 $0.204g$ 地震激励结束时，T4 和 T3 测点的轴力残余值减小，T2 测点的轴力残余值增加，T1 测点的轴力残余值不变；而在 $0.564g$ 地震激励结束时，T4 和 T3 测点的轴力残余值不变，T2 测点的轴力残余值减小，T1 测点的轴力残余值增加。

④ 与初始预应力相比较，锚索轴力响应峰值增加量大于锚索轴力的残余值变化量。如 T4 测点在 $0.204g$ 地震激励时的峰值增加量为 72 N，而残余值变化量为 3.5 N。

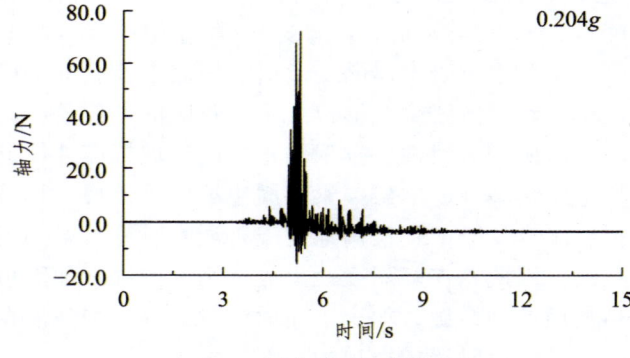

（a）T4 测点轴力-时程曲线

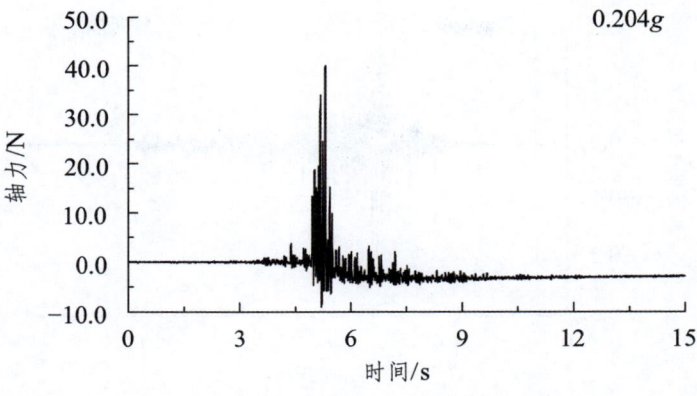

（b）T3 测点轴力-时程曲线

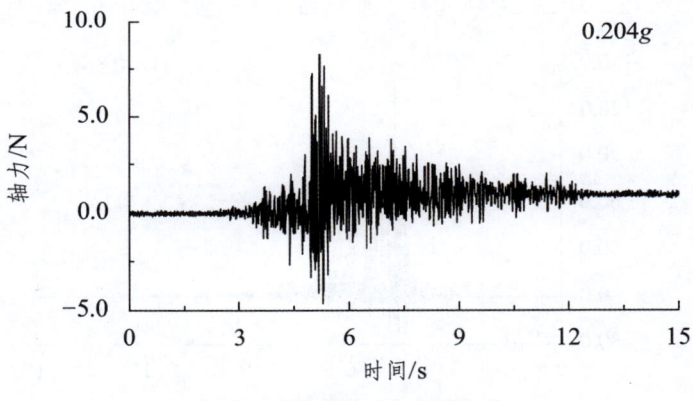

（c）T2 测点轴力-时程曲线

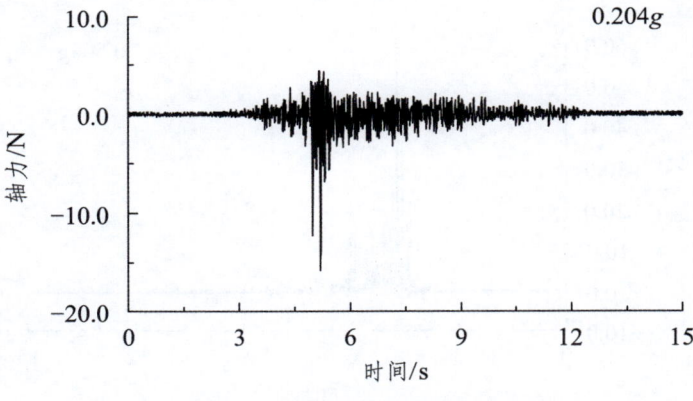

（d）T1 测点轴力-时程曲线

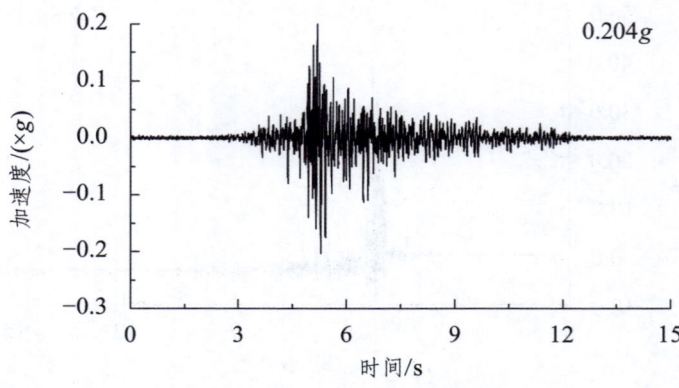

（e）台面监测地震波时程曲线

图 3.32　人工波激励时轴力-时程曲线（峰值加速度 0.204g）

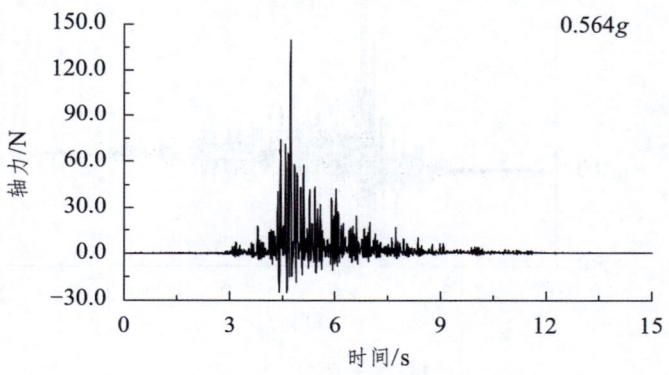

（a）T4 测点轴力-时程曲线

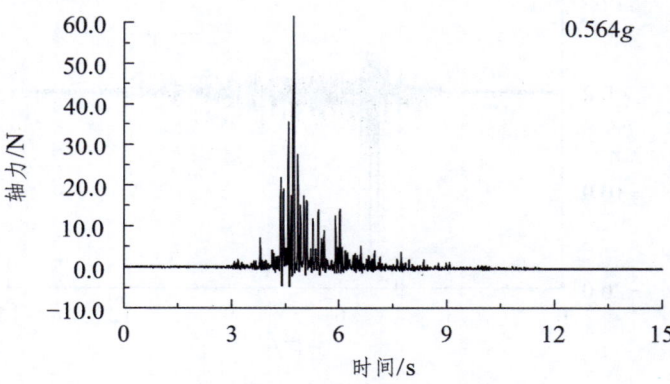

（b）T3 测点轴力-时程曲线

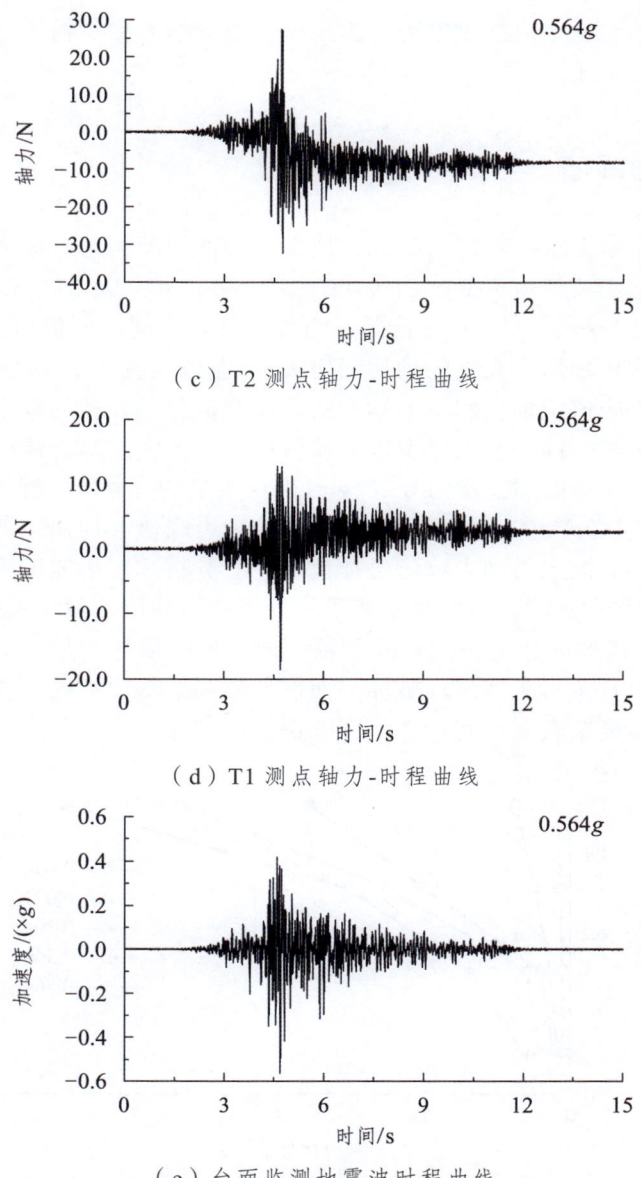

（c）T2 测点轴力-时程曲线

（d）T1 测点轴力-时程曲线

（e）台面监测地震波时程曲线

图 3.33 人工波激励时轴力-时程曲线（峰值加速度 0.564g）

由以上分析可知，锚索在地震时的工作机制较复杂，为了进一步阐述地震过程中锚索轴力响应值与测点高度、输入波峰值间的关系，本节定义轴力峰值增加比为地震过程中锚索轴力响应峰值相对初始预应力的差值与初始预应力之比，轴力残余值变化率为地震结束时锚索轴力相对初始预应力的差值与初始预应力之比。

3.3.1 轴力峰值

为了研究轴力响应峰值与高度、地震波峰值间的关系，选取人工波激励时台面监测地震波峰值为 0.05g、0.091g、0.204g、0.349g 和 0.564g 的轴力峰值增加比进行分析，见图 3.34 所示。由图可知：在同一峰值地震波激励时，轴力峰值增加比随测点高度的增加而增大，但在地震波峰值为 0.05g 和 0.091g 时，锚索轴力峰值增加比和不同锚索间响应峰值的差异性均较小；在不同峰值地震波激励时，同一测点锚索轴力峰值增加比随输入地震波峰值加速度的增加而增大，在峰值加速度为 0.204g 时出现明显的"分区"特征，具体表现为 T3、T4 测点在峰值加速度为 0.204g 时的轴力峰值增加比显著大于 0.091g 时，而 T1、T2 测点的轴力峰值增加比较慢。分析其产生原因为：在地震波峰值不大于 0.091g 时，边坡和框架梁均处于弹性响应阶段（见第 3.2 节），锚索-框架梁-边坡间变形协调；随着输入地震波峰值的增加，上部边坡体将产生塑性变形直至岩土体出现破坏，而框架梁和下部边坡处于弹性阶段，故表现出不同高度锚索测点间轴力响应峰值的差异性。

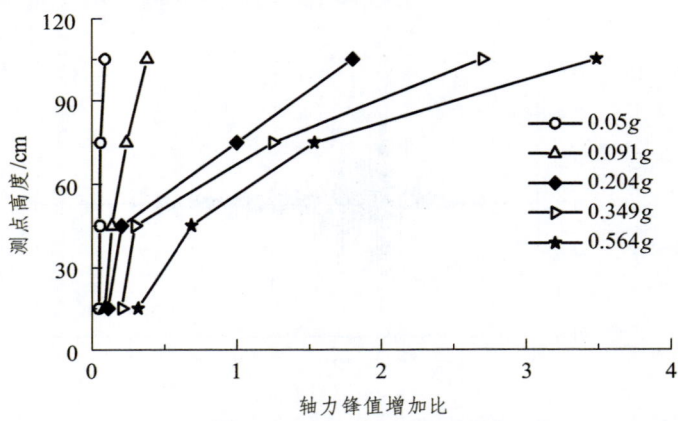

图 3.34 人工波激振下锚索轴力响应峰值与测点高度关系

值得注意的是，在峰值加速度不小于 0.204g 的地震过程中，T3 和 T4 测点的轴力峰值增加比介于 1~3.5，且图 3.32 和图 3.33 中的（a）、（b）轴力时程曲线均表明地震对锚索的主要作用是向外的拉拽，故在锚索的抗震设计时需考虑这种瞬时荷载是否会引起锚固系统的破坏，第 1 章震害调查中的锚头沉陷和钢垫板变形可能就与此有关。

3.3.2 轴力残余值

为了研究轴力残余值变化与高度、地震波峰值间的关系,选取与第 3.3.1 节相同的工况进行分析,见图 3.35 所示。由图可知,各测点锚索轴力残余值的变化率介于 -20%~6%,其随地震波峰值加速度的改变呈现出显著的差异性,具体表现为:在输入地震波峰值不大于 0.091g 时,轴力残余值变化率在各测点处均为 0,即在地震结束时刻锚索预应力值无变化;在峰值加速度为 0.204g 和 0.349g 时,轴力残余值变化率在 T3、T4 测点为负,即锚索轴力减小,而在 T1、T2 测点为正,即锚索轴力增加;在峰值加速度为 0.564g 时,轴力残余值变化率在 T3、T4 测点为 0,T2 测点为负,T1 测点为正。

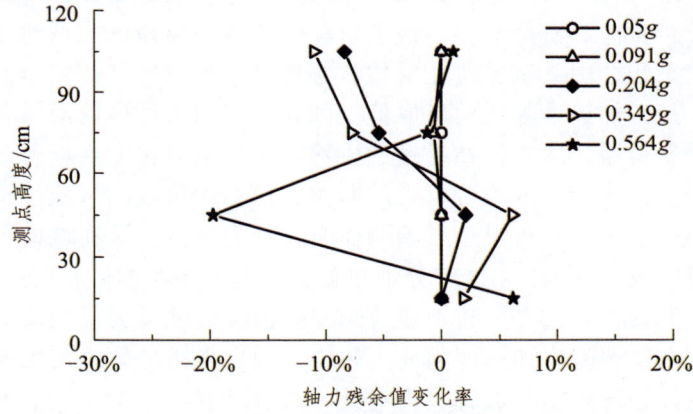

图 3.35 人工波激振下锚索轴力残余值与测点高度关系

分析不同高度处锚索轴力残余值变化关系可知,在输入地震波峰值不大于 0.091g 时,框架梁与边坡处于弹性响应阶段,锚索预应力在地震结束时无变化;随着输入地震波峰值加速度的增加,边坡体上部锚索(T3、T4 测点)产生预应力损失,导致其对潜在滑体的加固效果减弱,上部滑体开始出现裂缝,并伴随局部岩土体的剥蚀、掉块,而此时边坡体为维持其平衡状态,下部锚索(T1、T2 测点)将出现轴力增加的现象;当上部锚索的预应力损失到一定程度时将不再随输入地震波峰值的增加而变化,但下部锚索(T2 测点)将出现较大的预应力损失。上述现象说明了地震时沿空间分布的锚索是协同工作的,为避免锚索"连锁失效"导致边坡失稳破坏的产生,在进行锚索的抗震设计时应着重考虑上部锚索对边坡稳定性的影响。

现阶段工程实践中采用框架锚索加固边坡时，边坡不同高度锚索的设计锚固力相同，而模型试验揭示了不同高度的锚索轴力地震响应特性具有显著差异，因此在高烈度地震区仍采用锚固力均分原则并不适宜。振动台模型试验得出了当边坡顶部处于弹性响应阶段时，地震过程中锚索的轴力峰值增加比较小且地震结束时锚索轴力残余值无增加或减小的现象，考虑到岩土体具有一定的抗压能力而无抗拉能力的特点，在框架锚索加固边坡的抗震设计时应适当增加边坡上部锚索的设计锚固力。

3.4 加速度响应特性

目前，对边坡体系做地震动力响应特性研究时，加速度响应是最基本的研究参数，本节也将对其进行详细的探讨。在边坡的抗震设计时，主要采用拟静力的分析方法，滑体部分由地震引起的惯性力为滑体质量与质心处的水平向加速度乘积，因此试验时在滑体重心处设置了加速度传感器监测其动力响应状态，探讨加速度放大效应取值。同时，加固边坡体内滑体和基岩间有10 cm 厚的软弱层，地震波在经过性质不同的界面时将发生反射和折射，这对边坡的稳定性可能造成不可忽视的影响，而在现阶段的试验过程中无人探讨这方面的内容。在本次模型试验制作时，我们有意识地在坡体顶部和下部的软弱夹层内及上、下岩土体中分别布置了加速度传感器，具体见图 3.13（a）中的Ⅰ、Ⅱ断面，目的是分析地震波响应峰值经过软弱夹层前后的差异性。

为了研究边坡响应加速度的放大效应，现定义边坡体内的加速度放大系数为各测点加速度峰值与坡脚自由场处 A10 测点[图 3.13（a）]的加速度峰值之比。本节以坡顶 A14 测点的加速度放大系数为例进行说明：假设在某一地震波作用下 A14 测点加速度时程曲线中的最大绝对值为 max（A14），而此时 A10 测点加速度时程曲线中的最大绝对值为 max（A10），则加速度放大系数 α 为

$$\alpha = \frac{\max(A14)}{\max(A10)} \quad (3.5)$$

坡体内部基岩测点的加速度高程放大效应与众多均质边坡体振动台模型试验结果一致，此处不再重复分析该部分内容。本节主要针对坡面、滑体重心和软弱夹层监测断面的加速度动力响应规律，研究其与地震波峰值、测点高度和地震波类型间的关系。

3.4.1 坡面加速度

由图 3.13（a）知，在框架锚索加固边坡体坡面高度 30 cm、60 cm、90 cm 和 120 cm 处分别布置了 4 个加速度监测点，本节分析其在人工波、El Centro 波和汶川-清平地震波激励时的加速度放大效应及其加速度傅里叶谱变化规律。

1. 人工波

在人工波各加载工况下，加速度放大系数与台面监测地震波峰值的关系如图 3.36 所示。在输入地震波峰值不大于 0.091g 时表现为随输入地震波峰值的增加而增大，当峰值加速度为 0.16g 时开始出现减小。在峰值加速度为 0.16g→0.70g 地震波作用下，高度在 30 cm 处的加速度放大系数变化幅度较小，其均值为 1.1，标准偏差为 0.057；高度在 60 cm 和 90 cm 处的加速度放大系数随输入地震波峰值加速度的增加呈"台阶状"下降趋势，具体表现为 0.16g→0.2g 为下降段，0.2g→0.3g 加速度放大系数基本一致，0.3g→0.4g 为下降段，0.4g 以后加速度放大系数基本一致；高度在 120 cm 处的加速度放大系数在输入地震波峰值加速度大于 0.3g 以后呈"锯齿状"分布，造成这种现象的原因是边坡顶部在地震作用下已产生局部破坏（见第 3.2 节位移响应），坡体几何形态和受力状况的改变对加速度的传播规律造成了影响。

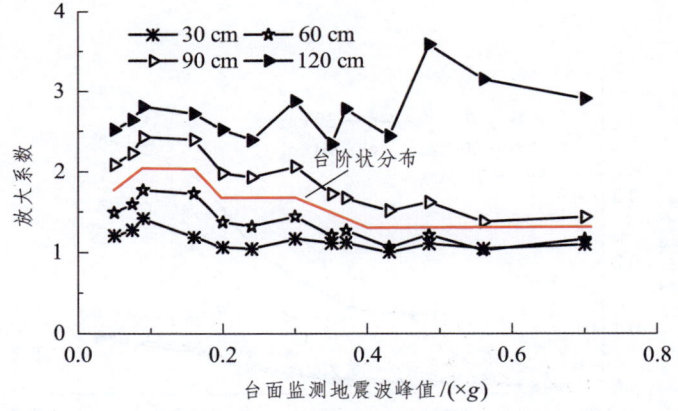

图 3.36 人工波激励时坡面加速度放大系数与输入地震波峰值关系

为了从频域上探讨地震过程中坡体的加速度响应特性，图 3.37 给出了人工波激励时坡脚自由场和坡面加速度测点的傅里叶谱主频率、峰值与输入地震波峰值加速度的关系。由图 3.37（a）知：坡脚自由场、30 cm 和 60 cm 处加速度测点的傅里叶谱主频率在整个地震波加载期间无明显变化，地震对该处边坡体无影响；而 90 cm 和 120 cm 处测点的加速度傅里叶谱主频率随输入地震波峰值的增加出现减小的现象，尤其是 120 cm 处测点的傅里叶谱主频率在峰值加速度为 0.16g 和 0.37g 时出现陡降，这说明该处边坡体在 0.16g 和 0.37g 地震波激励过后将分别出现损伤和变形破坏。由图 3.37（b）知，各测点的傅里叶谱峰值随输入地震波峰值加速度增加而增大，当输入地震波峰值相同时，各测点的傅里叶谱峰值随测点所在高度的增加而增大。傅里叶谱峰值随输入地震波峰值的变化与加速度响应峰值随输入地震波峰值的变化关系一致。

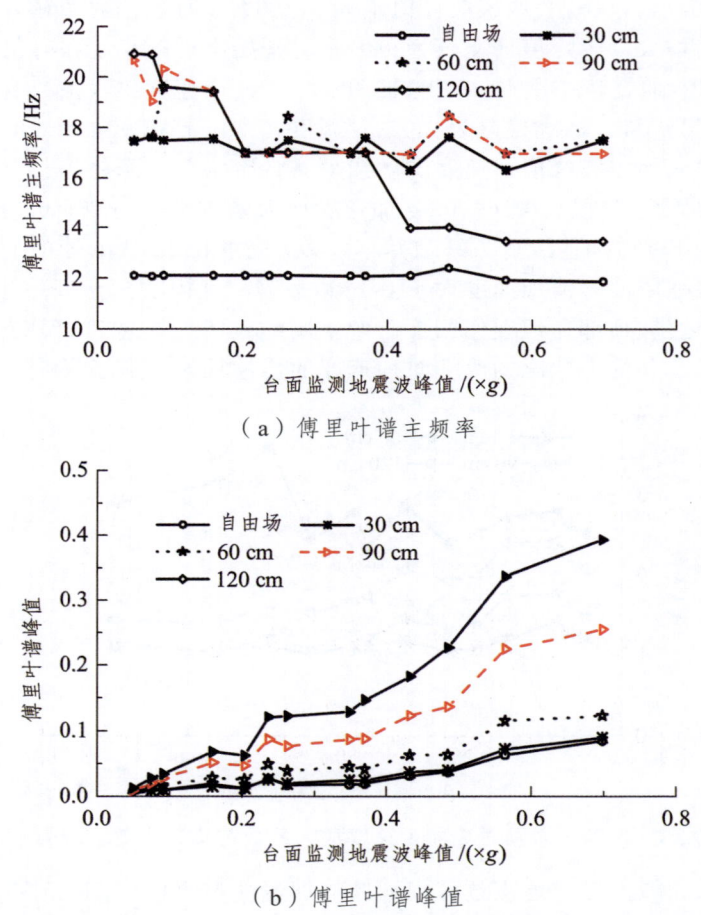

（a）傅里叶谱主频率

（b）傅里叶谱峰值

图 3.37 人工波激励时坡面加速度傅里叶频谱与输入地震波峰值关系

2. El Centro 波

El Centro 地震波激励时坡面各测点的加速度放大系数与输入波峰值的关系见图 3.38 所示。由图可知：在峰值加速度为 0.072g→0.685g 地震波作用下，30 cm 处的水平向加速度放大系数介于 1.01～1.23，均值为 1.12，标准偏差为 0.065；60 cm 处的水平向加速度放大系数介于 1.2～1.47，均值为 1.32，标准偏差为 0.084；90 cm 和 120 cm 的水平向加速度放大系数离散程度较大，不宜采用均值代替，分别介于 1.46～1.97 和 1.69～3.46，但其加速度放大系数随输入地震波峰值的改变具有明显的分带特征。具体为：在峰值加速度不大于 0.2g 时，90 cm 和 120 cm 的水平向加速度放大系数表现出明显的抛物线型分布，随着输入地震波的进一步增大，在 0.2g→0.5g 地震波作用下，90 cm 处的水平向加速度放大系数变化不大，其均值为 1.89，标准偏差为 0.069，而坡顶 120 cm 处测点的加速度放大系数随输入地震动峰值的增加呈波动状态。

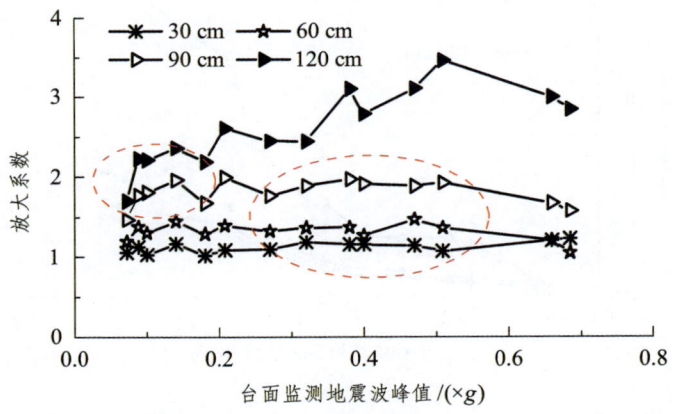

图 3.38　El Centro 波激励时坡面加速度放大系数与输入地震波峰值关系

为了从频域上探讨地震过程中坡体的加速度响应特性，图 3.39 给出了 El Centro 波激励时坡脚自由场和坡面加速度测点的傅里叶谱主频率、峰值与输入地震波峰值加速度的关系。由图 3.39(a) 知：坡脚自由场、30 cm 和 60 cm 处加速度测点的傅里叶谱主频率在整个地震波加载期间无明显变化，地震对该处边坡体无影响；而 90 cm 和 120 cm 处测点的加速度傅里叶谱主频率与输入地震波峰值的变化关系相同，在峰值为 0.273g 和 0.477g 时呈现台阶状下降趋势。由图 3.39(b) 知，各测点的傅里叶谱峰值随输入地震波峰值加速度增加而增大，当输入地震波峰值相同时，各测点的傅里叶谱峰值随测点所在高度的增加而增大。傅里叶谱峰值随输入地震波峰值的变化与加速度响应峰值随输入地震波峰值的变化关系一致。

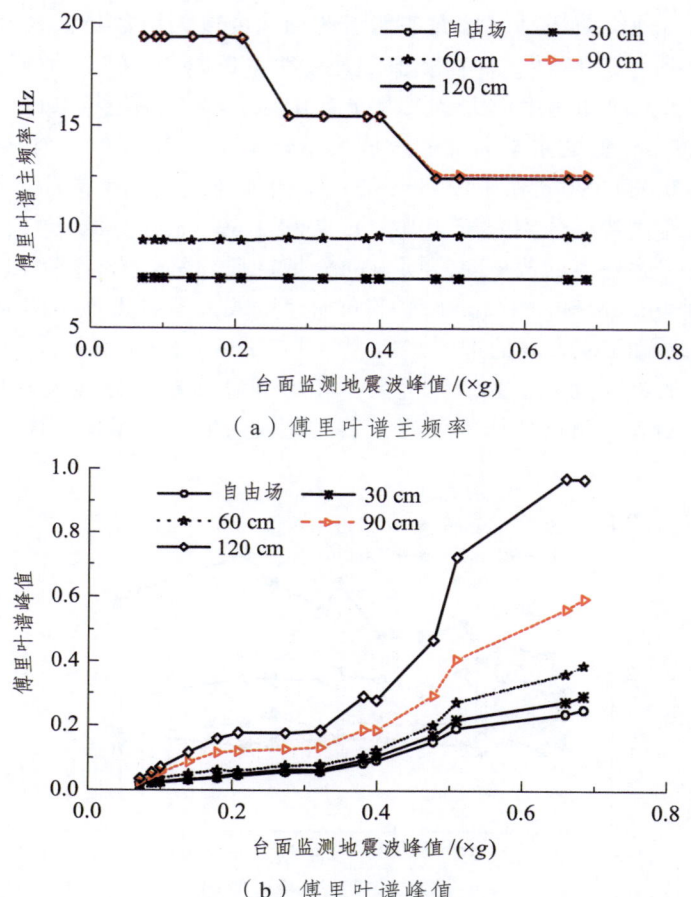

（a）傅里叶谱主频率

（b）傅里叶谱峰值

图 3.39　El Centro 波激励时坡面加速度傅里叶频谱与输入地震波峰值关系

3. 汶川–清平波

汶川-清平地震波激励时，坡面各测点的加速度放大系数与输入波峰值的关系见图 3.40 所示。由图可知，在峰值加速度不大于 $0.079g$ 地震波作用下坡面各测点的加速度放大系数均随着输入地震波峰值加速度的增加而增大，随着输入地震波峰值加速度的进一步增加，30 cm、60 cm 和 90 cm 处测点的加速度放大系数逐渐减小并呈现出收敛的趋势，而坡顶测点在峰值加速度为 $0.212g$ 和 $0.457g$ 时出现增加的现象，与其他测点的加速度放大系数规律不一致，坡体顶部在地震过程中出现损伤。

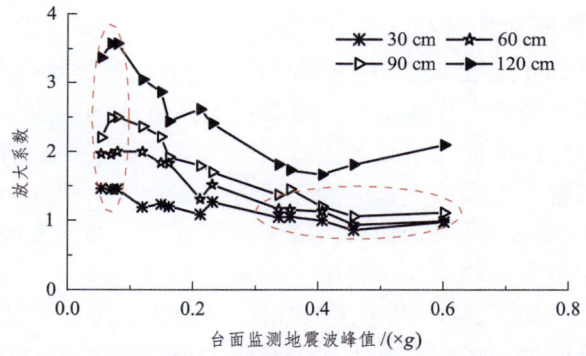

图 3.40　汶川-清平波激励时坡面加速度放大系数与输入地震波峰值关系

为了从频域上探讨地震过程中坡体的加速度响应特性，图 3.41 给出了汶川-清平波激励时坡脚自由场和坡面加速度测点的傅里叶谱主频率、峰值与输入地震波峰值加速度的关系。由图可知，其傅里叶谱主频率、峰值随输入地震波峰值加速度变化的规律与 El Centro 波一致，此处不再重述。

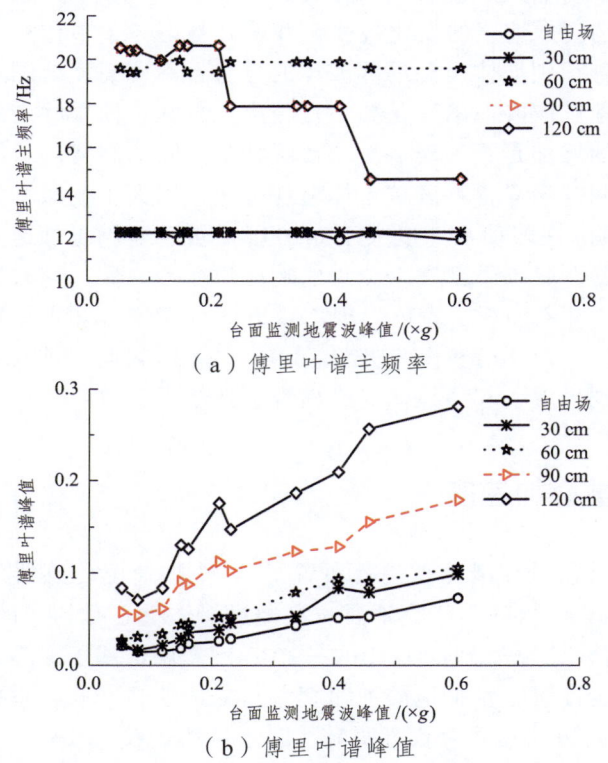

（a）傅里叶谱主频率

（b）傅里叶谱峰值

图 3.41　汶川-清平波激励时坡面加速度傅里叶频谱与输入地震波峰值关系

4. 三种地震波对比分析

人工波、El Centro 波和汶川-清平波具有不同的频谱特性（图 3.14），这三种地震波分别激励时，在峰值加速度相同时边坡体的响应加速度也会存在差异，故本节对加速度放大系数的大小不做研究，而主要分析响应加速度放大系数和频谱随输入地震波峰值的变化趋势。综合分析图 3.36～图 3.41 知：

① 在输入地震波峰值相同时，沿坡面监测的响应加速度峰值放大系数表现出随高度增加而增大的特性，与输入地震波类型无关。

② 在输入地震波峰值不大于 $0.1g$ 时，各测点的加速度放大系数表现出随输入地震波峰值增加而变大的规律，与输入地震波类型无关。

③ 在同一类型的地震波激励时，坡面各测点的加速度放大系数与输入地震波峰值的变化规律，在输入地震波峰值不大于 $0.2g$ 时相同，当输入地震波峰值大于 $0.2g$ 后，坡顶测点的变化规律出现异常，而其他 3 个测点的变化规律仍然一致。

④ 坡顶测点的加速度傅里叶谱主频率随输入地震波峰值的增加呈"台阶状"下降趋势，与输入地震波类型无关。

结合边坡响应加速度的变化规律，并将其与第 3.2 节位移响应规律对比分析，提出一种识别坡体出现局部破坏的方法：不同高度处测点的加速度放大系数随输入地震波峰值的变化关系是否出现异常；傅里叶谱的主频率随输入地震波峰值的增加是否出现 2 次"台阶状"下降的趋势。若同时符合这两项条件，则可判定该异常点区域土体出现破坏。以人工波激励时的加速度响应特性进行说明，在峰值加速度大于 $0.204g$ 后坡顶监测点加速度放大系数变化规律出现异常，且与下部 3 个测点的响应规律不一致，同时坡顶测点加速度傅里叶谱的主频在 $0.37g$ 时已出现 2 次陡降，判定该测点附近区域因地震作用而出现破坏。对比分析图 3.25（a）知，L2 监测点已进入屈服阶段，与利用加速度识别地震引起边坡体局部出现破坏结果一致。

3.4.2　滑体重心加速度

模型试验时在潜在滑体重心处布置了 1 个加速度传感器，测点编号为 A15[图 3.13（a）]，目的是研究地震波在经过滑体重心时的加速度响应规律。《公路工程抗震设计规范》（JTG B02—2013）[14]规定基于拟静力法计算路基边坡的抗震稳定性时，水平地震加速度沿路堤边坡高度放大系数，最大可取 1.6，而对于锚固边坡其受力状态明显不同于自然边坡，水平向的地震加速度放大系数与自然边坡相比也存在一定的差异。文献[15-18]等在计算锚固边坡的地震稳定性时，对坡体重心处加速度的取值未给予说明，本节通过监测人工波、El Centro 波和汶川-清平波激励时重心处的响应加速度，分析其加速度放大效应与输入地震波类型、峰值的关系，具体见图 3.42 所示。

由图 3.42 可知，在 El Centro 地震波作用下，峰值加速度不大于 0.5g 时，坡体重心处的加速度放大系数随峰值加速度的变化不大，加速度放大系数的平均值为 1.5，标准偏差为 0.081；在人工波和汶川-清平波作用下，重心处的加速度放大系数随着输入地震波峰值加速度的增加呈对数型下降趋势，分别见图 3.42 中的拟合曲线①和②。对比分析地震波类型不同时加速度放大系数与输入波峰值的变化关系，在峰值加速度不大于 0.2g 时，地震波类型引起的加速度放大系数的差异性显著，随着输入地震波峰值的进一步增加其影响程度降低，在输入波峰值介于 0.2g~0.4g 时，滑体重心的加速度放大系数可取 1.5。

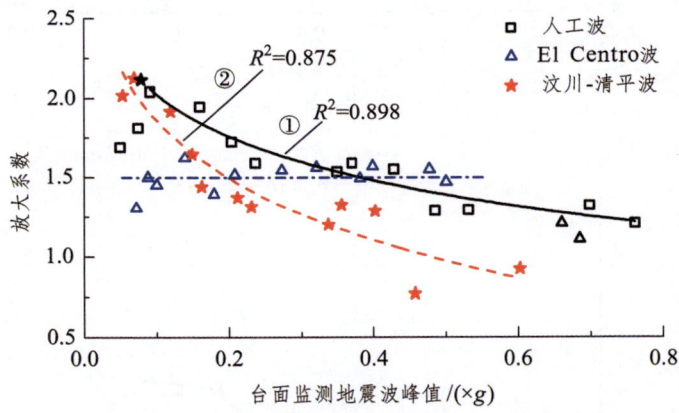

图 3.42　重心加速度放大系数与输入地震波峰值关系

为了从频域上探讨地震过程中坡体重心的加速度响应特性，图 3.43 给出了人工波、El Centro 波和汶川-清平波激励时，重心处加速度傅里叶谱主频率、峰值与输入地震波峰值加速度的关系。不论是人工波、El Centro 波还是汶川-清平波激励，重心处加速度傅里叶谱的主频变化规律基本一致，见图 3.43（a）中虚线所示，随输入地震波峰值加速度的增加呈台阶式下降。傅里叶谱主频变化规律具体为：峰值加速度不大于 0.2g 时为 20 Hz，峰值加速度在 0.2g→0.4g 时为 17 Hz，随着输入地震波峰值的进一步增加，边坡体重心处产生破坏，滑体重心加速度傅里叶谱主频率受地震波类型影响波动较大。

在人工波、El Centro 波和汶川-清平波激励时，傅里叶谱峰值均随着输入地震波峰值加速度的增加而增大，但在峰值加速度不大于 0.4g 时其增加幅度较小。随着输入地震波峰值的进一步增加，响应测点的加速度傅里叶谱的主频率降低，接近 El Centro 波的主频率，El Centro 波激励时重心处加速度傅里叶谱峰值显著增大，而人工波和汶川-清平波激励时重心的傅里叶谱峰值基本一致且增加幅度较小。

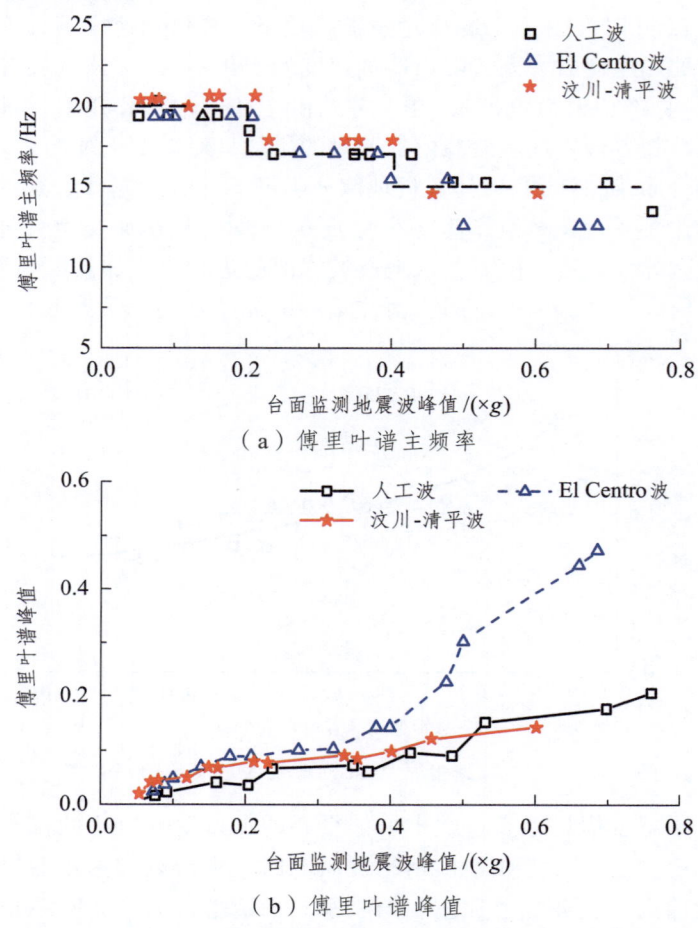

（a）傅里叶谱主频率

（b）傅里叶谱峰值

图 3.43　重心加速度傅里叶频谱与输入地震波峰值关系

3.4.3　软弱夹层加速度

模型试验时在边坡高度 100 cm 和 30 cm 的软弱夹层处布置有加速度监测断面 Ⅰ（传感器编号为 A4、A5、A6）和加速度监测断面 Ⅱ（传感器编号为 A7、A8、A9），见图 3.13（a）所示，研究地震波经过软弱夹层前、后的响应规律及其差异性。

1. 人工波

为了研究软弱夹层下方基岩、软弱夹层和软弱夹层上方滑体的加速度放大效应的差异性，给出各测点加速度放大系数与输入地震波峰值加速度的关系，见图 3.44 所示。由图可知，监测断面 I 内各测点的加速度放大系数显著大于监测断面 II 内各测点的加速度放大系数，且地震波在经过软弱夹层时出现的加速度高程放大效应具有明显的差异性，具体为：监测断面 II 内各测点的加速度放大系数随高度的增加而变大，随输入地震波峰值加速度的增加呈减小的趋势；监测断面 I 内各测点的加速度放大系数，在峰值加速度不大于 0.204g 时，软弱夹层内和软弱夹层上方的加速度放大系数基本一致，且大于软弱夹层下方的加速度放大系数，在峰值加速度为 0.237g 时，软弱夹层内的放大系数大于软弱夹层上方的加速度放大系数，随着输入地震波峰值的增加

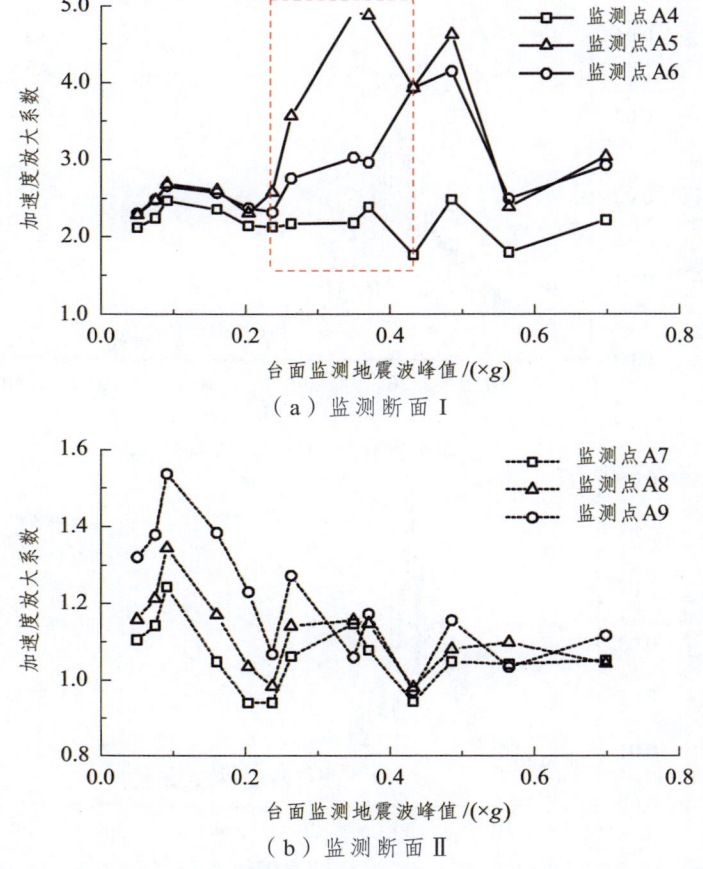

（a）监测断面 I

（b）监测断面 II

图 3.44　人工波激励时软弱夹层监测断面加速度放大系数与输入波峰值关系

该现象愈发突出,在峰值加速度为 0.349g 时两者的差值最大,当峰值加速度大于 0.432g 后软弱夹层上方和软弱夹层内的加速度放大系数又趋于一致。

监测断面 I 内软弱夹层出现的加速度放大系数陡增的现象表明地震时该区域岩土体性状已产生变化,下文将从频域上探讨该监测断面软弱夹层岩土体的响应特性。选取台面监测地震波峰值为 0.091g、0.16g、0.237g 和 0.349g 时的人工波,作出 A4、A5、A6 测点的加速度傅里叶谱,见图 3.45 所示。由图 3.45(a)、(b)知,在峰值加速度为 0.091g 和 0.16g 时,A5、A6 测点的加速度傅里叶谱幅值大小相等且均大于 A4 测点的加速度傅里叶谱幅值,A4、A5 和 A6 测点的加速度傅里叶谱主频率为 20 Hz;由图 3.45(c)、(d)知,在峰值加速度为 0.237g 和 0.349g 时,A5 测点的加速度傅里叶谱幅值大于 A6 测点的加速度傅里叶谱幅值,且均大于 A4 测点的加速度傅里叶谱幅值,A5、A6 测点的加速度傅里叶谱主频率为 17Hz,A4 测点的加速度傅里叶谱主频率为 20 Hz。

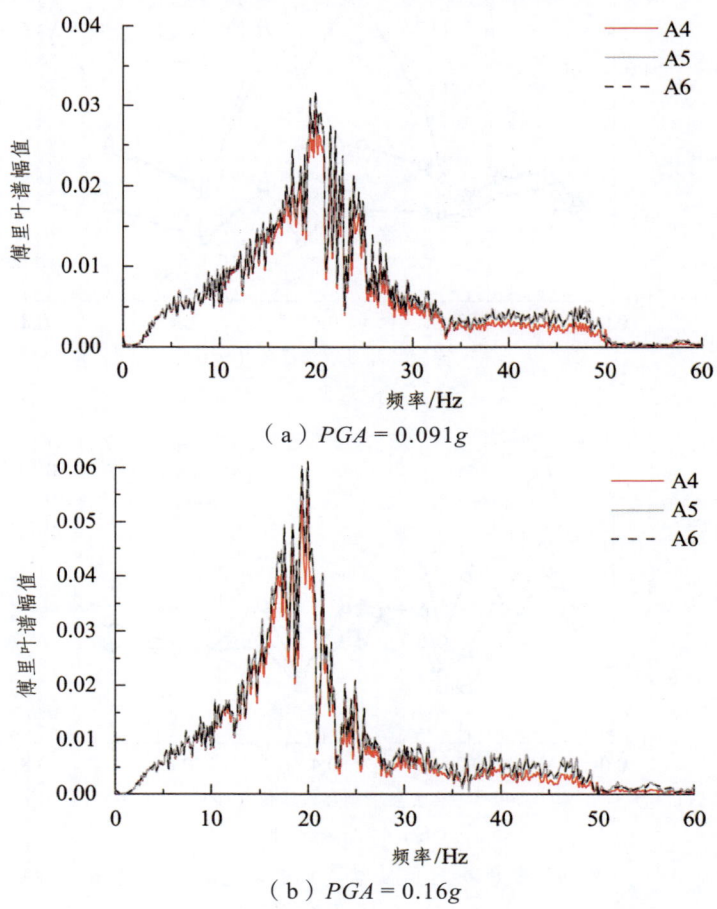

(a) $PGA = 0.091g$

(b) $PGA = 0.16g$

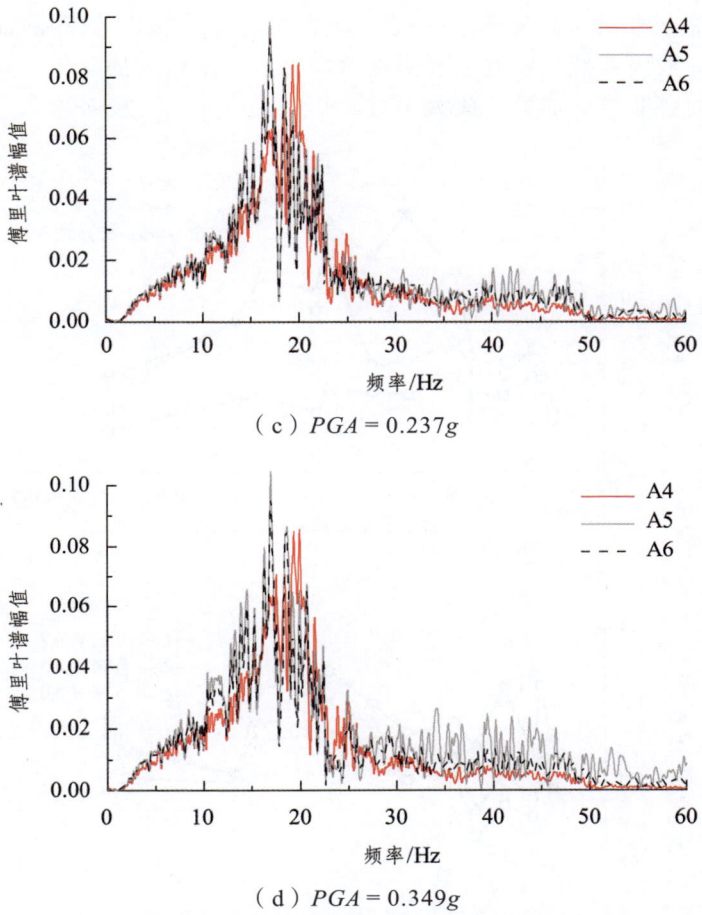

（c）$PGA = 0.237g$

（d）$PGA = 0.349g$

图 3.45 人工波激励时监测断面 I 加速度傅里叶谱

2. El Centro 波

在 El Centro 波激励时，监测断面 I 和监测断面 II 内各测点的加速度放大系数随输入地震波峰值的变化关系见图 3.46 所示。由图 3.46（a）知，监测断面 I 内各测点的加速度放大效应为：软弱夹层和软弱夹层上方滑体内的加速度放大系数大于软弱夹层下方的基岩面加速度放大系数；在峰值加速度不大于 $0.179g$ 时，软弱夹层的加速度放大系数与软弱夹层上方滑体的加速度放大系数基本一致；在峰值加速度为 $0.208g$ 时，软弱夹层内的加速度放大系数急剧增加，其量值明显大于软弱夹层上下岩土体内的加速度放大系数；随着输入地震波峰值加速度的进一步增加，在峰值加速度为 $0.399g$ 时软弱夹层与滑体的加速度放大系数又趋于一致。由图 3.46（b）知，监测断面 Ⅱ 内各测点的加速度放大系数并没有表现出在软弱夹层急剧增大的现象，且均小于监测断面 Ⅰ 内各测点的加速度放大系数。

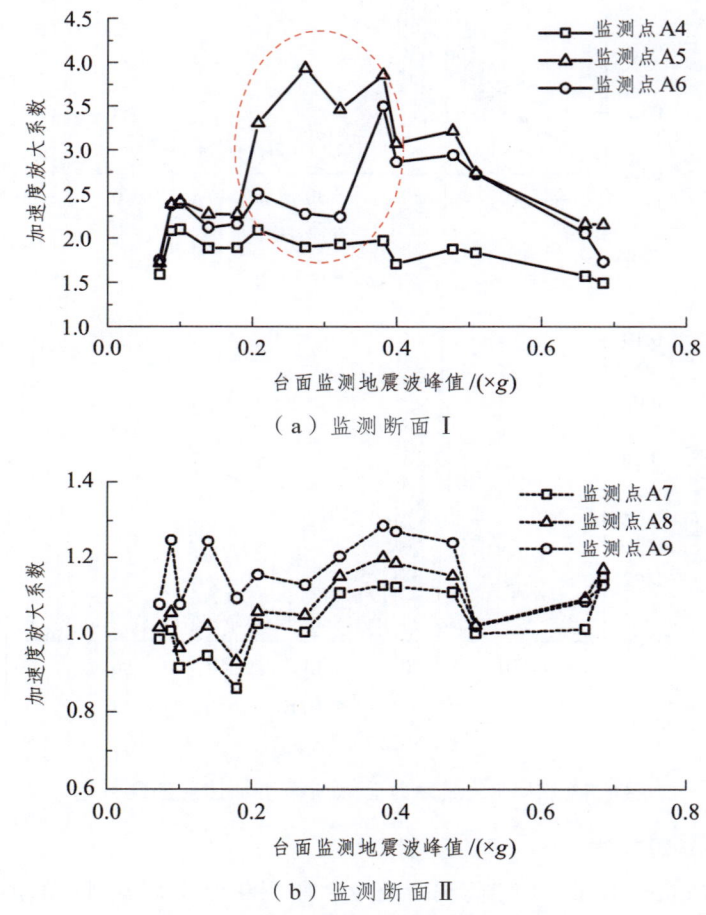

图 3.46　El Centro 波激励时软弱夹层监测断面
加速度放大系数与输入波峰值关系

在 El Centro 地震波激励时，监测断面 Ⅰ 内软弱夹层出现的加速度放大系数陡增的现象暗示该区域岩土体性质已产生变化，本节也将从频域上探讨该监测断面软弱夹层岩土体的响应特性。选取台面监测地震波峰值为 $0.072g$、$0.208g$、$0.381g$ 和 $0.509g$ 的 El Centro 波，作出 A4、A5、A6 测点的加速度傅里叶谱，见图 3.47 所示。由图 3.47（a）知：在峰值加速度为 $0.072g$ 时，

A5、A6 测点的加速度傅里叶谱幅值大小相等且均大于 A4 测点的加速度傅里叶谱幅值，A4、A5 和 A6 测点的加速度傅里叶谱形状一致、主频率为 19.3 Hz；在峰值加速度为 0.208g 时，A5 测点的加速度傅里叶谱幅值大于 A6 测点的加速度傅里叶谱幅值，且均大于 A4 测点的加速度傅里叶谱幅值，A4、A5 和 A6 测点的加速度傅里叶谱主频率仍为 19.3 Hz，但 A5、A6 测点的加速度傅立叶谱形状与 A4 测点出现差异；在峰值加速度为 0.381g 和 0.509g 时，A5、A6 测点的加速度傅里叶谱主频将减小为 16.8 Hz。加速度傅里叶谱具有多个峰值的特性。

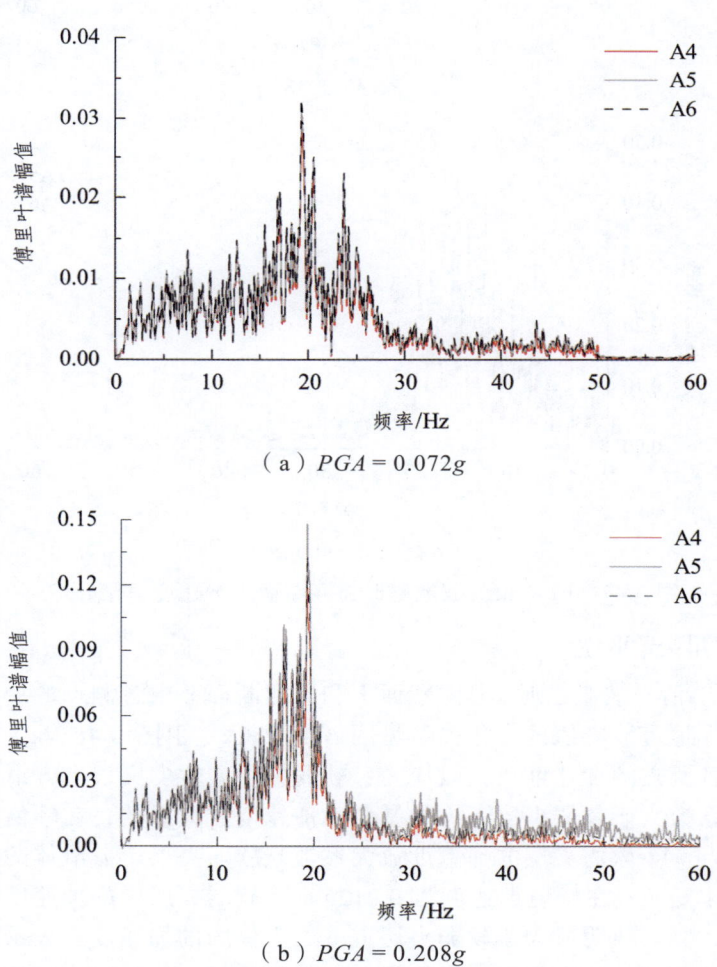

（a）$PGA = 0.072g$

（b）$PGA = 0.208g$

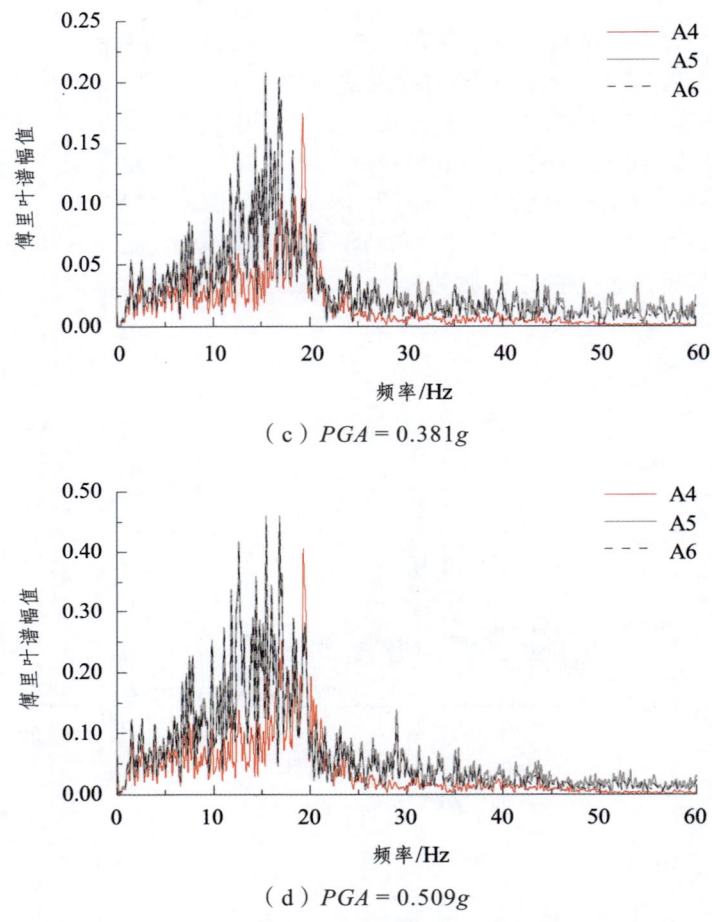

（c）$PGA = 0.381g$

（d）$PGA = 0.509g$

图 3.47　El Centro 波激励时监测断面 I 加速度傅里叶谱

3. 汶川-清平波

在汶川-清平波激励时，监测断面 I 和监测断面 II 内各测点的加速度放大系数与输入地震波峰值的变化关系见图 3.48 所示。由图 3.48（a）知，监测断面 I 内各测点的加速度放大效应为：软弱夹层和软弱夹层上方滑体内的加速度放大系数大于软弱夹层下方的基岩面加速度放大系数；在峰值加速度不大于 $0.162g$ 时，软弱夹层的加速度放大系数与软弱夹层上方滑体的加速度放大系数基本一致；在峰值加速度为 $0.212g$ 时，软弱夹层内的加速度放大系数急剧增加，其量值明显大于软弱夹层上下岩土体内的加速度放大系数；随着输入地震波峰值加速度的进一步增加，在峰值加速度为 $0.407g$ 时软弱夹层与滑体的加速度放大系数又趋于一致。由图 3.48（b）知，监测断面 II 内各测点的加速度放大系数随高度的增加而增大，随着输入地震波峰值加速度的增加而降低，且均小于监测断面 I 内各测点的加速度放大系数。

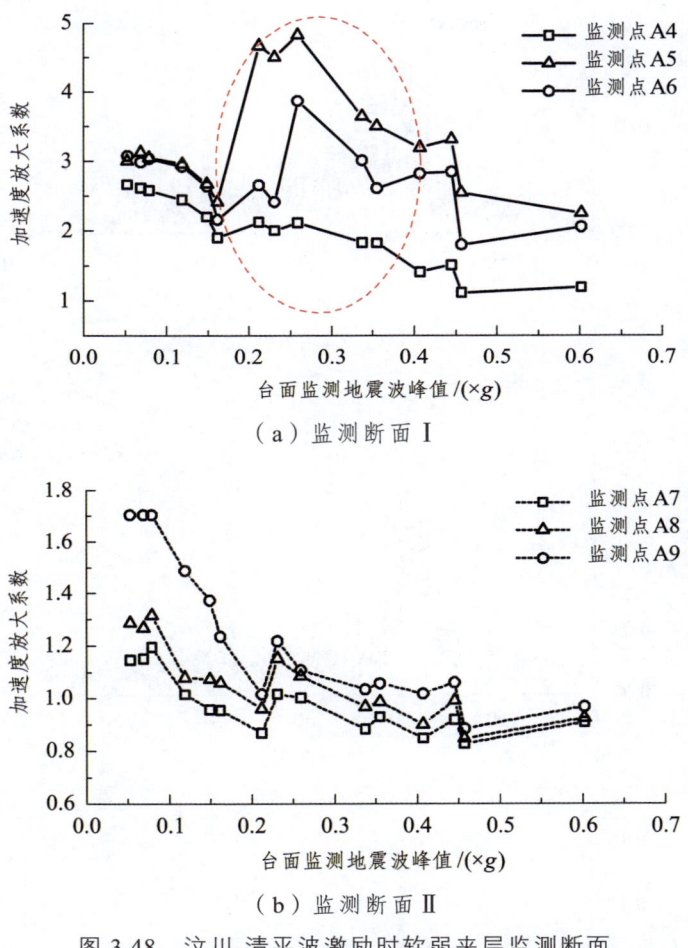

（a）监测断面 I

（b）监测断面 II

图 3.48 汶川-清平波激励时软弱夹层监测断面加速度放大系数与输入波峰值关系

为探讨汶川-清平地震波激励时监测断面 I 内岩土体的频域响应特性，选取台面监测地震波峰值为 $0.053g$、$0.212g$、$0.337g$ 和 $0.457g$ 时 A4、A5、A6 测点的响应加速度时程作出傅里叶谱，见图 3.49 所示。由图可知，随着输入地震波峰值加速度的增加，A5、A6 测点的加速度傅里叶谱变化规律与 El Centro 波激励时类似，其形状也由单峰值向多峰值变化，并出现主频率降低的现象，本节不再重复分析。

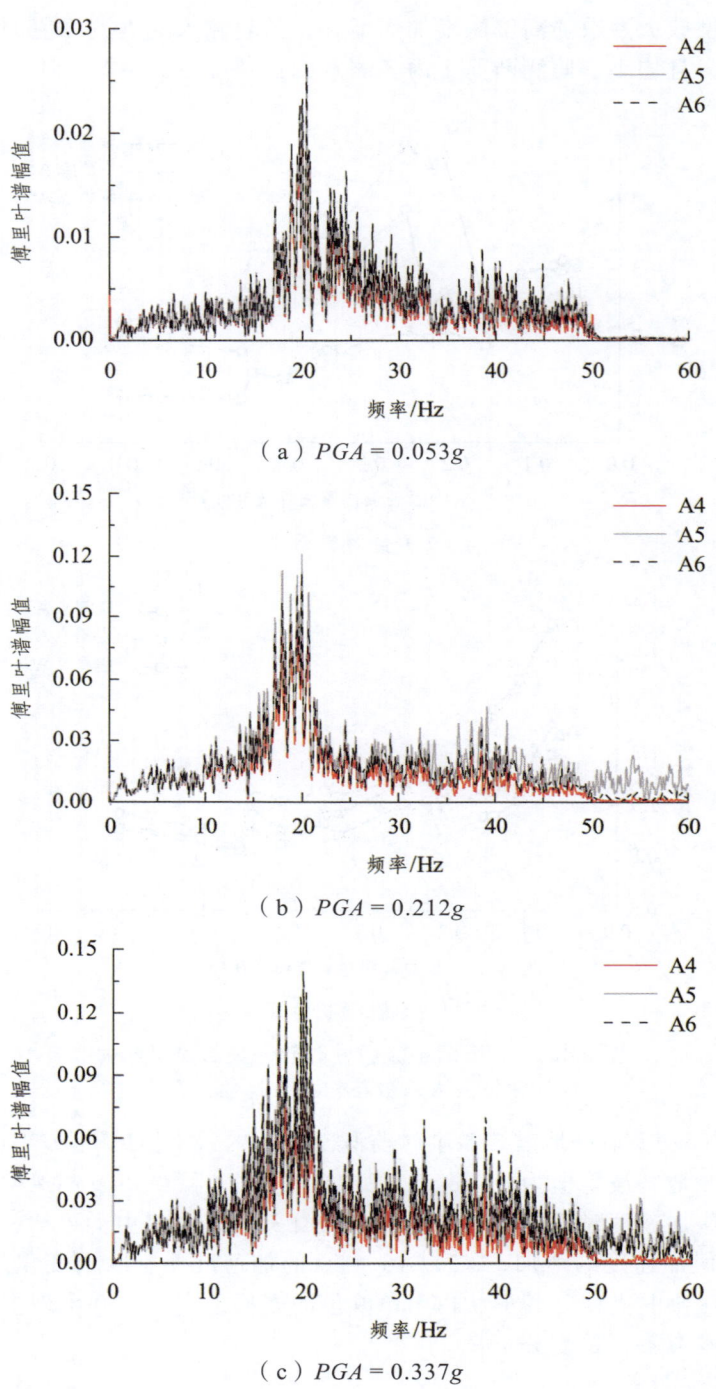

（a）$PGA = 0.053g$

（b）$PGA = 0.212g$

（c）$PGA = 0.337g$

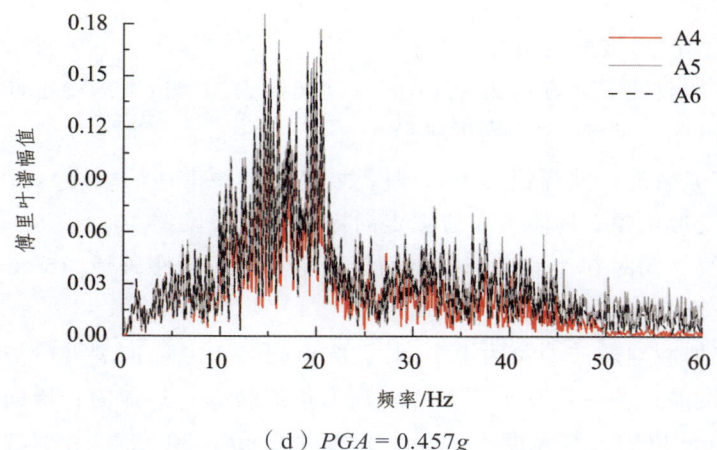

（d）$PGA = 0.457g$

图 3.49　汶川-清平波激励时断面 I 傅里叶谱变化规律

4. 三种地震波对比分析

　　人工波、El Centro 波和汶川-清平波具有不同的频谱特性（图 3.14），这三种地震波分别激励时，在峰值加速度相同时软弱夹层的响应加速度也会存在差异，故本节对加速度放大系数的大小不作研究，主要分析响应加速度放大系数和频谱随输入地震波峰值的变化趋势。综合分析图 3.44～图 3.49 知，监测断面 I 在输入地震波峰值为 $0.2g \rightarrow 0.4g$ 时软弱夹层内加速度放大系数出现了异常增加的现象，加速度傅里叶谱的主频率降低，而监测断面 II 的加速度放大系数较小，且软弱夹层内无异常增加的现象。

　　因此，框架锚索加固含软弱夹层的边坡时，较低处软弱夹层的地震加速度放大效应较小且无异常现象，其对边坡地震稳定性影响较小；较高处软弱夹层在地震波峰值达到一定值时将产生能量聚集，加速度放大系数急剧增大，加速度傅立叶谱主频率减小，岩土体材料出现损伤。因此，在高烈度地震区对含软弱夹层的边坡应着重考虑上部软弱夹层对其地震稳定性的影响。

3.5　试验宏观现象

　　在振动台模型试验过程中，当输入地震波峰值加速度发生改变时，对边坡体的宏观变形迹象进行拍照、记录。通过分析人工波、El Centro 波和汶川

-清平波激励时边坡的变形照片知：

① 在加载地震波峰值为 0.1g 时，框架锚索加固边坡的稳定性较好，坡顶无裂缝出现，见图 3.50（a）所示。

② 在加载地震波峰值为 0.2g 时，坡体顶部距滑体后缘 30 cm 处开始出现细微的变形迹象，具体为在边坡走向方向出现长度约 15 cm、宽度约 2 mm 的横向裂纹，同时在边坡顶部临空面出现沿边坡倾向距外缘 15 cm、长度为 55 cm、止于横向裂纹的纵向裂缝。

③ 在加载地震波峰值为 0.3g 时，坡顶的第 1 条横向裂缝沿边坡走向及竖直方向发展，并在坡顶出现第 2 条横向贯通裂缝，具体为：横向裂缝贯通坡顶，30 cm 以内裂缝宽度为 2 cm、深度为 5 cm，30 cm 以外的坡体内部裂缝宽度约 2 mm。与此同时，第 1 条纵向裂缝和第 1 条横向裂缝交叉区域土体出现剥皮、掉块，其区域高度为 50 cm、宽度为 55 cm，并在坡顶继续出现第 2 条和第 3 条纵向裂缝，见图 3.50（b）、（c）所示，但框架梁下部边坡体完整性较好，见图 3.50（d）所示。

④ 随着输入地震波峰值加速度的进一步增加，当输入地震波峰值为 0.4g 时，边坡上部的剥蚀、掉块逐渐加重，第 2 条纵向裂缝和第 1 条横向裂缝之间区域的土体出现掉块，最上排框架梁下方临空面侧边坡岩土体出现淘空现象，滑体开始出现沿软弱结构面整体滑动趋势。

⑤ 在加载地震波峰值为 0.5g 时，边坡顶部的第 3 条纵向裂缝贯通至滑体后缘，同时在滑体后缘出现第 4 条纵向裂缝和 1 条斜裂缝，边坡体的整体滑移量约为 1.5 cm，见图 3.50（e）所示。

（a）$PGA = 0.1g$

（b）$PGA = 0.3g$ 时侧视图（全局）

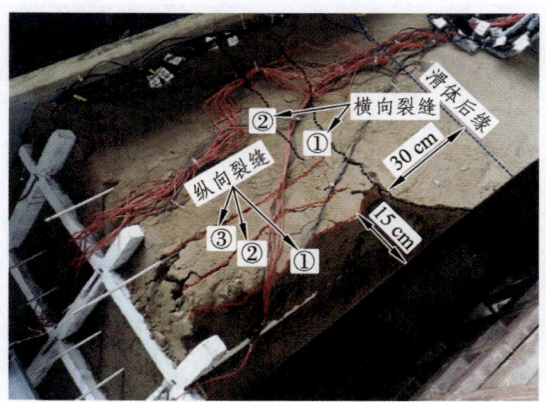

（c）$PGA = 0.3g$ 时俯视图

（d）$PGA = 0.3g$ 时侧视图（细部）

(e) $PGA=0.5g$ 时侧视图

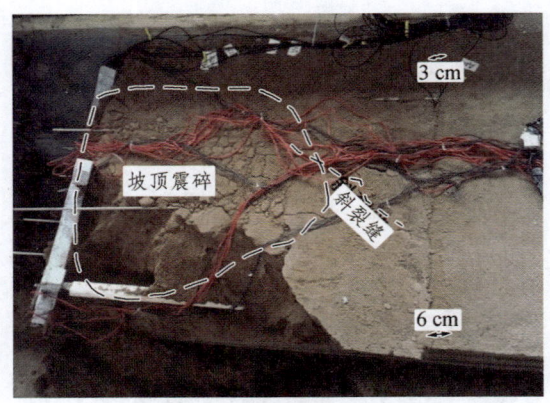

(f) $PGA=0.7g$ 时俯视图

图 3.50　地震波加载过程中边坡体宏观变形

⑥ 在加载地震波峰值为 0.7g 时,坡顶表层出现震碎现象,边坡顶部的第 4 条纵向裂缝和斜裂缝宽度增大,约为 1.5 cm,滑体沿软弱结构面出现向下滑移且离临空面越近时滑移量越大,具体为在临空面侧 6 cm、箱壁侧 3 cm,边坡出现滑塌、淘空区域的面积向里达到中间锚索处,向下到达锚索 T1 和 T2 中间处,高度约为 30 cm,具体见图 3.50(f)所示。

⑦ 基岩顶面与基岩临空面在试验过程中无裂缝产生,框架梁结构在整个激振试验结束后表面完好无损。

综上可知,锚索框架梁加固边坡体的震害主要发生在滑体顶部和临空面,变形破坏发展过程可归结为:坡顶出现张拉裂缝→裂缝进一步扩展→临空面剥蚀、掉块→坡体中上部滑塌→边坡整体滑移。

结合框架锚索加固边坡在地震作用下的宏观变形发展过程与地震基本烈度对应的峰值加速度可初步认识到：在地震基本烈度为Ⅶ~Ⅷ度区，框架锚索加固含软弱夹层的边坡抗震效果良好；在地震基本烈度为Ⅷ度罕遇地震和Ⅸ度区，框架锚索加固边坡的震害主要表现为临空面的剥蚀、掉块等局部震害，滑体沿软弱夹层无明显位移，加固边坡的整体稳定性较好；在输入波峰值加速度超过 $0.5g$ 时，潜在滑体顶部出现震碎和局部滑塌，并且在边坡中上部出现沿软弱夹层的整体滑动，此时框架锚索加固边坡出现破坏。因此，根据边坡宏观变形发展过程的认知结果可判定在地震基本烈度不超过Ⅸ度时，预应力框架锚索支护体系加固含软弱夹层边坡的工程措施抗震性能较好。

4 框架锚索加固边坡的抗震设计方法

在岩土工程领域，预应力锚索作为一种受拉构件埋入稳定岩土体中，通过调动深部岩土体的自身强度来改善浅表层岩土体应力状态、提高整体性、增加软弱面抗滑能力等，从而起到加固边坡、治理滑坡和减小地表沉降的作用。在工程建设中，采用预应力锚索加固稳定性不满足要求的边坡时，设计锚固力取值决定了支护后边坡的稳定系数，而设计锚固力的大小由筋材强度、锚固段直径与长度、岩土体黏结强度参数等决定。在高烈度地震区，地震动激励下锚固系统往往产生较大的动附加应力，使锚固系统失效，引发次生灾害等，因此如何考虑地震情况下锚索的抗震设计已经成为岩土工程师亟待解决的问题。

由第 3 章的振动台模型试验可知，地震时边坡沿竖直高度存在不同程度的加速度放大效应，锚索轴力在地震过程中及地震结束时也将发生改变，地震结束时边坡体可能产生向外的变形等，这些因素在边坡抗震设计时应给予足够的重视。本章首先回顾现阶段我国各行业最新规范中关于锚索的设计方法，结合弹性动力学理论和地震时边坡的滑移量建立了框架锚索与锚垫墩形式锚索的自由段轴力地震响应理论解，然后按照拟静力时程分析方法建立了锚固边坡稳定性的上限定理求解公式，并将其计算结果与第 3 章振动台模型试验进行比较，最后讨论了锚固力、滑面材料参数、竖向地震力和锚固倾角等因素对边坡稳定性的影响。

4.1 锚索动轴力计算方法研究

4.1.1 三种规范方法比较

《公路路基设计规范》（JTG D30—2015）、《建筑边坡工程技术规范》（GB

50330—2013）和《铁路路基支挡结构设计规范》（TB 10025—2006）在锚固边坡的设计计算时，考虑到各种复杂因素的影响，对锚结构本身的设计给予了安全储备，要求锚固边坡的安全系数应与未加锚的边坡安全系数相同。对锚固边坡进行稳定性计算时，锚作用力可简化为作用于坡面上的一个集中力，也可简化为作用于滑面上的一个集中力，见图4.1所示。当滑面为单一滑面、滑面强度相同时，两种方法的计算结果相同；当滑面为不规则面、滑面强度有差异时，应取两者计算的锚固边坡稳定安全系数的小值作为锚固边坡的稳定安全系数。

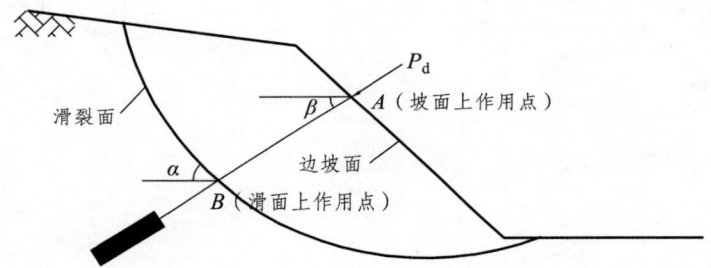

图4.1　锚固边坡简化示意

设计锚固力应根据边坡下滑力确定，按式（4.1）计算。

$$P_\mathrm{d} = \frac{E}{\sin(\alpha+\beta)\tan\varphi + \cos(\alpha+\beta)} \quad (4.1)$$

式中　P_d——设计锚固力（kN）；

　　　E——下滑力（kN）；

　　　φ——滑动面内摩擦角（°）；

　　　α——锚杆与滑动面相交处的滑动面的倾角（°）；

　　　β——锚杆与水平面的夹角（°）。

1.《公路路基设计规范》（JTG D30—2015）

《公路路基设计规范》（JTG D30—2015）[13]中规定锚固体的承载能力由锚索筋材强度、注浆体与锚孔壁的黏结强度及锚杆与注浆体的黏结强度等三部分控制，设计时取其小值，计算公式分别见式（4.2）、式（4.3）和式（4.4）。

1）锚索杆体截面积计算

$$A = \frac{K \cdot P_\mathrm{d}}{f_\mathrm{ptk}} \quad (4.2)$$

式中　A —— 锚杆体截面积（m^2）；

　　　K —— 安全系数，按表 4.1 选取；

　　　f_{ptk} —— 预应力钢绞线抗拉强度设计值（kPa）。

表 4.1　预应力锚杆锚固体设计安全系数

锚杆破坏后危害程度	安全系数	
	锚杆服务年限≤2 年	锚杆服务年限>2 年
危害轻微，不会造成公共安全问题	1.4 ~ 1.6	1.6 ~ 1.8
危害较大，但不会造成公共安全问题	1.6 ~ 1.8	1.8 ~ 2.0
危害大，会造成公共安全问题	1.8 ~ 2.0	2.0 ~ 2.2

注：如果在土体或全风化岩中，应取表中较高值。

2）地层与注浆体间黏结长度计算

$$L_r = \frac{K \cdot P_d}{\zeta \cdot \pi d \cdot f_{rb}} \quad (4.3)$$

式中　L_r —— 地层与注浆体间黏结长度（m）；

　　　ζ —— 锚固体与地层黏结工作条件系数，对永久性锚杆（锚杆服务年限大于 2 年）取 1.00，对临时性锚杆（锚杆服务年限小于等于 2 年）取 1.33；

　　　d —— 锚固段钻孔直径（m）；

　　　f_{rb} —— 地层与注浆体间黏结强度（kPa），应通过试验确定，当不具备试验条件时可参考表 4.2 选用。

表 4.2　岩体与注浆体界面黏结强度特征值（单位：kPa）

岩体类型	黏结强度 f_{rb}	岩体类型	黏结强度 f_{rb}
极软岩	135 ~ 180	较硬岩	550 ~ 900
软岩	180 ~ 380	坚硬岩	900 ~ 1 300
较软岩	380 ~ 550		

注：岩体结构面发育时，取表中下限值。

3）注浆体与锚索杆体间黏结长度计算

$$L_g = \frac{K \cdot P_d}{\zeta \cdot n \cdot \pi \cdot d_g \cdot f_b} \quad (4.4)$$

式中 L_g ——注浆体与锚索杆体间黏结长度（m）；
　　ζ ——锚索杆体与砂浆黏结工作条件系数，对永久性锚杆（锚杆服务年限>2年）取 0.60，对临时性锚杆（锚杆服务年限≤2年）取 0.72；
　　d_g ——锚索杆体材料直径（m）；
　　f_b ——注浆体与锚索杆体间黏结强度（MPa），应通过试验确定，当不具备试验条件时可参考表 4.3 选用；
　　n ——锚索杆体根数。

表 4.3 钢绞线与砂浆之间的黏结强度设计值 f_b（单位：MPa）

锚杆类型	水泥浆或水泥砂浆强度等级		
	M25	M30	M35
钢绞线	2.75	2.95	3.40

对地震时锚索的抗震设计，《公路路基设计规范》[13]和《公路工程抗震规范》[14]中均未提及，但在路基的拟静力抗震稳定性验算时，两个规范均考虑了水平地震作用沿路堤边坡的高程放大效应，具体如下：

水平地震时　　$E_{hsi} = C_i C_z a_h \psi_j G_{si}/g$ 　　　　　　　　　　（4.5）

竖向地震时　　$E_{vsi} = C_i C_z a_v G_{si}/g$ 　　　　　　　　　　　（4.6）

式中 E_{hsi} ——作用于路基计算土体重心处的水平地震作用（kN）；
　　E_{vsi} ——作用于路基计算土体重心处的竖向地震作用（kN）；
　　C_i ——抗震重要性修正系数；
　　C_z ——综合影响系数，取 0.25；
　　a_h ——路基所处地区的水平向设计基本地震动峰值加速度；
　　G_{si} ——路基计算第 i 条土体重力（kN）；
　　a_v ——路基所处地区的竖向设计基本地震动峰值加速度，作用方向取不利于稳定的方向；
　　ψ_j ——水平地震作用沿路堤边坡高度增大系数，按式（4.7）取值：

$$\psi_j = \begin{cases} 1.0 & (H \leqslant 20 \text{ m}) \\ 1.0 + \dfrac{0.6}{H-20}(h_i - 20) & (H > 20 \text{ m}) \end{cases} \quad (4.7)$$

式中 h_i ——路基计算第 i 条土体的高度（m）；
　　H ——路基边坡高度（m）。

2.《建筑边坡工程技术规范》(GB 50330—2013)

对强风化或软弱破碎岩质边坡，当边坡的变形控制要求严格或边坡高度较大且存在外倾软弱结构面时宜采用预应力锚索框架梁支护措施。《建筑边坡工程技术规范》(GB 50330—2013)[10]中对锚索的设计方法与第1点相同，本小节不再重复列出，但在各阶段计算过程中参数取值存在一定的差异。具体为：

1）锚索钢筋截面积计算

建筑边坡设计时锚索抗拉安全系数的取值见表4.4所示，与表4.1相比，在边坡工程安全等级相同时，临时性锚索的安全系数取值为《公路路基设计规范》中的下限值，永久性锚索的安全系数取值是《公路路基设计规范》中的上限值。

表 4.4　锚索抗拉安全系数

边坡工程安全等级	安全系数	
	临时性锚杆	永久性锚杆
一级	1.8	2.2
二级	1.6	2.0
三级	1.4	1.8

2）锚索锚固体与岩土层间长度计算

建筑边坡设计时锚固体抗拔安全系数的取值见表4.5所示，与表4.1相比，在边坡工程安全等级相同时，临时性锚索的安全系数取值为《公路路基设计规范》中的上限值，永久性锚索的安全系数取值均大于《公路路基设计规范》中的上限值。建筑边坡设计时岩石与锚固体黏结强度标准值的经验取值见表4.6所示，与表4.2相比，在岩石类别相同时，《公路路基设计规范》中黏结强度标准值小于建筑边坡设计规范中黏结强度的标准值，但《公路路基设计规范》中考虑了锚固体与地层黏结工作条件系数。

表 4.5　锚固体抗拔安全系数

边坡安全等级	安全系数	
	临时性锚杆	永久性锚杆
一级	2.0	2.6
二级	1.8	2.4
三级	1.6	2.2

表 4.6　岩石与锚固体黏结强度标准值

岩石类别	f_{rbk} 值/kPa
极软岩	270~360
软岩	360~760
较软岩	760~1200
较硬岩	1200~1800
坚硬岩	1800~2600

3）锚索杆体与锚固砂浆间长度

建筑边坡设计时锚筋与砂浆间安全系数的取值与锚固体抗拔安全系数相同，其与《公路路基设计规范》的差别不再重述，钢绞线与砂浆间的黏结强度设计值一致，但在《公路路基设计规范》中引入了锚杆体与砂浆黏结工作条件系数，在边坡安全等级相同时《公路路基设计规范》计算得到的黏结长度大于《建筑边坡工程技术规范》计算值。

对于地震时锚索的抗震设计，《建筑边坡工程技术规范》中提出对永久性锚索的抗震验算，其安全系数取值应按 0.8 折减。

3.《铁路路基支挡结构设计规范》（TB 10025—2006）

《铁路路基支挡结构设计规范》（TB 10025—2006）[15]中对预应力锚索的设计规定在一般情况下只计算主力，在浸水和地震等特殊情况下，尚应计算附加力和特殊力，但对设计中应如何考虑地震效应未给出具体说明。静力条件下预应力锚索加固滑坡时，首先进行边坡稳定性分析，然后计算滑坡的下滑力从而确定设计锚固力，最后按照锚索的设计方法确定锚固体的尺寸、筋材的选型等，其计算流程与第 1、2 点相同，但在各阶段计算过程中参数取值存在一定的差异。具体为：

1）锚索杆体截面积计算

在计算每孔锚索钢绞线的截面积时，安全系数取值为 1.7~2.2，其中规定在腐蚀性地层中取大值，这与《公路路基设计规范》和《建筑边坡工程技术规范》中永久性锚索的安全系数取值范围一致。

2）锚固体与孔壁的锚固段长度

锚孔壁与注浆体之间的黏结强度设计值见表 4.7 所示，其取值大于《公路路基设计规范》中的取值，小于《建筑边坡工程技术规范》中的取值。同时，在锚固段长度计算中规定锚固体抗拔安全系数不应小于 2.5。

表 4.7　锚孔壁与注浆体之间黏结强度设计值（单位：MPa）

岩石状态	孔壁摩擦阻力	岩石单轴饱和抗压强度
硬岩及较硬岩	1.0～2.5	>15～30
较软岩	0.6～1.0	15～30
软岩	0.3～0.6	5～15
极软岩及风化岩	0.15～0.3	<5

3）水泥砂浆与锚索钢材锚固段长度

铁路路基边坡设计时锚筋与砂浆间安全系数的取值与锚固体抗拔安全系数相同，其与《公路路基设计规范》《建筑边坡工程技术规范》的差别不再重述，三种规范中钢绞线与砂浆间的黏结强度设计值取值一致。

综合比较上述三种规范关于永久性锚索的设计计算过程知：锚索钢筋截面积计算时三者的计算结果相同；锚固体与岩土体间黏结长度的计算结果为《建筑边坡工程技术规范》最小，《铁路路基支挡结构设计规范》次之，《公路路基设计规范》最大；锚索钢材与水泥砂浆间黏结长度计算结果为《建筑边坡工程技术规范》最小，《铁路路基支挡结构设计规范》次之，《公路路基设计规范》最大。而现有的研究成果得到在极软岩和软质岩中的锚固破坏一般发生于锚固体与岩层间，在硬质岩中的锚固端破坏可发生在锚杆杆体与锚固体材料之间，因此在锚索的工程设计时应根据实际情况合理选择规范方法进行计算[1][2]。

4.1.2　锚索轴力地震响应值计算方法

地震作用过程中锚索轴力的变化值可以按两种情况考虑：① 边坡无残余变形时，锚索轴力在地震作用前和地震结束时刻一致，只是在地震激励过程中产生动应力，这时可按结构动力学方程求解地震作用过程中的锚索轴力时程响应曲线；② 边坡产生滑移变形，此时锚索自由端轴力在地震结束时刻大于地震前，假设边坡为刚性块体滑移，锚索轴力的地震响应值可按弹性动态响应值与残余变形引起的轴力增量这两部分叠加组成。

---

[1] 程良奎. 岩土锚固的现状与发展[J]. 土木工程学报，2001，34（3）：7-12.
[2] 重庆市城乡建设委员会. GB 50330—2013 建筑边坡工程技术规范[S]. 北京：中国建筑工业出版社，2014.

1. 轴力弹性响应值

对于框架锚索加固边坡，地震时框架梁结构与边坡体变形是协调一致的，锚索轴力的地震响应值可通过先求解框架梁结构的位移响应值[16]，再根据锚索钢材的力-位移换算关系得到锚索轴力的时程曲线；而对于无框架结构的锚垫墩加固边坡，锚头处的地震响应与边坡岩土体一致，参考土坝坝体多质点体系[17]建立其在地震作用下的运动方程进而求得锚索轴力响应值。本节将分别对这两种情况下的锚索轴力进行地震响应值求解。

1）框架锚索加固边坡

框架锚索加固边坡时框架梁与边坡体的相互作用见图 4.2 所示。首先对框架梁进行分块，即以框架梁节点为中心，上下各取框架梁竖向间距的一半做质量集中，见图 4.2 中编号 1、2、…、n 所示，此时框架梁结构成为一个具有集中质量的多自由度体系，根据结构动力学理论求出框架梁各节点在地震时的位移响应值。

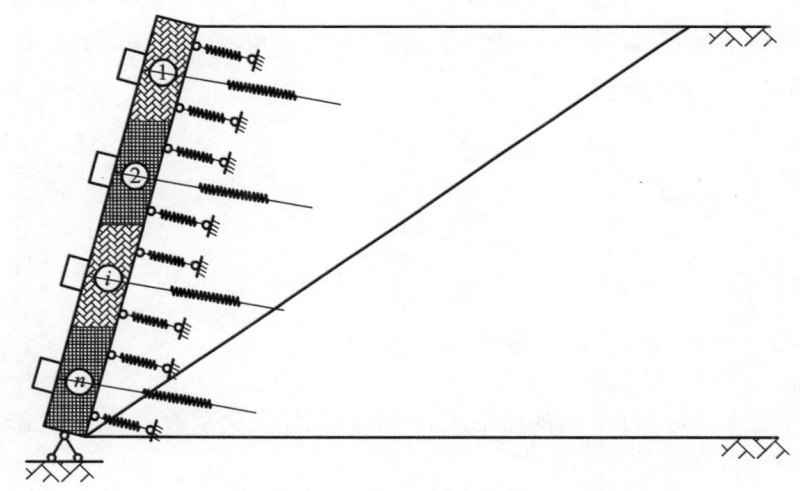

图 4.2　框架梁与边坡体相互作用的简化示意

取框架梁结构中的第 j 块，见图 4.3 所示，建立其地震运动方程。假设框架梁第 j 层相对于坡脚地面的位移可表达为

$$u_j(t) = \psi_j z_j(t) \qquad j=1,2,\cdots,n \qquad (4.8)$$

式中　ψ_j——定义偏转形状的位移形函数；

　　　$u_j(t)$——第 j 层相对位移；

　　　$z_j(t)$——广义位移。

则，第 j 层梁体的绝对位移为

$$u_j^t(t) = u_j(t) + u_g(t) \tag{4.9}$$

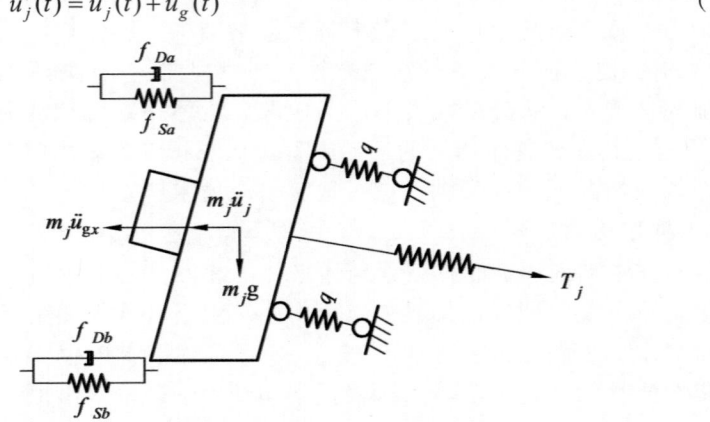

图 4.3　框架梁第 j 块地震受力计算模型

第 j 层梁体与 $j+1$ 层间的剪力 f_{Sbj} 通过层间刚度 k_j 与层间相对位移 $\Delta_j = u_j - u_{j+1}$ 存在的关系如下：

$$f_{Sbj} = k_j \Delta_j = k_j(u_j - u_{j+1}) \tag{4.10}$$

其中，层间刚度为

$$k_j = \frac{12EI}{l_j^3} \tag{4.11}$$

式中　EI ——框架梁柱的弯曲刚度；

l_j ——第 j 层梁体的长度。

第 j 层梁体与 $j+1$ 层间的阻尼力 f_{Dbj} 通过层间阻尼系数 c_j 与层间相对速度 $\Delta \dot{u}_j = \dot{u}_j - \dot{u}_{j+1}$ 存在的关系如下

$$f_{Dbj} = c_j \Delta \dot{u}_j = c_j(\dot{u}_j - \dot{u}_{j+1}) \tag{4.12}$$

对于第 j 层梁体，它在地震作用过程中的每一瞬时，在内部的层间剪力 f_{Sbj}、阻尼力 f_{Dbj}、假想的惯性力、地基反力和锚索轴力的共同作用下处于平衡状态，其中地基反力和锚索轴力在水平方向上大小相等、方向相反。根据虚位移原理，建立框架梁体的运动方程。假设第 j 层框架梁体发生虚位移 δu_j，则外力在虚位移上所做的外力虚功

$$\delta W_E = \sum_{j=1}^n f_{Ij}(t)\delta u_j = \sum_{j=1}^n -m_j \ddot{u}_j^t(t)\delta u_j = -\delta z[\ddot{z}(t)\sum_{j=1}^n m_j \psi_j^2 + \ddot{u}_g(t)\sum_{j=1}^n m_j \psi_j] \tag{4.13}$$

层间剪力和阻尼力在经历与虚位移相关的层间位移时所做的内力虚功

$$\delta W_{\mathrm{I}} = \sum_{j=1}^{n}(f_{Sj}+f_{Dj})(\delta u_j - \delta u_{j+1}) = \sum_{j=1}^{n}[k_j(u_j-u_{j+1})+c_j(\dot{u}_j-\dot{u}_{j+1})](\delta u_j - \delta u_{j+1})$$

$$= \sum_{j=1}^{n}[k_j(\psi_j-\psi_{j+1})z(t)+c_j(\psi_j-\psi_{j+1})\dot{z}(t)](\psi_j-\psi_{j+1})\delta z \quad (4.14)$$

$$= \delta z[z(t)\sum_{j=1}^{n}k_j(\psi_j-\psi_{j+1})^2] + \delta z[\dot{z}(t)\sum_{j=1}^{n}c_j(\psi_j-\psi_{j+1})^2]$$

因外力虚功和内力虚功相等，消去 δz 后可得

$$\ddot{z}(t)\sum_{j=1}^{n}m_j\psi_j^2 + \dot{z}(t)\sum_{j=1}^{n}c_j(\psi_j-\psi_{j+1})^2 + z(t)\sum_{j=1}^{n}k_j(\psi_j-\psi_{j+1})^2$$
$$= -\ddot{u}_{\mathrm{g}}(t)\sum_{j=1}^{n}m_j\psi_j \quad (4.15)$$

令

$$\begin{cases} \tilde{c} = \sum_{j=1}^{n}c_j(\psi_j-\psi_{j+1})^2 = c_k\sum_{j=1}^{n}(\psi_j-\psi_{j+1})^2 \\ \tilde{k} = \sum_{j=1}^{n}k_j(\psi_j-\psi_{j+1})^2 \\ \tilde{m} = \sum_{j=1}^{n}m_j\psi_j^2 \\ \tilde{\varGamma} = \sum_{j=1}^{n}m_j\psi_j \end{cases}$$

则，式（4.15）可化为标准形式的运动方程

$$\tilde{m}\ddot{z}(t) + \tilde{c}\dot{z}(t) + \tilde{k}z(t) = -\tilde{\varGamma}\ddot{u}_{\mathrm{g}}(t) \quad (4.16)$$

假设框架梁结构的密度为 ρ_{k}，纵梁的截面尺寸为 $a \times b$，横梁的截面尺寸为 $c \times b$，将纵梁由坡顶向下依次划分为 n 段，则

$$\begin{cases} m_1 = \rho_{\mathrm{k}}[b \times c \times s_{\mathrm{h}} + a \times b \times l_1 - abc] = \rho_{\mathrm{k}}b[cs_{\mathrm{h}} + al_1 - ac] \\ m_j = \rho_{\mathrm{k}}[b \times c \times s_{\mathrm{h}} + a \times b \times l_j - abc] = \rho_{\mathrm{k}}b[cs_{\mathrm{h}} + al_j - ac] \\ m_n = \rho_{\mathrm{k}}[b \times c \times s_{\mathrm{h}} + a \times b \times l_n - abc] = \rho_{\mathrm{k}}b[cs_{\mathrm{h}} + al_n - ac] \end{cases} \quad (4.17)$$
$$j = 2, 3, \cdots, n-1$$

其中

$$\begin{cases} l_1 = \dfrac{H - h_1 + s_v/2}{\sin \psi_p} \\ l_j = \dfrac{s_v}{\sin \psi_p} \\ l_n = \dfrac{H - h_n + s_v/2}{\sin \psi_p} \end{cases} \quad (4.18)$$

由上述求解过程可得到地震时框架梁第 j 层的位移响应值，再将其代入式（4.19）即可求得锚索轴力的响应时程。

$$\Delta T_j(t) = \dfrac{E_j A_j u_j(t)}{l_j \cos \alpha} \quad (4.19)$$

式中 $\Delta T_j(t)$ ——锚索轴力的地震响应增量；

l_j ——第 j 孔锚索自由段长度；

E_j ——第 j 孔锚索的弹性模量；

A_j ——第 j 孔锚索的横截面积；

α ——锚索的锚固倾角。

由上述推导可知，地震时框架锚索加固边坡的锚索轴力弹性响应值的求解步骤为：

① 对于给定的框架梁截面尺寸、节点高度、密度、边坡高度以及坡度等相关参数，将其带入式（4.17）、式（4.18）求得框架梁结构体系的集中质量分布。

② 假设框架梁沿高度方向的形函数、各分层的黏滞阻尼系数和剪切刚度，将其带入式（4.15）、式（4.16）求得在给定的地震荷载作用下的动力方程，计算出地震时框架梁各节点处的位移响应时程。

③ 将步骤②中的位移时程代入式（4.19）求得地震作用过程中框架锚索加固边坡体处于弹性阶段时，锚索自由段的轴力响应时程。

2）锚垫墩加固边坡

锚垫墩加固边坡时，将坡体从上到下依次划分为 n 个集中质量，其中每一集中质量在坡面的中心为锚头出露处，具体见图 4.4 所示，选择第 i 块土体进行地震作用时的受力分析，具体见图 4.5 所示。根据牛顿第二定律可得地震情况下第 i 块土体的运动方程，即

$$m_i \ddot{u}_i(t) + c_i \dot{u}_i(t) + k_i u_i(t) = -F_p(i,t) - \Delta T_i(t)\cos \alpha \quad (4.20)$$

式中 m_i ——第 i 块土体质量；

$\ddot{u}_i(t)$ ——第 i 块土体的加速度；

c_i ——第 i 块土体的阻尼系数；

$\dot{u}_i(t)$ ——第 i 块土体的速度；

k_i ——第 i 块土体的剪切刚度；

$u_i(t)$ ——第 i 块土体的位移；

$\Delta T_i(t)$ ——锚索轴力的地震响应增量，其与 $u_i(t)$ 的关系见式（4.19）。

定义第 i 孔锚索的刚度系数为 k_i'，则

$$k_i' = \frac{E_i A_i}{l_i} \qquad (4.21)$$

将式（4.19）、式（4.21）带入式（4.20），得

$$m_i \ddot{u}_i(t) + c_i \dot{u}_i(t) + (k_i + k_i') u_i(t) = -F_p(i,t) \qquad (4.22)$$

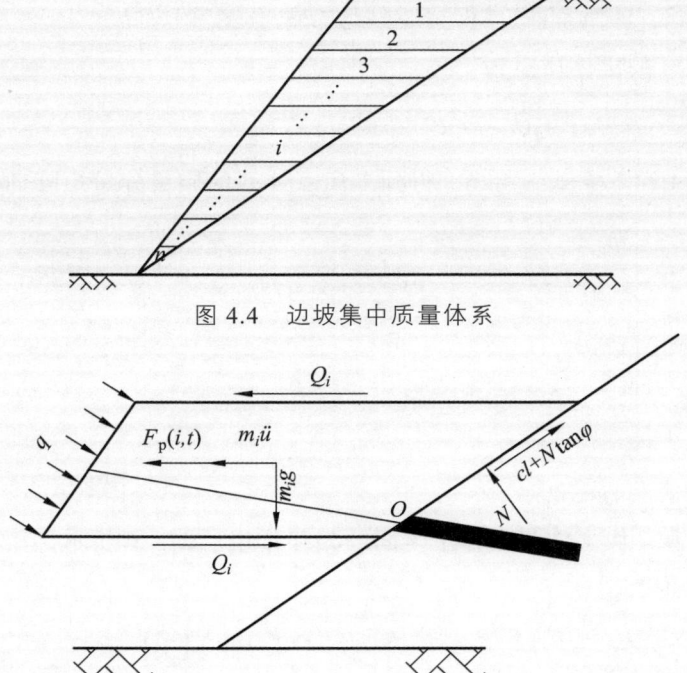

图 4.4 边坡集中质量体系

图 4.5 第 i 块土体受力示意

对于多质点体系，将节点的相对位移、相对速度和相对加速度分别记为向量，即

$$\begin{cases} \boldsymbol{u} = [u_1, u_2, \cdots, u_n]^T \\ \dot{\boldsymbol{u}} = [\dot{u}_1, \dot{u}_2, \cdots, \dot{u}_n]^T \\ \ddot{\boldsymbol{u}} = [\ddot{u}_1, \ddot{u}_2, \cdots, \ddot{u}_n]^T \end{cases} \quad (4.23)$$

（1）质量分量矩阵。

假设边坡高度为 H、滑裂面后缘距坡面距离为 L、锚索框架梁的水平间距为 s_h、竖直间距为 s_v、岩土体密度为 ρ_s、第 i 块土体锚头距坡脚的竖直距离为 h_i，则第 i 块土体的质量为

$$\begin{aligned} m_i &= \rho_s s_h [(h_i + s_v/2)(h_i + s_v/2)/2 - (h_i - s_v/2)(h_i - s_v/2)/2] L/H \\ &= \rho_s s_h s_v h_i L/H \quad (i = 2, 3, \cdots, n-1) \end{aligned} \quad (4.24)$$

编号为 1 的土体质量为

$$\begin{aligned} m_1 &= \rho_s s_h [LH - (h_1 - s_v/2)^2 L/H]/2 \\ &= \rho_s s_h (H + h_1 - s_v/2)(H - h_1 + s_v/2) L/(2H) \end{aligned} \quad (4.25)$$

编号为 n 的土体质量为

$$m_n = \rho_s s_h (h_n + s_v/2)^2 L/(2H) \quad (4.26)$$

由式（4.24）~ 式（4.26）得到多质点体系的质量分量矩阵 $\boldsymbol{M}$

$$\begin{bmatrix} m_1 & & & & \\ & m_2 & & 0 & \\ & & m_3 & & \\ & 0 & & \ddots & \\ & & & & m_n \end{bmatrix} \quad (4.27)$$

（2）刚度分量矩阵。

地震时第 i 块土体与相邻土体间的相互作用见图 4.6 所示，则第 i 块土体的层间刚度为

$$\begin{aligned} f_{S_i} &= f_{S_{i,i+1}} + f_{S_{i,i-1}} = k_i(u_i - u_{i+1}) + k_{i-1}(u_i - u_{i-1}) \\ &= -k_{i-1} u_{i-1} + (k_i + k_{i-1}) u_i - k_i u_{i+1} \end{aligned} \quad (4.28)$$

编号为 1 的土体层间刚度为

$$f_{S_1} = k_1(u_1 - u_2) = k_1 u_1 - k_1 u_2 \quad (4.29)$$

编号为 n 的土体层间刚度为

$$f_{S_n} = k_{n-1}(u_n - u_{n-1}) + k_n u_n = -k_{n-1}u_{n-1} + (k_{n-1} + k_n)u_n \quad (4.30)$$

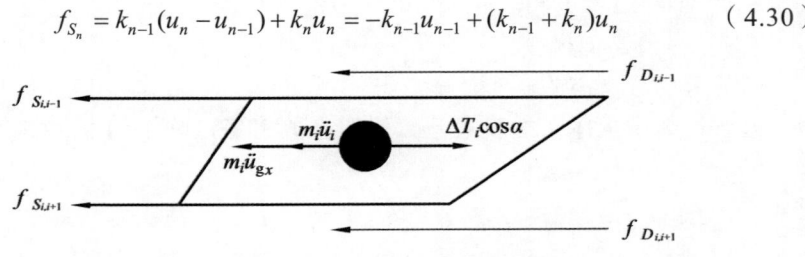

图 4.6 相邻土体相互作用示意图

由式（4.28）~式（4.30）得到多质点体系的刚度分量矩阵 K_1

$$\begin{pmatrix} k_1 & -k_1 & & & & & & 0 \\ -k_1 & k_1+k_2 & -k_2 & & & & & \\ & -k_2 & k_2+k_3 & -k_3 & & & & \\ & & \ddots & \ddots & \ddots & & & \\ & & & -k_i & k_i+k_{i+1} & -k_{i+1} & & \\ & & & & \ddots & \ddots & \ddots & \\ & & & & & -k_{n-2} & k_{n-2}+k_{n-1} & -k_{n-1} \\ 0 & & & & & & -k_{n-1} & k_{n-1}+k_n \end{pmatrix}$$

$$(4.31)$$

考虑锚索的刚度系数，由式（4.22）得锚索加固滑体的刚度分量矩阵 K

$$\begin{pmatrix} k_1+k_1' & -k_1 & & & & & & 0 \\ -k_1 & k_1+k_2+k_2' & -k_2 & & & & & \\ & -k_2 & k_2+k_3+k_3' & -k_3 & & & & \\ & & \ddots & \ddots & \ddots & & & \\ & & & -k_i & k_i+k_{i+1}+k_{i+1}' & -k_{i+1} & & \\ & & & & \ddots & \ddots & \ddots & \\ & & & & & -k_{n-2} & k_{n-2}+k_{n-1}+k_{n-1}' & -k_{n-1} \\ 0 & & & & & & -k_{n-1} & k_{n-1}+k_n+k_n' \end{pmatrix}$$

$$(4.32)$$

其中：k_1，k_2，k_3，$\cdots$，k_n 与划分的各土层的几何形状和物理力学性质有关，参考坝体剪切刚度[①]的定义，得第 i 块边坡土体的剪切刚度

$$k_i = \frac{\tan\psi_p - \tan\theta}{\ln[1+(\tan\psi_p - \tan\theta)s_v H/((h_i + s_v/2)L)]} G_i \quad (4.33)$$

---

① 谢定义. 土动力学[M]. 北京：高等教育出版社，2011：435-436.

式中　G_i——第 i 块土体的剪切模量；
　　　ψ_p——边坡坡角；
　　　θ——滑裂面倾角。

（3）阻尼分量矩阵。

边坡集中质量体系的阻尼系数采用经典阻尼矩阵中的 Rayleigh 阻尼[16]，即

$$C = \alpha_0 M + \beta_0 K \tag{4.34}$$

式中　α_0——质量比例阻尼系数（s^{-1}），由公式（4.35）计算；
　　　β_0——刚度比例阻尼系数（s），由公式（4.35）计算。

$$\alpha_0 = \omega\zeta \cdots (a) \qquad \beta_0 = \frac{\zeta}{\omega} \cdots (b) \tag{4.35}$$

式中　ζ——阻尼比，通常取 5%；
　　　ω——自振频率，通常取第一阶振型的自振频率，即

$$\omega \approx \frac{\pi}{2\sum_{i=1}^{n} S_i} \sqrt{\frac{\overline{G}}{\overline{\rho}}} \tag{4.36}$$

式中　S_i——分层土层的厚度；
　　　$\overline{G}$——分层土层剪切模量 G_i 的加权平均值，对于均质边坡而言，G 为常数；
　　　$\overline{\rho}$——分层土层密度 ρ_i 的加权平均值，对于均质边坡而言，ρ 为常数。

将上述（1）、（2）、（3）中的质量分量矩阵、刚度分量矩阵和阻尼分量矩阵带入公式（4.22），得到多自由度体系在地震引起的地面运动作用下的控制微分方程，即

$$M\ddot{u} + C\dot{u} + Ku = -E\ddot{u}_{gx}(t) \tag{4.37}$$

式中 E 可由下式表示

$$E = [m_1, m_2, m_3, \cdots, m_n]^T \tag{4.38}$$

对于任意给定的地面地震加速度时程曲线，将式（4.27）、式（4.32）、式（4.34）、式（4.38）代入式（4.37），即可求得边坡体各土层在弹性阶段的位移响应时程曲线。概括起来，上述锚垫墩加固边坡的位移响应时程求解步骤如下：

（1）以锚头的出露位置为中心，将边坡进行竖向分层计算集中质量，集合组成质量矩阵。

（2）求解分层岩土体的剪切刚度和锚束体的抗拉刚度，集合组成刚度矩阵。

（3）按照 Rayleigh 阻尼求解体系的经典阻尼矩阵。

（4）将给定的地震加速度时程曲线按照傅里叶变换分解成若干个简谐波，求解简谐波作用下集中质量体系的位移时程。

（5）叠加步骤（4）中求得的位移时程，进而得到给定的地震加速度作用时边坡体的位移响应时程。

（6）将步骤（5）中各时段的位移带入式（4.19），求得地震作用过程中边坡体处于弹性阶段时的锚索自由段轴力响应时程。

综合比较框架锚索加固边坡和锚垫墩加固边坡的锚索轴力响应值求解过程知，后者涉及的参数较多，且岩土体参数的变异性较大，部分参数需采取经验取值，容易造成较大的误差。而钢筋混凝土框架梁结构体系的动力参数取值较稳定，且动力求解过程中避免了相关刚度矩阵、阻尼矩阵的集合，使计算过程得到合理的简化，方便工程实际应用。对于多级框架锚索支护结构体系，在式（4.16）计算时若将各级边坡平台处的 $\ddot{u}_g(t)$ 值乘以其相对坡脚的加速度放大系数，可考虑加速度放大效应对锚索轴力响应时程的影响。

2. 轴力残余值

地震结束时刻锚索轴力的增加值与锚头-基岩内灌浆体的位移响应差值有关，通常基岩在地震过程中始终处于弹性响应阶段，地震结束时锚索轴力出现增加的现象必定伴随着相应位置边坡体残余变形的出现。为确定边坡体在地震作用过程中是否产生残余变形及计算残余变形值的大小，我们采用 Newmark 滑块理论[18]来计算边坡体在给定地震荷载作用下的变形值，具体见 3.2 节，然后按下文求解锚索轴力增加值。

刚性块体沿潜在破裂面的滑动见图 4.7 所示，假设张拉锁定后的锚索自由段长度为 l_f（即 ob 段），地震作用过程中上部块体沿潜在滑动面产生了刚性滑移量 x（即 bb'段），锚固倾角与水平面夹角的变化值为 $\Delta\alpha$（即 $\angle bob'$），锚索自由段长度变为 l'_f，则相较于地震前，锚束体的伸长量为

$$\Delta l_f = l'_f - l_f \approx x\cos(\alpha+\theta) \qquad (4.39)$$

因锚索伸长量引起的轴力增加值为 ΔT_i，即

$$\Delta T_{\mathrm{i}} = \frac{EA\Delta l_{\mathrm{f}}}{l} = EA \cdot S \cos(\alpha+\theta) \cdot \frac{T_{\mathrm{i}}+EA}{l_{\mathrm{f}} EA} = \frac{S}{l_{\mathrm{f}}} \cos(\alpha+\theta)(T_{\mathrm{i}}+EA) \quad (4.40)$$

式中　E——锚束体的弹性模量（MPa）；
　　　A——锚束体的横截面积（mm²）；
　　　T_{i}——初始预应力（N）；
　　　α——锚固倾角（°）；
　　　θ——滑裂面与水平面的夹角（°）。

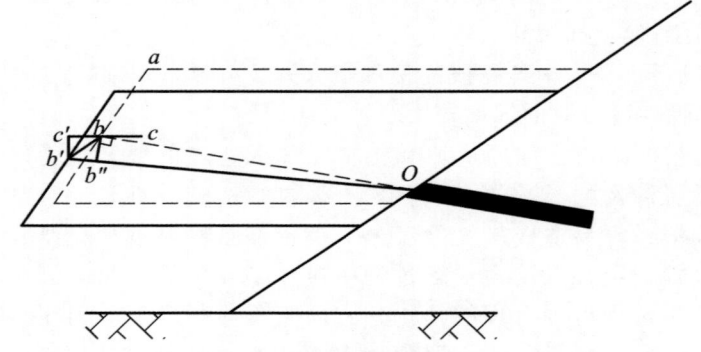

图 4.7　刚性块体滑移示意

在实际地震作用下，当地震加速度大于临界加速度时边坡体开始出现残余变形，因锚索与边坡岩土体的变形相协调，残余变形的出现必将引起锚索轴力增加，进而导致边坡体临界加速度的提高。鉴于地震作用过程通常较短暂，为简化计算过程且偏于保守设计，本节在计算给定地震波作用下的边坡体的残余变形值时认为其临界加速度值不变。刚体滑移阶段锚索轴力量值增加的时程曲线可按如下步骤求解：

① 已知边坡体及锚固系统的相关参数，将其带入第 4.2 节求解锚固边坡体的临界屈服加速度 k_{c}。

② 对于给定的地震加速度时程曲线，对超过临界屈服加速度部分进行积分，求解边坡体的残余变形时程曲线，具体见图 4.8 所示。

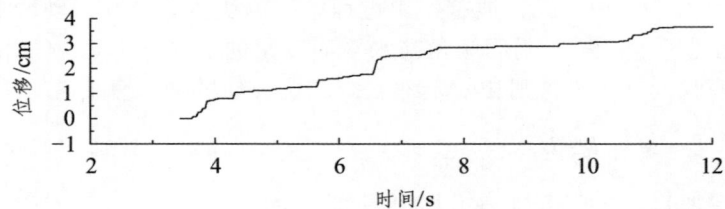

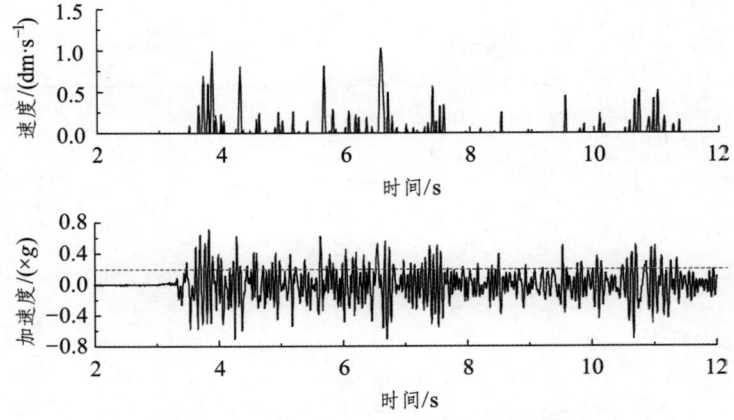

图 4.8 加速度时程曲线求解永久变形值

③ 针对不同高度处的锚索，根据式（4.40）计算每孔锚索轴力 $\Delta T(t)$ 随时间的变化值，即锚索轴力残余值的时程曲线。

综上可知，将本节第 1 点中求得的锚索轴力弹性响应时程与本节求得的锚索轴力残余值增加量叠加后即可求出在给定地震波作用下的锚索轴力响应时程曲线。为验证本节提出方法的正确性，下节将其计算结果与第 3 章振动台模型试验测试结果进行比较。

4.1.3　与振动台试验结果比较

本节以第 3 章振动台模型试验为例，验证锚索轴力地震响应理论值求解结果的正确性。选取加载地震波峰值为 $0.564g$ 时的人工波，通过坡脚自由场处的加速度时程曲线计算模型试验中编号 T1 的锚索轴力残余值时程曲线，如图 4.9（临界加速度为 $0.5g$，计算见第 4.2 节）所示。由图知锚索轴力残余值增加量约为 3N，与模型试验测得的轴力增长值 2.5N 基本一致，具体计算程序见表 4.8。分析产生这种差异性的原因是在位移响应时程计算过程中未

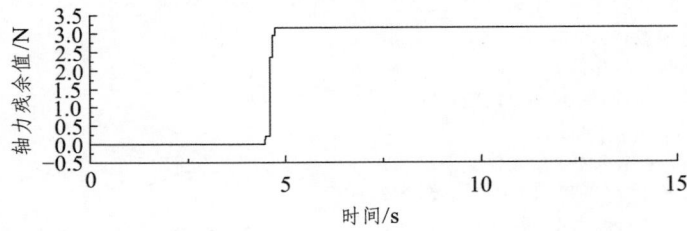

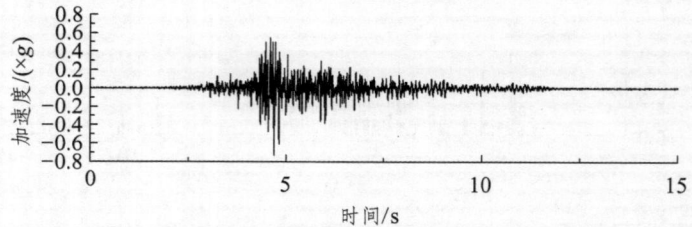

图 4.9 地震下轴力残余值时程曲线

考虑锚索轴力改变对边坡临界加速度的影响，导致位移响应值计算结果略大于实际地震响应值。

表 4.8 锚索轴力残余值 Matlab 计算程序

```
%%%积分求速度,基于积分的基本准则,无限小区域面积的和得到
>> A = textread('加速度-66.txt');
>> [m,n] = size(A);
>> x = A(:,1);%%时间序列
>> y = A(:,2);%%加速度序列
>> plot(x,y);
>> [C,D] = find(y>0.5);%%查找加速度大于屈服加速度点的发生时刻
>> Yy1 = y-0.5;%%屈服加速度为 0.5g
>> plot(x,Yy1);
>> t = 0.002;%%采样间隔为 0.002s
>> for k = 1:m
        v(1,2) = 0;
        F(k,1) = (k-1)*0.002;
        F(k,2) = Yy1(k)*t;
        v(k+1,2) = v(k,2)+F(k,2);
        if v(k+1,2)<= 0
            v(k+1,2) = 0;
        end
      E(k,1) = F(k,1);
      E(k,2) = v(k,2);
end
%%积分求位移
for j = 1:m
      dis(1,2) = 0;
      dis(j,1) = E(j,1);
      dis(j+1,2) = dis(j,2)+E(j,2)*t;
end
%%求解锚索轴力残余值
k1 = 120000;%%定义锚索刚度系数
force = k1*dis(:,2);
plot(dis(:,1),force):%%绘制锚索轴力残余值曲线
```

对于第 3 章框架锚索加固边坡的振动台试验模型而言，$k_i = 120$ kN/m、$m_i = 2.4$ kg，假设其形函数 ψ 呈线性分布，由公式（4.15）得

$$\tilde{m} = \frac{15}{8}m \qquad \tilde{k} = \frac{1}{4}k \qquad \tilde{c} = \frac{1}{4}c \qquad \tilde{\Gamma} = \frac{5}{2}m \qquad (4.41)$$

将式（4.41）带入式（4.16）得

$$\frac{15}{8}m\ddot{z}(t) + \frac{1}{4}c\dot{z}(t) + \frac{1}{4}kz(t) = -\frac{5}{2}m\ddot{u}_g(t) \qquad (4.42)$$

为求解式（4.42），本节取地震波采样频率的时间间隔 $\Delta t = 0.002$s，依据动力反应的数值计算方法编制 Matlab 程序（表 4.9）求解广义位移的响应时程曲线，将其结果带入式（4.40）得到 T1 测点的锚索轴力弹性响应值，见图 4.10 所示。

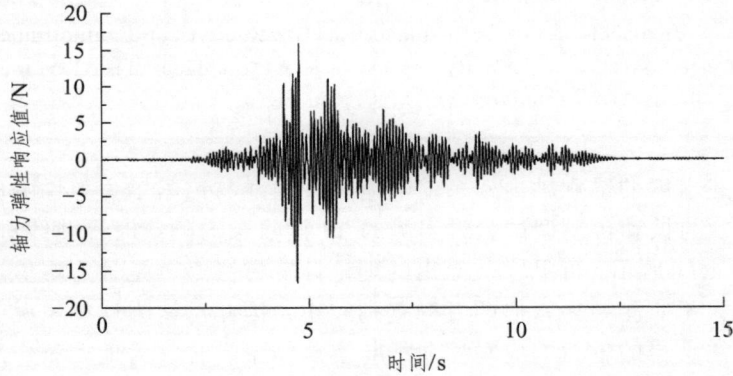

图 4.10 广义单自由度体系计算的轴力弹性响应时程曲线

表 4.9 地震波作用下的轴力弹性响应的 Matlab 计算程序

```
>> open_filename = strcat('加速度-66.txt');
>> Acceleration = load(open_filename); %%载入加速度时程曲线
>> ζ = 0.05; %%设定阻尼比
>> ωn = 81.65; %%自振频率
>> β = sqrt(1-ζ^2);
>> ωD = β*ωn; %%有阻尼时的振动频率
>> Δt = 0.002; %%加速度采样数据时间间隔
>> k = 30000; %%体系的刚度系数
>> Γ = 6;
>> time = Acceleration(:,1);
>> amplitude = Acceleration(:,2);
```

续表

```
>> n = length(amplitude);
>> A = exp(-ζ*ω_n*Δt)*(ζ/β*sin(ω_D*Δt)+cos(ω_D*Δt));
>> B = exp(-ζ*ω_n*Δt)*sin(ω_D*Δt)/ω_D;
>> C = (2*ζ/(ω_n*Δt)+exp(-ζ*ω_n*Δt)*(((1-2*ζ*ζ)/(ω_D*Δt)-ζ/β)*sin(ω_D*Δt)-(1+2*ζ/(ω_n*Δt))*cos(ω_D*Δt)))/k;
>> D = (1-2*ζ/(ω_n*Δt)+exp(-ζ*ω_n*Δt)*((-1+2*ζ*ζ)/(ω_D*Δt)*sin(ω_D*Δt)+2*ζ/(ω_n*Δt)*cos(ω_D*Δt)))/k;
>> A1 = -exp(-ζ*ω_n*Δt)*ω_n/β*sin(ω_D*Δt);
>> B1 = exp(-ζ*ω_n*Δt)*(cos(ω_D*Δt)-ζ/β*sin(ω_D*Δt));
>> C1 = (-1/Δt+exp(-ζ*ω_n*Δt)*((ω_n/β+ζ/(Δt*β))*sin(ω_D*Δt)+cos(ω_D*Δt)/Δt))/k;
>> D1 = (1-exp(-ζ*ω_n*Δt)*(ζ/β*sin(ω_D*Δt)+cos(ω_D*Δt)))/(k*Δt);
>> displace(1,1) = 0;
>> velocity(1,1) = 0;
>> for i = 1:(n-1)
 j = i+1;  displace(i+1,1) = A*displace(i,1)+B*velocity(i,1)+C*amplitude(i,1)*Γ+D*amplitude(j,1)*Γ;  velocity(i+1,1) = A1*displace(i,1)+B1*velocity(i,1)+C1*amplitude(i,1)*Γ+D1*amplitude(j,1)*Γ;
 end
```

将上述求解的锚索轴力残余值响应时程曲线与锚索轴力弹性响应值时程曲线叠加，与振动台模型试验时实测的 T1 测点轴力响应时程曲线进行对比，具体见图 4.11 所示，可见本节提出的理论计算方法不论是轴力峰值还是轴力残余值都大于实测结果，但两者的差别较小，因此可认为地震工况下根据本节计算方法所得的轴力响应时程曲线与实测结果吻合，为地震波作用下锚索轴力动态响应值的计算提供了一种理论计算方法。

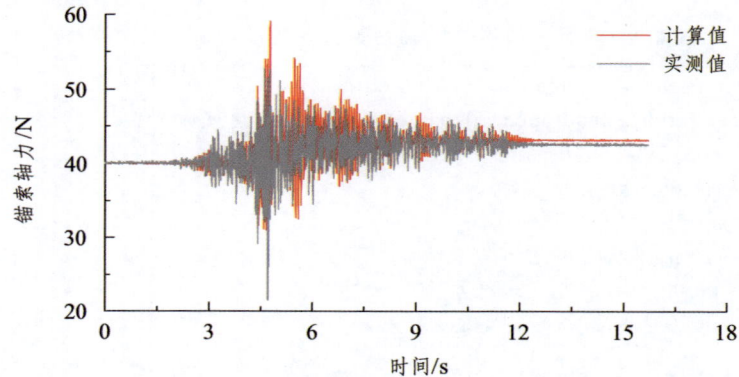

图 4.11 T1 测点锚索轴力计算结果与振动台试验实测值

由于实际边坡锚固工程在设计时常考虑了较大的安全系数，在经历地震后，如汶川地震震害调查成果中[1][2]仅有个别锚固体发生锚固系统失效的情况，因此建议在地震过后锚固系统的安全性评价时仍采用现阶段的规范设计方法。

4.2 边坡稳定性分析的能量方法

4.2.1 能量定理概述

在一个假设的且满足速度边界条件和应变与速度相容条件的变形模式中，由外功率等于所消耗的内功率而得到的荷载，不会小于实际破坏荷载。与这种速度场相关联的塑流所消耗的能量，可以根据理想的应力-应变率关系算出。满足上述条件的速度场叫作运动许可场。因此，上限定理是：如果能找出运动许可速度场，则自由塑流必将发生或早已发生。建立这种上限解所要求的步骤为：

（1）假设破坏的有效机构满足力学边界条件。

（2）计算外荷载（包括土的自重）在假想机构所确定的小位移上的能量消耗。

（3）计算与机构的塑形变形区相关联的内部能量耗损。

（4）借助功能方程求出与某一特定假想机构图形相对应的上限解，并求出最小上限解。

假设塑性变形机构 $\dot{\epsilon}_{ij}^{p*}$ 和 u_i^{p*} 在 A_u 上满足位移边界条件 $u_i^{p*}=0$，则外力所做功率为 $\int_{AT} T_i u_i^{p*} dA + \int_v F_i u_i^{p*} dv$，内部耗损功率为 $\int_v D(\dot{\epsilon}_{ij}^{p*}) dv = \int_v \sigma_{ij}^* (\dot{\epsilon}_{ij}^{p*}) dv$，令两者相等即可求出极限分析的上限解。现根据不同的破裂面形式，基于功能关系原理分别推导框架锚索加固边坡的地震稳定性。

4.2.2 直线型破裂面

针对破裂面为直线的形式，考虑地震力和裂隙中静水压力计算锚固边坡的地震稳定性，具体见图 4.12 所示。其中 H 为边坡高度，H_1 为坡顶后缘裂

---

[1] 周德培，张建经，汤涌. 汶川地震中道路边坡工程震害分析[J]. 岩石力学与工程学报，2010, 29（3）：565-576.

[2] 庄卫林，陈乐生，等. 汶川地震公路震害调查[M]. 北京：人民交通出版社，2013.

隙深度，H_2 为潜在滑裂面高度，z_w 为裂隙中水柱高度，P_{w1} 为裂缝中的静水压力，P_{w2} 为潜在滑裂面上的静水压力，$k_h(t)$ 为质心处水平地震系数，$k_v(t)$ 为质心处竖向地震系数，G 为潜在滑体重量，T_1、T_2、T_3 为锚索预应力，θ 为滑裂面倾角，ψ_p 为边坡坡角。根据边坡体的几何尺寸和岩土体材料的力学参数可求得锚索预应力、破裂面黏聚力、静水压力、水平地震力、竖向地震力和重力在速度 v 上的功率。

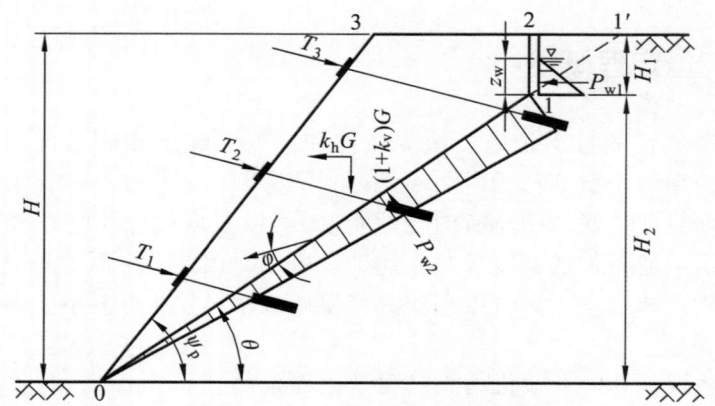

图 4.12　预应力锚索加固直线形破裂面示意

1. 锚索预应力做功

由图 4.12 知预应力锚索提供的阻滑力 $T(t)$

$$T(t) = \sum_{i=1}^{n} T_i(t) \tag{4.43}$$

阻滑力 $T(t)$ 与塑性势速度 v 之间的夹角 θ_1

$$\theta_1 = \pi + \varphi - \theta - \alpha \tag{4.44}$$

阻滑力 $T(t)$ 在速度 v 上所做的功率 W_1 为负功，起到阻止边坡下滑的作用

$$W_1 = T(t) \cdot v \cdot \cos\theta_1 = \sum_{i=1}^{n} T_i(t) \cdot v \cdot \cos(\pi + \varphi - \theta - \alpha) \tag{4.45}$$

2. 黏聚力做功

直线型破裂面上的黏聚力 c 与塑性势速度 v 之间的夹角 θ_2

$$\theta_2 = \pi - \varphi \tag{4.46}$$

黏聚力 c 在速度 v 上所做的功率 W_2 为负功，起到阻止边坡下滑的作用

$$W_2 = cLv\cos\theta_2 = cvH_2\cos(\pi-\varphi)/\sin\theta \qquad (4.47)$$

3. 静水压力做功

裂隙中静水压力由两部分组成，分别为坡顶后缘裂隙中的静水压力 P_{w1} 和潜在滑裂面上的静水压力 P_{w2}，按下式计算

$$P_{w1} = \frac{1}{2}\gamma_h z_w^2 \qquad (4.48)$$

$$P_{w2} = \frac{1}{2}\gamma_h z_w \frac{H_2}{\sin\theta} \qquad (4.49)$$

静水压力 P_{w1} 与塑性势速度 v 间的夹角 θ_3

$$\theta_3 = \theta - \varphi \qquad (4.50)$$

静水压力 P_{w1} 在速度 v 上所做的功率 W_3 为正功，引起边坡下滑

$$W_3 = P_{w1}\cdot v\cdot\cos\theta_3 = \frac{1}{2}\gamma_h z_w^2 \cdot v\cdot\cos(\theta-\varphi) \qquad (4.51)$$

静水压力 P_{w2} 与塑性势速度 v 间的夹角 θ_4

$$\theta_4 = \frac{\pi}{2} - \varphi \qquad (4.52)$$

静水压力 P_{w2} 在速度 v 上所做的功率 W_4 为正功，引起边坡下滑

$$W_4 = P_{w2}\cdot v\cdot\cos\theta_4 = \frac{1}{2}\gamma_h z_w H_2 v\cos\left(\frac{\pi}{2}-\varphi\right)/\sin\theta \qquad (4.53)$$

4. 滑体重力做功

由图 4.12 所示边坡体的几何特征知单位宽度滑体重量 G

$$\begin{aligned}G_{0123} &= \gamma_s(S_{01'3} - S_{121'}) = \gamma_s\left[\frac{1}{2}H\left(\frac{H}{\tan\theta} - \frac{H}{\tan\psi_p}\right) - \frac{1}{2}H_1\frac{H_1}{\tan\theta}\right] \\ &= \gamma_s\left[\frac{H^2}{2\tan\theta} - \frac{H_1^2}{2\tan\theta} - \frac{H^2}{2\tan\psi_p}\right]\end{aligned} \qquad (4.54)$$

竖向重力 G 与塑性势速度 v 间的夹角 θ_5

$$\theta_5 = \frac{\pi}{2} - (\theta - \varphi) \qquad (4.55)$$

竖向重力 G 在速度 v 上所做的功率 W_5 为正功，引起边坡下滑

$$W_5 = G \cdot \cos\left[\frac{\pi}{2} - (\theta - \varphi)\right] \cdot v \quad (4.56)$$

5．地震力做功

滑体中的地震力由两部分组成，即水平向地震力 $k_h(t)G$ 与竖直向地震力 $k_v(t)G$，与塑性势速度 v 间的夹角分别为 θ_3、θ_5，其在速度 v 上所做的功率为正功，引起边坡下滑。

水平地震力 W_6 可按下式求解

$$W_6 = k_h(t)G \cdot v \cos\theta_3 \quad (4.57)$$

竖向地震力 W_7 可按下式求解

$$W_7 = k_v(t)G \cdot v \cos\theta_5 \quad (4.58)$$

滑裂面上摩擦力与法向反力的合力与塑性势速度 v 间的夹角为 $\pi/2$，见图 4.13 所示，故其做功为零。

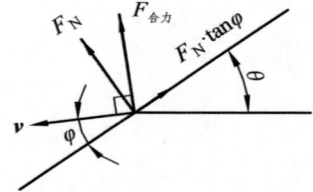

图 4.13 滑裂面上法向反力与摩擦力做功示意

根据正功与负功的关系得到锚固边坡的稳定系数 K，即阻止边坡下滑做功与引起边坡下滑做功之比

$$K = \frac{W_{\text{负}}}{W_{\text{正}}} = \frac{W_1 + W_2}{W_3 + W_4 + W_5 + W_6 + W_7} \quad (4.59)$$

将式（4.45）、式（4.47）、式（4.51）、式（4.53）、式（4.56）、式（4.57）、式（4.58）代入式（4.59），化简得

$$K = \frac{\sum_{i=1}^{n} T_i(t)\cos(\varphi - \theta - \alpha) + c\dfrac{H_2}{\sin\theta}\cos\varphi}{k_h(t)G\cos(\theta - \varphi) + [1 + k_v(t)]G\sin(\theta - \varphi) + \dfrac{1}{2}\gamma_h z_w^2 \cos(\theta - \varphi) + \dfrac{1}{2}\gamma_h z_w \dfrac{H_2}{\sin\theta}\sin\varphi}$$

$$(4.60)$$

若将地震作用过程中每一时刻的加速度响应值代入式（4.60）即可得到

锚固边坡的安全系数时程曲线。现阶段工程设计都是基于安全系数的概念，即一旦边坡的安全系数小于1则认为产生失效破坏，而实际震害调查及前章振动台模型试验均显示，当边坡安全系数小于1时上部滑体将产生沿潜在破裂面的向下位移，但锚固边坡的稳定性仍然能够得到保证，这也说明现有的安全系数法过于保守。本节根据地震过程中边坡响应加速度是否存在超过其临界加速度的状况建立滑动位移求解方程，再由边坡位移引起的锚索轴力改变值评价锚固体系的安全性能。

若在地震过程中，地震加速度时程曲线中出现了大于屈服加速度的时间段，此后边坡体将沿潜在破裂面出现向下的滑动位移。对于滑动的边坡体而言，产生滑动时的地震惯性力可分解为刚达到屈服加速度时的惯性力（这部分与滑体重力、黏聚力、静水压力等做功相抵消）和超过屈服加速度部分产生的惯性力这两部分。根据达朗贝尔原理，滑块在运动过程中假设一虚拟惯性力，在其作用下滑体仍处于平衡状态。若不考虑竖直方向的地震力变化，可得水平地震动超出屈服加速度部分所做的功率为 W_y，虚拟惯性力做功为 W_v，即

$$W_y = [k_h(t) - k_c] G \cdot v \cdot \cos(\theta - \varphi) \quad (4.61)$$

$$W_v = \frac{G}{g} \ddot{x} \cdot v \cdot \cos\varphi \quad (4.62)$$

式中　k_c——水平向屈服加速度系数；

　　　$\ddot{x}$——沿滑面的加速度。

令功率 W_y 与功率 W_v 相等，得到上部滑体沿潜在滑裂面的位移 x

$$x = \iint \frac{[k_h(t) - k_c] g \cos(\theta - \varphi)}{\cos\varphi} \mathrm{d}t \mathrm{d}t \quad (4.63)$$

4.2.3　对数螺旋线型破裂面

工程中选用框架锚索加固边坡时经常对边坡进行分级开挖、支护，本节针对对数螺旋线型破裂面通过坡趾的边坡分三级支护时的地震稳定性进行分析，见图 4.14 所示。边坡从下到上依次称为第一、二、三级边坡，其高度分别为 h_1、h_2、h_3，坡面角度分别为 ψ_p、α_1、α_2，锚索锚固倾角为 α，bc、de 段长度分别为 l_1、l_2，锚索的竖向间距和水平间距分别为 l_v、l_h，每孔锚索在坡面的出露位置距坡脚为 h_{ij}（第 i 级边坡的第 j 孔锚索），Of 段长度为 r_0，对数螺旋线破裂面起止角度分别为 θ_0、θ_h，水平向地震系数为 k_h，岩土体重度为 γ。

对数螺旋线坡面方程为

$$r(\theta) = r_0 \exp[(\theta - \theta_0)\tan\varphi] \quad (4.64)$$

通过坡脚的基准线 oa 长度 r_h 为

$$r_h = r_0 \exp[(\theta_h - \theta_0)\tan\varphi] \quad (4.65)$$

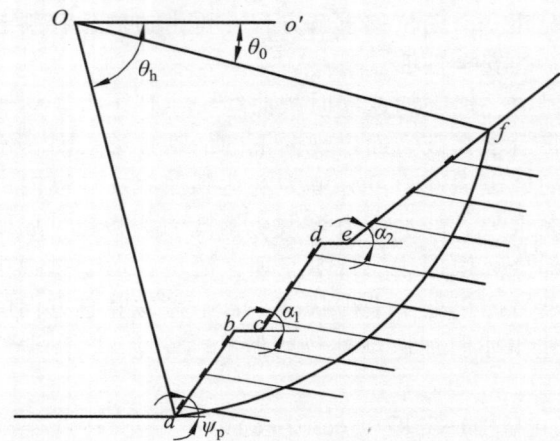

图 4.14 框架锚索加固对数螺旋线型破裂面边坡

1. 边坡体外力功率

1) $O\text{-}a\text{-}f$ 区域土体重力做功

$$\begin{aligned}W_1 &= \int_{\theta_0}^{\theta_h} \frac{2}{3} r(\theta)\cos\theta \cdot \dot{\omega} \cdot \gamma \cdot \frac{1}{2} r^2(\theta)\mathrm{d}\theta \\ &= \gamma\dot{\omega} r_0^3 \int_{\theta_0}^{\theta_h} \frac{1}{3}\exp[3(\theta-\theta_0)\tan\varphi]\cos\theta\,\mathrm{d}\theta\end{aligned} \quad (4.66)$$

令

$$f_1(\theta_h, \theta_0) = \int_{\theta_0}^{\theta_h} \frac{1}{3}\exp[3(\theta-\theta_0)\tan\varphi]\cos\theta\,\mathrm{d}\theta \quad (4.67)$$

则式（4.67）化简为

$$W_1 = \gamma\dot{\omega} r_0^3 f_1(\theta_h, \theta_0) \quad (4.68)$$

2) $O\text{-}a\text{-}f$ 区域土体水平地震力做功

$$\begin{aligned}W_2 &= \int_{\theta_0}^{\theta_h} \frac{2}{3} r_\theta \sin\theta \cdot \dot{\omega} \cdot k_h(t)\gamma \frac{1}{2} r_\theta^2 \mathrm{d}\theta \\ &= k_h(t)\gamma\dot{\omega} r_0^3 \int_{\theta_0}^{\theta_h} \frac{1}{3}\exp[3(\theta-\theta_0)\tan\varphi]\sin\theta\,\mathrm{d}\theta\end{aligned} \quad (4.69)$$

令

$$f_2(\theta_h, \theta_0) = \int_{\theta_0}^{\theta_h} \frac{1}{3} \exp[3(\theta - \theta_0)\tan\varphi]\sin\theta d\theta \qquad (4.70)$$

则式（4.69）化简为

$$W_2 = k_h(t)\gamma\dot{\omega}r_0^3 f_2(\theta_h, \theta_0) \qquad (4.71)$$

3）O-e-f 区域土体重力做功

$$W_3 = \gamma\dot{\omega}r_0^3 f_3(\theta_0) \qquad (4.72)$$

式中

$$f_3(\theta_0, h_3) = \frac{h_3}{r_0} \cdot \frac{\sin(\alpha_2 + \theta_0)}{\sin\alpha_2}\left(\frac{1}{3}\cos\theta_0 - \frac{1}{6}\frac{h_3}{r_0}\cot\alpha_2\right) \qquad (4.73)$$

4）O-e-f 区域土体水平地震力做功

$$W_4 = k_h(t)\gamma\dot{\omega}r_0^3 f_4(\theta_0) \qquad (4.74)$$

式中

$$f_4(\theta_0, h_3) = \frac{h_3}{r_0} \cdot \frac{\sin(\alpha_2 + \theta_0)}{\sin\alpha_2}\left(\frac{1}{3}\sin\theta_0 + \frac{1}{6}\frac{h_3}{r_0}\right) \qquad (4.75)$$

5）O-d-e 区域土体重力做功

o-e 间水平距离 $l_{oe'}$、竖直距离 $l_{ee'}$，o-d 间水平距离 $l_{od'}$，oe 与 oo' 夹角 θ_e，od 与 oo' 夹角 θ_d 可按下式求解：

$$\begin{cases} l_{oe'} = r_0\cos\theta_0 - h_3\cot\alpha_2 & \text{(a)} \\ l_{ee'} = h_3 + r_0\sin\theta_0 & \text{(b)} \\ l_{od'} = r_0\cos\theta_0 - h_3\cot\alpha_2 - l_2 & \text{(c)} \\ \theta_e = \arctan[(h_3 + r_0\sin\theta_0)/(r_0\cos\theta_0 - h_3\cot\alpha_2)] & \text{(d)} \\ \theta_d = \arctan[(h_3 + r_0\sin\theta_0)/(r_0\cos\theta_0 - h_3\cot\alpha_2 - l_2)] & \text{(e)} \end{cases} \qquad (4.76)$$

则土体重力做功为

$$\begin{aligned} W_5 &= \frac{1}{2}\gamma l_{oe}l_2 \sin\theta_e \cdot \dot{\omega} \cdot \frac{2}{3}\left(l_{oe'} - \frac{1}{2}l_2\right) \\ &= \frac{1}{3}\gamma\dot{\omega}r_0^3 \frac{l_{oe}}{r_0}\frac{l_2}{r_0}\left(\cos\theta_0 - \frac{h_3}{r_0}\cot\alpha_2 - \frac{l_2}{2r_0}\right) \end{aligned} \qquad (4.77)$$

令

$$f_5\left(\theta_0, \frac{h_3}{r_0}, \frac{l_2}{r_0}\right) = \frac{1}{3}\frac{l_{oe}}{r_0}\frac{l_2}{r_0}\left(\cos\theta_0 - \frac{h_3}{r_0}\cot\alpha_2 - \frac{l_2}{2r_0}\right) \qquad (4.78)$$

则式（4.77）化简为

$$W_5 = \gamma\dot{\omega}r_0^3 f_5\left(\theta_0, \frac{h_3}{r_0}, \frac{l_2}{r_0}\right) \qquad (4.79)$$

6）O-d-e 区域土体水平地震力做功

$$\begin{aligned} W_6 &= \frac{1}{2}\gamma l_{oe} l_2 \sin\theta_e k_h(t)\cdot\dot{\omega}\cdot\frac{2}{3}l_{ee'} \\ &= \frac{1}{3}k_h(t)\gamma\dot{\omega}r_0^3 \frac{l_{oe}}{r_0}\frac{l_2}{r_0}\left(\sin\theta_0 + \frac{h_3}{r_0}\right) \end{aligned} \qquad (4.80)$$

令

$$f_6\left(\theta_0, \frac{h_3}{r_0}, \frac{l_2}{r_0}\right) = \frac{1}{3}\frac{l_{oe}}{r_0}\frac{l_2}{r_0}\left(\sin\theta_0 + \frac{h_3}{r_0}\right) \qquad (4.81)$$

则式（4.80）化简为

$$W_6 = k_h(t)\gamma\dot{\omega}r_0^3 f_6\left(\theta_0, \frac{h_3}{r_0}, \frac{l_2}{r_0}\right) \qquad (4.82)$$

7）O-c-d 区域土体重力做功

$$\begin{aligned} W_7 &= \frac{1}{2}\gamma l_{od} l_{cd} \sin(\alpha_1+\theta_d)\cdot\dot{\omega}\frac{2}{3}\left(r_0\cos\theta_0 - h_3\cot\alpha_2 - l_2 - \frac{1}{2}h_2\cot\alpha_1\right) \\ &= \frac{1}{3}\gamma\dot{\omega}r_0^3 \frac{l_{od}}{r_0}\frac{h_2}{r_0}\frac{\sin(\alpha_1+\theta_d)}{\sin\alpha_1}\left(\cos\theta_0 - \frac{h_3}{r_0}\cot\alpha_2 - \frac{l_2}{r_0} - \frac{h_2}{2r_0}\cot\alpha_1\right) \end{aligned} \qquad (4.83)$$

令

$$\begin{aligned} &f_7\left(\theta_0, \frac{h_2}{r_0}, \frac{h_3}{r_0}, \frac{l_2}{r_0}\right) \\ &= \frac{1}{3}\frac{l_{od}}{r_0}\frac{h_2}{r_0}\frac{\sin(\alpha_1+\theta_d)}{\sin\alpha_1}\left(\cos\theta_0 - \frac{h_3}{r_0}\cot\alpha_2 - \frac{l_2}{r_0} - \frac{h_2}{2r_0}\cot\alpha_1\right) \end{aligned} \qquad (4.84)$$

则式（4.83）化简为

$$W_7 = \gamma\dot{\omega}r_0^3 f_7\left(\theta_0, \frac{h_2}{r_0}, \frac{h_3}{r_0}, \frac{l_2}{r_0}\right) \qquad (4.85)$$

8）O-c-d 区域土体水平地震力做功

$$\begin{aligned} W_8 &= \frac{1}{2}\gamma l_{od} l_{cd} \sin(\alpha_1+\theta_d) k_h(t)\cdot\dot{\omega}\frac{2}{3}\left(r_0\sin\theta_0 + h_3 + \frac{1}{2}h_2\right) \\ &= \frac{1}{3}k_h(t)\gamma\dot{\omega}r_0^3 \frac{l_{od}}{r_0}\frac{h_2}{r_0}\frac{\sin(\alpha_1+\theta_d)}{\sin\alpha_1}\left(\sin\theta_0 + \frac{h_3}{r_0} + \frac{h_2}{2r_0}\right) \end{aligned} \qquad (4.86)$$

令

$$f_8\left(\theta_0, \frac{h_2}{r_0}, \frac{h_3}{r_0}, \frac{l_2}{r_0}\right) = \frac{1}{3}\frac{l_{od}}{r_0}\frac{h_2}{r_0}\frac{\sin(\alpha_1+\theta_d)}{\sin\alpha_1}\left(\sin\theta_0 + \frac{h_3}{r_0} + \frac{h_2}{2r_0}\right) \quad (4.87)$$

则式（4.86）化简为

$$W_8 = k_h(t)\gamma\dot{\omega}r_0^3 f_8\left(\theta_0, \frac{h_2}{r_0}, \frac{h_3}{r_0}, \frac{l_2}{r_0}\right) \quad (4.88)$$

9）$O\text{-}b\text{-}c$ 区域土体重力做功

oc 与 oo' 间的夹角 θ_c，oc 之间的水平距离 l_{och}、竖直距离 l_{ocv} 分别按下式计算

$$\begin{cases} \theta_c = \arctan[(h_2 + h_3 + r_0\sin\theta_0)/(r_0\cos\theta_0 - \\ \qquad h_3\cot\alpha_2 - l_2 - h_2\cot\alpha_1)] & \text{(a)} \\ l_{och} = r_0\cos\theta_0 - h_3\cot\alpha_2 - l_2 - h_2\cot\alpha_1 & \text{(b)} \\ l_{ocv} = r_0\sin\theta_0 + h_3 + h_2 & \text{(c)} \end{cases} \quad (4.89)$$

则土体重力做功为

$$\begin{aligned}W_9 &= \frac{1}{2}\gamma l_{oc}l_1 \sin\theta_c \cdot \dot{\omega}\frac{2}{3}\left(r_0\cos\theta_0 - h_3\cot\alpha_2 - l_2 - h_2\cot\alpha_1 - \frac{l_1}{2}\right) \\ &= \frac{1}{3}\gamma\dot{\omega}r_0^3 \frac{l_{oc}}{r_0}\frac{l_1}{r_0}\sin\theta_c\left(\cos\theta_0 - \frac{h_3}{r_0}\cot\alpha_2 - \frac{l_2}{r_0} - \frac{h_2}{r_0}\cot\alpha_1 - \frac{l_1}{2r_0}\right)\end{aligned} \quad (4.90)$$

令

$$\begin{aligned}&f_9\left(\theta_0, \frac{l_1}{r_0}, \frac{l_2}{r_0}, \frac{h_2}{r_0}, \frac{h_3}{r_0}\right) \\ &= \frac{1}{3}\frac{l_{oc}}{r_0}\frac{l_1}{r_0}\sin\theta_c\left(\cos\theta_0 - \frac{h_3}{r_0}\cot\alpha_2 - \frac{l_2}{r_0} - \frac{h_2}{r_0}\cot\alpha_1 - \frac{l_1}{2r_0}\right)\end{aligned} \quad (4.91)$$

则式（4.90）化简为

$$W_9 = \gamma\dot{\omega}r_0^3 f_8\left(\theta_0, \frac{h_2}{r_0}, \frac{h_3}{r_0}, \frac{l_2}{r_0}, \frac{l_1}{r_0}\right) \quad (4.92)$$

10）$O\text{-}b\text{-}c$ 区域土体水平地震力做功

$$\begin{aligned}W_{10} &= \frac{1}{2}\gamma l_{oc}l_1 \sin\theta_c k_h(t)\cdot\dot{\omega}\frac{2}{3}(r_0\sin\theta_0 + h_3 + h_2) \\ &= \frac{1}{3}k_h(t)\gamma\dot{\omega}r_0^3 \frac{l_{oc}}{r_0}\frac{l_1}{r_0}\sin\theta_c\left(\sin\theta_0 + \frac{h_3}{r_0} + \frac{h_2}{r_0}\right)\end{aligned} \quad (4.93)$$

令

$$f_{10}\left(\theta_0, \frac{h_3}{r_0}, \frac{h_2}{r_0}, \frac{l_2}{r_0}, \frac{l_1}{r_0}\right) = \frac{1}{3}\frac{l_{oc}}{r_0}\frac{l_1}{r_0}\sin\theta_c\left(\sin\theta_0 + \frac{h_3}{r_0} + \frac{h_2}{r_0}\right) \quad (4.94)$$

则式（4.93）化简为

$$W_{10} = k_h(t)\gamma\dot{\omega}r_0^3 f_{10}\left(\theta_0, \frac{h_2}{r_0}, \frac{h_3}{r_0}, \frac{l_2}{r_0}, \frac{l_1}{r_0}\right) \quad (4.95)$$

11) $O\text{-}a\text{-}b$ 区域土体重力做功

$$W_{11} = \frac{1}{2}\gamma r_h \frac{h_1}{\sin\psi_p}\sin(\theta_h + \psi_p)\cdot\dot{\omega}\cdot\frac{2}{3}(r_h\cos\theta_h + \frac{h_1}{2}\cot\psi_p) = \frac{1}{3}\gamma\dot{\omega}r_0^3\frac{h_1}{r_0}\cdot \\ \frac{\sin(\theta_h + \psi_p)}{\sin\psi_p}\exp[(\theta_h - \theta_0)\tan\varphi]\left\{\exp[(\theta_h - \theta_0)\tan\varphi]\cos\theta_h + \frac{h_1}{2r_0}\cot\psi_p\right\} \quad (4.96)$$

令

$$f_{11}\left(\theta_0, \theta_h, \frac{h_1}{r_0}\right) = \frac{1}{3}\frac{h_1}{r_0}\cdot\frac{\sin(\theta_h + \psi_p)}{\sin\psi_p}\exp[(\theta_h - \theta_0)\tan\varphi] \\ \left\{\exp[(\theta_h - \theta_0)\tan\varphi]\cos\theta_h + \frac{h_1}{2r_0}\cot\psi_p\right\} \quad (4.97)$$

则式（4.96）化简为

$$W_{11} = \gamma\dot{\omega}r_0^3 f_{11}\left(\theta_0, \theta_h, \frac{h_1}{r_0}\right) \quad (4.98)$$

12) $O\text{-}a\text{-}b$ 区域土体水平地震力做功

$$W_{12} = \frac{1}{2}\gamma r_h\frac{h_1}{\sin\psi_p}\sin(\theta_h + \psi_p)k_h(t)\cdot\dot{\omega}\cdot\frac{2}{3}\left(r_h\sin\theta_h - \frac{h_1}{2}\right) = \frac{1}{3}k_h(t)\gamma\dot{\omega}r_0^3\frac{h_1}{r_0}\cdot \\ \frac{\sin(\theta_h + \psi_p)}{\sin\psi_p}\exp[(\theta_h - \theta_0)\tan\varphi]\left\{\exp[(\theta_h - \theta_0)\tan\varphi]\sin\theta_h - \frac{h_1}{2r_0}\right\} \quad (4.99)$$

令

$$f_{12}\left(\theta_0, \theta_h, \frac{h_1}{r_0}\right) = \frac{1}{3}\cdot\frac{h_1}{r_0}\cdot\frac{\sin(\theta_h + \psi_p)}{\sin\psi_p}\exp[(\theta_h - \theta_0)\tan\varphi] \\ \left\{\exp[(\theta_h - \theta_0)\tan\varphi]\sin\theta_h - \frac{h_1}{2r_0}\right\} \quad (4.100)$$

则式（4.99）化简为

$$W_{12} = k_h(t)\gamma\dot{\omega}r_0^3 f_{12}\left(\theta_0, \theta_h, \frac{h_1}{r_0}\right) \quad (4.101)$$

综上分析可得边坡体的外力功率

$$W_{\text{正}} = W_1 + W_2 - W_3 - W_4 - W_5 - W_6 - W_7 - W_8 - W_9 - W_{10} - W_{11} - W_{12} \quad (4.102)$$

2. 边坡体能量耗散功率

1）破裂面上黏聚力做功

黏聚力所做功率可以由该面微分面积 $r(\theta)\mathrm{d}\theta/\cos\varphi$ 与黏聚力 c、跨间断面的切向速度 $r(\theta)\dot{\omega}\cos\varphi$ 的乘积沿 a-f 面积分得到，即

$$\begin{aligned}W_{13} &= \int_{\theta_0}^{\theta_h} cr(\theta)\mathrm{d}\theta/\cos\varphi \cdot r(\theta)\dot{\omega}\cos\varphi \\ &= c\dot{\omega}r_0^2 \int_{\theta_0}^{\theta_h} \exp[2(\theta-\theta_0)\tan\varphi]\mathrm{d}\theta\end{aligned} \quad (4.103)$$

令

$$f_{13}(\theta_0, \theta_h) = \int_{\theta_0}^{\theta_h} \exp[2(\theta-\theta_0)\tan\varphi]\mathrm{d}\theta \quad (4.104)$$

则式（4.103）化简为

$$W_{13} = c\dot{\omega}r_0^2 f_{13}(\theta_0, \theta_h) \quad (4.105)$$

2）锚索预应力做功

假设边坡最上部锚索编号为 $A_{3,3}$，自由段长度为 $l_{3,3}$，锚索与滑裂面相交点 g 对应的对数螺旋线角度为 θ_g，则

$$\begin{aligned}&\sin\theta_g \exp[(\theta_g - \theta_0)\tan\varphi] \\ &= \exp[(\theta_h - \theta_0)\tan\varphi]\sin\theta_h - \frac{h_{3,3}}{r_0} + \frac{l_{3,3}}{r_0}\sin\alpha\end{aligned} \quad (4.106)$$

第三级边坡中各锚索间的垂直距离 d_3，编号 $A_{3,3}$ 锚索与对数螺旋线中心 o 间的垂直距离 $d_{3,3}$，以及第三级边坡各锚索到对数螺旋线中心点的距离 $d_{3,j}$ 分别可按下式计算

$$\begin{cases}d_3 = l_v \cdot \sin(\alpha_2 + \alpha)/\sin\alpha_2 \\ d_{3,3} = r(\theta_g)\sin(\theta_g - \alpha) = r_0 \exp[(\theta_g - \theta_0)\tan\varphi]\sin(\theta_g - \alpha) \\ d_{3,j} = d_{3,3} + (3-j)d_3 \ (j=1,2,3)\end{cases} \quad (4.107)$$

第二级边坡中各锚索间的垂直距离 d_2，第二、三级边坡间锚索的垂直距离 d_{2-3}，以及第二级边坡各锚索到对数螺旋线中心点的距离 $d_{2,j}$ 分别可按下式计算

$$\begin{cases} d_2 = l_v \cdot \sin(\alpha_1 + \alpha)/\sin\alpha_1 \\ d_{2-3} = \{[(h_{3,1} - h_1 - h_2)\cot\alpha_2 + (h_1 + h_2 - h_{2,3})\cot\alpha_1 + l_2] \\ \qquad \tan\alpha + h_{3,1} - h_{2,3}\}\cos\alpha \\ d_{2,j} = d_{3,1} + d_{2-3} + (3-j)d_2 (j=1,2,3) \end{cases} \quad (4.108)$$

第一级边坡各锚索间的垂直距离 d_1，第一、二级边坡间锚索的垂直距离 d_{1-2}，以及第一级边坡各锚索到对数螺旋线中心点的距离 $d_{1,j}$ 分别按下式计算

$$\begin{cases} d_1 = l_v \cdot \sin(\psi_p + \alpha)/\sin\psi_p \\ d_{1-2} = \{[(h_{2,1} - h_1)\cot\alpha_1 + (h_1 - h_{1,3})\cot\psi_p + l_1]\tan\alpha + h_{2,1} - h_{1,3}\}\cos\alpha \\ d_{1,j} = d_{2,1} + d_{1-2} + (3-j)d_1 (j=1,2,3) \end{cases} \quad (4.109)$$

预应力锚索做功可由各级边坡的预应力做功之和求得，即

$$W_{14}(t) = \dot{\omega}\sum_{i=1}^{3}\sum_{j=1}^{3} T_{i,j}(t)d_{i,j} \quad (4.110)$$

式中　$T_{i,j}(t)$——第 i 级边坡第 j 排锚索的预应力；

$d_{i,j}$——第 i 级边坡第 j 排锚索距对数螺旋线中心点 o 的距离。

综上分析可得边坡体内部的能量耗散功率

$$W_{负} = W_{13} + W_{14} \quad (4.111)$$

联立式（4.102）和式（4.111），得到对数螺旋线型破坏机构下多级框架锚索加固边坡的地震稳定系数 K

$$K = \frac{W_{负}}{W_{正}} \quad (4.112)$$

若在地震过程中，地震加速度时程曲线中出现大于屈服加速度的时间段，此后边坡体将沿潜在滑裂面出现向下的滑动位移，则对于滑动边坡体而言，产生滑动时的地震惯性力可分解为刚达到屈服加速度时的惯性力（这部分与滑体重力、黏聚力、抗滑桩阻滑力等做功相抵消）和超过屈服加速度部分产生的惯性力这两部分。根据达朗贝尔原理，滑块在运动过程中假设一虚拟惯性力，在其作用下滑体仍处于平衡状态。若不考虑竖直方向的地震力变化，

则可得水平地震动超出屈服加速度部分所做的功率为 W_y、虚拟惯性力做功为 W_v。

超出屈服加速度部分的惯性力

$$W_y = [k_h(t) - k_c]G \cdot R_{gv} \cdot \dot{\omega} \quad (4.113)$$

对于绕对数螺旋线中心滑动的边坡体而言虚拟惯性力为切向惯性力

$$W_v = \left(\frac{G}{g} \cdot R_g \cdot \ddot{\omega}\right) \cdot (R_g \cdot \dot{\omega}) \quad (4.114)$$

式中 k_c——水平向屈服加速度系数；
$\dot{\omega}$——旋转角速度；
$\ddot{\omega}$——旋转角加速度；
R_g——边坡体重心至对数螺旋线中心的距离；
R_{gv}——边坡体重心至对数螺旋线重心的竖直距离。

令功率 W_y 与功率 W_v 相等，得到边坡沿对数螺旋线中心滑动的角加速度 $\ddot{\omega}$

$$\ddot{\omega} = [k_h(t) - k_c]gR_{gv}/R_g^2 \quad (4.115)$$

对旋转角加速度进行双重积分即得岩土体在地震作用过程中沿中心转动的角位移 ω，进而可求得岩土体各点在地震作用后的残余变形值。

4.2.4 与振动台试验结果比较

由第 3 章振动台模型试验介绍部分可知，模型边坡高度为 1.2 m，滑面为砂层，其内摩擦角和黏聚力分别为 25°和 1.2kPa，潜在滑体的重量 W 为 11.4 kN，整个边坡的设计锚固力为 0.6 kN，锚固倾角为 10°，滑裂面与水平面的夹角为 33°，边坡地震的综合影响系数 C_z 取值为 0.25，按照传统的刚体极限平衡理论和本节的能量方法得到的锚固边坡的安全系数与地面加速度峰值的关系见图 4.15 所示。由图可知基于能量方法求解的临界加速度值与 3.5 节试验宏观现象表现出的滑体出现整体滑移时的启动加速度一致，验证了本节计算方法求解临界加速度值的正确性。同时，在设计方案相同时，能量分析法计算的锚固边坡的安全系数始终大于刚体极限平衡计算结果，这也说明了现有规范中刚体极限平衡理论在进行锚固边坡的设计时存在安全冗余较多的特点。

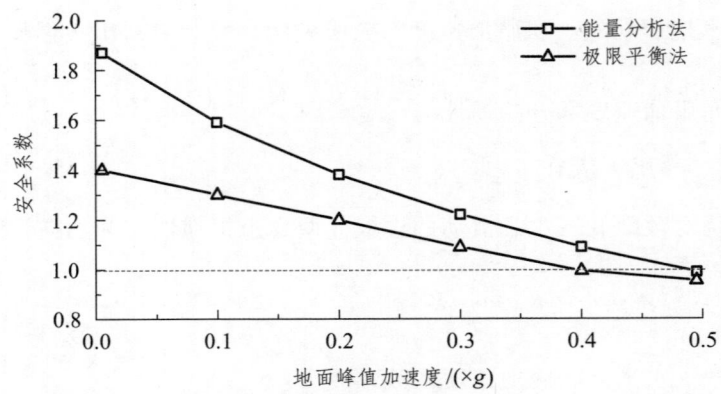

图 4.15 框架锚索加固边坡的安全系数与地面加速度峰值的关系

4.3 边坡稳定性分析参数研究

由于边坡稳定性计算时涉及的岩土体参数较多,本节重点分析地震引起的锚固力改变、潜在滑裂面物理力学参数在地震前后变化、竖向地震力和锚固倾角等因素对加固边坡体稳定性的影响。边坡几何尺寸及物理力学基本参数:坡高为 24 m,坡角为 50°,滑面倾角为 35°,岩石重度为 23 kN/m³,裂隙水重度为 10 kN/m³,滑面黏聚力为 30 kPa,滑面内摩擦角为 23°,坡顶裂缝深度为 4 m,裂隙水深度为 2 m,锚索张拉力为 600 kN/m,锚固倾角为 25°。按照《建筑边坡工程技术规范》平面滑动面的边坡稳定性计算公式可得静力条件下的边坡稳定系数为 1.27,地震峰值加速度为 0.20g 时的稳定系数为 1.17,满足三级边坡稳定安全系数的要求。研究参数的取值范围为:锚固倾角 0°~60°,锚索张拉力改变范围 –30%~30%,滑裂面材料力学参数改变范围 –50%~0%,水平方向和竖直方向地震系数为 0~0.4。

4.3.1 锚固力影响

地震作用前后锚索轴力将出现一定程度的减小或增大,本节取锚索轴力的变化率范围为 –30%~30%,边坡体其余参数同前所述,研究锚固力改变对边坡地震稳定性的影响。由图 4.16 知,在输入地震波峰值加速度一定时,边坡稳定系数将随着锚索轴力的减小而呈线性下降趋势,在预应力锚索轴力值一定时边坡的稳定系数与稳定系数变化量均随输入地震波峰值加速度的增加而减小,且地震加速度对边坡稳定系数的影响大于锚索轴力的影响。

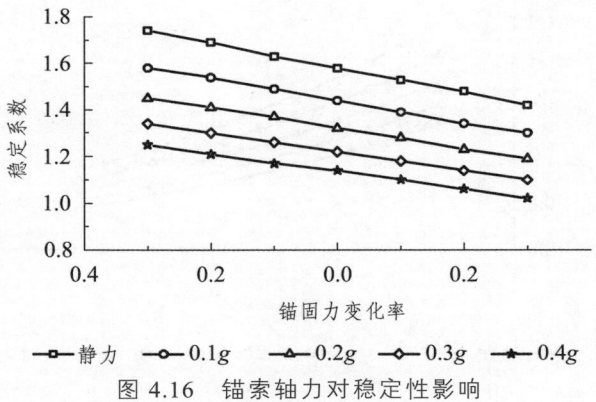

图 4.16　锚索轴力对稳定性影响

4.3.2　材料参数影响

地震作用过程中边坡体内软弱夹层中出现的能量聚集效应可引起软弱夹层材料的损伤进而导致其物理力学参数减小。本节假设滑裂面黏聚力 c 和摩擦角正切值 $\tan\varphi$ 的变化范围为 $-50\% \sim 0\%$，研究黏聚力、摩擦角改变时对边坡稳定性的影响。图 4.17 给出了滑裂面黏聚力改变而摩擦角不变时对边坡稳定性的影响，可知边坡稳定系数随黏聚力的减小呈线性下降趋势；图 4.18 给出了滑裂面黏聚力不变而摩擦角变化时对边坡稳定性的影响，可知边坡稳定系数随摩擦角正切值的减小近似为对数线下降趋势，且摩擦角正切值改变量在由 $0 \rightarrow 10\%$ 变化时对边坡稳定程度的影响明显大于 $10\% \rightarrow 50\%$ 的任一阶段变化值。对比图 4.17 和图 4.18 可知，摩擦角、黏聚力和水平地震力变化对边坡稳定系数的影响程度具体表现为：摩擦角>水平地震力>黏聚力。若同时考虑黏聚力和摩擦角的折减，则其对边坡稳定系数的影响更甚，见图 4.19 所示。

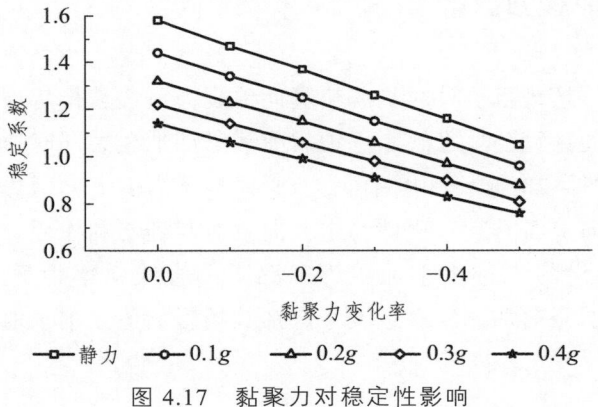

图 4.17　黏聚力对稳定性影响

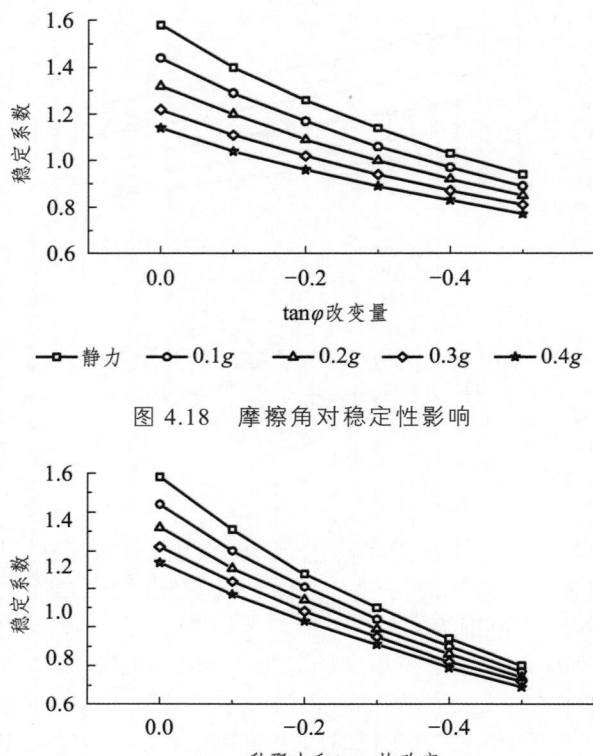

图 4.18 摩擦角对稳定性影响

图 4.19 摩擦角与黏聚力对稳定性影响

4.3.3 竖向地震力影响

在现阶段，按规范设计时均忽略竖向地震力对边坡稳定性的影响，本节按照第 4.2 节的计算公式求解水平地震力和竖向地震力同时作用下的边坡体稳定系数，见图 4.20 所示。由图可知，竖向地震力的方向对边坡稳定性的作用截然不同，向上时有利于边坡稳定，向下时起到不利作用。

图 4.21 给出的 5 种水平地震力工况下的直线斜率为静力>$0.1g$>$0.2g$>$0.3g$>$0.4g$，表明竖向加速度对边坡稳定系数的影响值在水平地震加速度较小时更加显著。

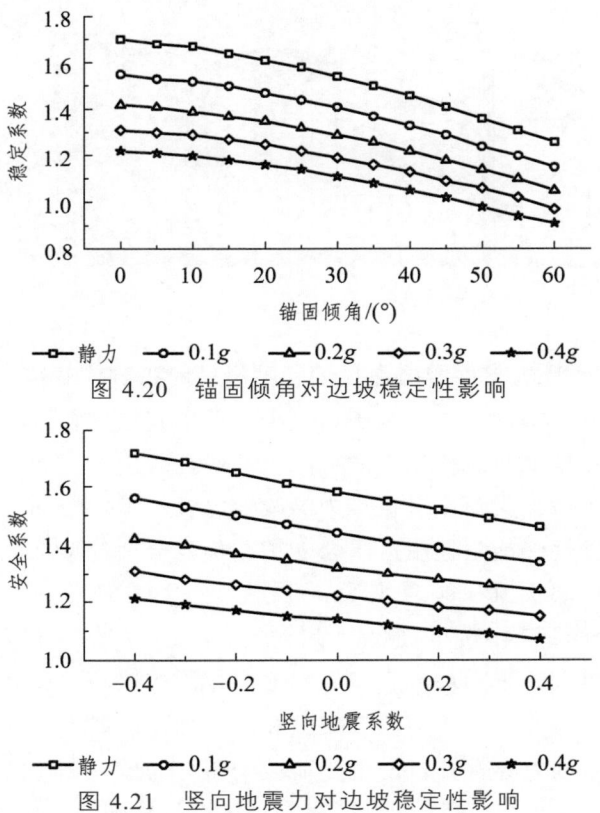

图 4.20 锚固倾角对边坡稳定性影响

图 4.21 竖向地震力对边坡稳定性影响

4.3.4 锚固倾角影响

锚固倾角的大小对岩石边坡的稳定性有重要的影响,《铁路路基支挡结构设计规范》中规定从施工工艺角度考虑,锚索设置方向以水平线向下为宜,多采用 15°~30°。本节取锚固倾角的变化范围为 0°~60°研究其对边坡稳定性的影响。由图 4.20 知,锚固边坡的稳定系数随锚固倾角的增加而减小,且锚固倾角与边坡稳定系数呈非线性变化趋势,拐点介于 20°~30°。锚固倾角设置过大将明显降低锚固构件的抗滑性能,且在地震区锚固倾角对边坡稳定系数的影响程度随着水平向地震力的增加而减小,因此在工程设计时应综合考虑各影响因素合理设置锚固倾角,提高锚索加固措施的有效性。

综上分析可知,锚固倾角和滑裂面岩土体力学性能参数对边坡稳定性的影响较大,而锚固力和竖向地震力对边坡稳定系数的影响较小,但若同时考虑地震过程中锚固力的损失和竖向地震力的作用,其对边坡稳定的影响也不容忽视。

5 框架锚索-抗滑桩加固边坡的振动台试验研究

框架锚索-抗滑桩支护措施在加固大型滑坡时得到广泛应用,并且汶川地震震害调查时发现该型支护结构破坏极少,但因其结构复杂、受力机制不明确,目前对其在地震荷载作用下的加固机理研究较少。然而,地震时锚索预应力的变化、抗滑桩受荷段滑坡推力的改变以及二者的协同工作机制关系到加固边坡的稳定性,能为地震区组合支护结构的合理选型提供指导,因此具有重要的工程应用价值和理论意义。

本章结合框架锚索-抗滑桩组合结构加固高陡边坡的工程设计实例,概化边坡地质力学模型,采用最能直接表现地震作用的振动台试验为手段开展动力响应研究。通过改变输入地震波类型和峰值加速度研究了锚索轴力的地震响应特性及其空间差异性、抗滑桩受荷段土压力的地震响应特性、边坡体加速度和位移的地震响应特性,探讨了锚索与抗滑桩在地震时的协同工作机制,提出了框架锚索-抗滑桩加固边坡时的分区设计理念。

5.1 振动台模型试验介绍

试验在中国核动力研究设计院的大型地震模拟实验台上进行,该振动台具有 6 个自由度(沿 3 轴平动和绕 3 轴转动),台面尺寸为 6 m×6 m,台面最大负载为 600 kN,水平向最大位移 ± 150 mm,垂直向最大位移 ± 100 mm,满载时水平向最大加速度 $1g$,垂直向 $0.8g$,空载时水平向最大加速度 $3g$,垂直向 $2.6g$,频率范围为 0.1 ~ 80 Hz。试验采用 128 通道 BBM 数据采集系统,最大引用误差≤0.5%。在试验过程中,数据采集、信号监测和信号在线分析同步进行,具体见图 5.1 所示。

（a）数据采集系统　　　　　　　　（b）振动台台面系统

图 5.1　地震模拟试验台及数据采集系统

5.1.1　工程概况

原型边坡的原始地貌为一斜坡，坡脚高程 606 m，后缘高程 731 m，边坡南北长约 260 m，东西宽约 170 m，受前期边坡开挖影响，目前该区平面上呈不规则的矩形，坡向约 11°，坡度一般为 35°，每 10 m 高差布设宽 2.5～3 m 的马道。2013 年 5 月受强降雨影响，在高程 646～731 m 范围出现变形，2014 年雨季时变形加剧，前缘形成 1 个体积约 9 000 m³ 的滑塌体，原有支护措施多处失效。本次加固工程中根据地形地貌、岩体结构特征及变形破坏程度的不同将其分为 Ⅱ-1 和 Ⅱ-2 区，边坡的全貌及地质剖面见图 5.2 和图 5.3 所示。

图 5.2　原型边坡地貌特征

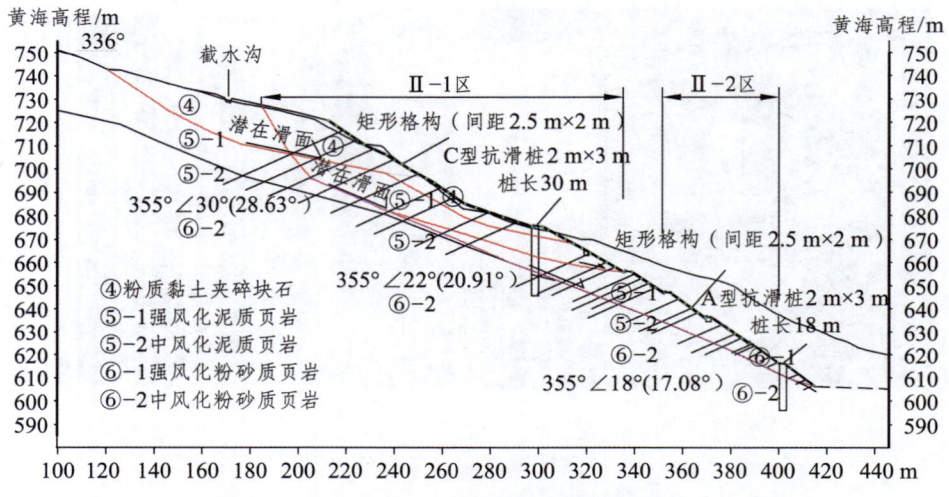

图 5.3　原型边坡支护结构设计方案与地质剖面

Ⅱ-1区为土-岩滑坡，滑坡前缘高程641～676 m，滑动方向11°，坡度上缓下陡（20°→35°），滑体宽150 m、厚20 m，体积约48万立方米。滑坡上层为崩坡积层粉质黏土夹碎块石，平均厚约10 m，分布在高程676～742 m；下伏泥质页岩，强风化—中风化，岩体破碎—较破碎，结构面局部夹泥。滑床为泥质页岩，强风化，岩层倾向N-NNE，倾角18°～25°，发育多组结构面，岩体破碎，岩芯呈碎块状或短柱状，结构面局部夹泥，锈染严重。滑坡中部发育两条近东西向的软弱夹层，其空间位置及展布见表5.1，边坡岩土体性质指标见表5.2。

表 5.1　泥化夹层的空间定位及空间展布

泥化夹层出露位置	岩性	描述
高程654 m处	泥岩	软弱带长度约30 m，总体走向近E-W向，该条带外倾，倾角15°左右，软弱带物质为粉质黏土夹角砾，可塑至软塑，厚5～10 cm
高程668 m处	泥岩	软弱带长度约50 m，总体走向近E-W向，该条带外倾，倾角10°左右，软弱带物质主要有粉质黏土，可塑至软塑，厚5～15 cm

表 5.2　边坡岩土性质指标

土体名称	$\gamma/(kN \cdot m^{-3})$	c/kPa	$\varphi/(°)$
粉质黏土夹碎块石	25	28	40
粉质黏土夹角砾	18	13	12
泥质页岩岩层层面	22	44	20

Ⅱ-2区位于Ⅱ-1区下部，为岩质边坡，主要由泥质页岩、粉砂质页岩组成，坡度约37°。该区中部已发生滑塌，滑塌体平面上呈扇形，滑塌区横向宽约60 m，前缘至后缘长约40 m，最大厚度为5.0 m，总体积为9×10³ m³。滑塌区后缘发育多条张拉裂隙，裂隙走向100°~120°，裂缝宽度为1~3 cm，延伸长度5~15 m，垂直错距为2~5 cm，目前滑塌区已进行应急治理。

边坡治理区域的地下水类型主要为风化裂隙水和构造裂隙水。风化裂隙水赋存于中-强风化泥质页岩和微风化粉砂质页岩中，基岩裂隙多呈闭合或微张状态，且发育不均匀。滑坡核部发育向斜构造，结构面发育，与岩层层面形成较好的地下水通道和储存场所，使地下水和地表水以及不同含水带（层）之间发生水力联系，发育构造裂隙水。该区岩质边坡范围内地下水位埋深相对较深，616平台水位埋深11~19.6 m，636平台水位埋深15~20 m，持续性较大降雨后观测地下水位埋深涨幅为2~10 m。

原型边坡的加固治理措施为框架锚索（杆）+抗滑桩+截排水沟+坡面绿化，见图5.3所示，具体为：606~626 m采用框架锚杆护坡，框架梁间距为4.0 m×4.0 m、截面尺寸为0.4 m×0.4 m，锚杆采用1根ϕ25HRB335螺纹钢筋制作，钻孔孔径75 mm，锚固倾角25°，设计抗拔力120 kN；626 m以上采用框架锚索加固，框架梁间距为2 m×2.5 m（竖向×水平向），截面尺寸为0.6 m×0.6 m，锚索采用5束ϕ15.2钢绞线制作，锚索成孔直径130 mm，锚固段长7 m，锚索锚固于中风化泥质页岩中，锚索抗拔力400 kN；616 m和676 m高程处设置抗滑桩加固，桩长分别为18 m和30 m，截面尺寸均为2 m×3 m。

根据《中国地震动峰值加速度区划图》（GB 18306—2001）[19]第1号修改单，场址的50年超越概率为10%的地震动峰值加速度为0.15g，对应的地震基本烈度为Ⅶ度。2008年8月国家地震局地质研究所对场址所在地区的地震烈度进行了复核，复核结果与《中国地震动峰值加速度区划图》（GB 18306—2001）第1号修改单相同。

5.1.2 相似设计

试验模型箱为由钢板、型钢、有机玻璃等制作的一端开口刚性箱，尺寸为3.5 m×1.5 m×2.5 m（长×宽×高），在地震波水平传播方向的箱体后壁内衬3 cm厚的泡沫垫层，以模拟吸波材料，减小振动波在边界的反射。

在进行试验模型相似设计时，要使模型试验所有的相似条件都得到满足往往是很困难的，甚至不可能，为使模型试验能够尽可能真实地反映原型的动力特性，我们应抓住影响现象内在规律的主要因素而弱化一些次要准则。边坡-框架锚索-抗滑桩动力相互作用系统共由五部分组成：边坡、锚索、抗滑桩、框架梁和输入地震波。在进行模型试验的相似设计时，分离出这五部分分别满足相似设计，具体计算流程见第 3 章。在满足振动台台面负载和模型箱尺寸要求的情况下，结合现场边坡高度选取模型缩尺比例为 1∶100，模型土密度和地震加速度的相似比为 1∶1，然后按分离相似设计导出各物理量的相似关系式和相似系数，具体见表 5.3 所示。

表 5.3 框架锚索-抗滑桩加固边坡模型试验相似常数

	物理量	相似关系	相似常数
控制参数	长度	C_L	100
	密度	C_ρ	1
	加速度	C_g	1
输入地震波	时间	$C_t = C_L^{0.5} C_g^{-0.5}$	10
	加速度	$C_a = C_g$	1
	频率	$C_\omega = C_L^{-0.5} C_g^{0.5}$	0.1
模型材料	应力	$C_\sigma = C_L C_\rho C_g$	100
	黏聚力	$C_c = C_L C_\rho C_g$	100
	抗剪强度	$C_\tau = C_L C_\rho C_g$	100
	内摩擦角	$C\varphi$	1
锚索	拉伸刚度	$C_{EA} = C_L^3 C_\rho C_g$	10^6
	力	$C_F = C_L^3 C_\rho C_g$	10^6
	应变	C_ε	1
	应力	$C_\sigma = C_L C_\rho C_g$	100
抗滑桩	弯曲刚度	$C_{EI} = C_L^5 C_\rho C_g$	10^{10}
框架梁	弯曲刚度	$C_{EI} = C_L^5 C_\rho C_g$	10^{10}

根据相似关系进行换算后，模型试验边坡取高度 1.5 m、长度 3.5 m、宽度 1 m，坡脚自由场下基岩厚度 0.5 m，具体见图 5.9 所示。

5.1.3 模型制作

由第 5.1.2 节知，在边坡的模型制作过程中主要涉及边坡体材料和支护结构，各部分相似模拟具体为：

1. 滑面以上岩体模拟

原型边坡的岩体十分破碎，岩块间黏结强度不高，试验采用碎石颗粒模拟边坡岩块，膨润土模拟岩块间的胶结物，按一定比例进行混合搅拌，见图 5.4 所示。

（a）膨润土　　　　　（b）碎石　　　　　（c）试验中边坡材料

图 5.4　模型边坡材料组成

2. 基岩模拟

基岩材料采用河砂、石膏、水、黏土、重晶石粉按质量比 5∶2.5∶1.4∶3∶4 配制而成。

3. 软弱面模拟

针对控制边坡整体稳定性的软弱面，试验采用细砂、黄油和硬塑料膜制备，通过控制层厚和黄油的用量来调节潜在滑动面的抗剪强度参数。试验中边坡体内软弱夹层厚度为 1.5 cm，强风化带层厚为 1 cm，制作完成后的边坡潜在滑面见图 5.5 所示。

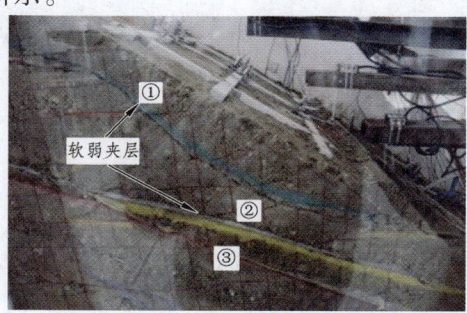

图 5.5　模型试验中制备完成后的边坡潜在滑动面

4. 锚固系统模拟

锚索采用 5 mm×0.3 mm（宽×厚）的 Q235 薄铁来模拟，其柔性较好，能够更加实际地模拟现场锚索的工作原理。原型边坡锚索的竖向间距为 2 m，水平间距为 2.5 m，若按几何相似比对每孔锚索进行换算后其竖向间距和水平间距将分别为 2 cm 和 2.5 cm，这将造成相邻锚索间距及设计锚固力过小，试验难以模拟。本次振动台模型试验时，对锚索采用集合加固边坡区域内一整块锚索测点为一孔锚索的方法进行模拟，试验中锚索的竖向间距为 20 cm，水平间距为 25 cm，根据相似比关系换算得出试验时每孔锚索所需的抗拔力约为原型边坡中 100 孔锚索锚固力的总和，即

$$T = \frac{100 \times 40 \text{ kN}}{10^6} = 40 \text{ N} \tag{5.1}$$

模型试验时若采用水泥砂浆作为锚固体与岩土体间的黏结材料，则水泥灌浆体与岩土体侧壁间提供的黏结力太大，边坡体在地震作用下足够稳定而无永久变形，使试验结果失真。在振动台模型试验开始前，通过黏结材料选取试验，具体见第 3 章，最终确定模型填筑用的基岩材料作为黏结剂，人工捣实 30~50 次得到的锚固力与式（5.1）计算得到的试验设计值位于同一量级。模型边坡填筑过程中埋设 PVC 管预留锚孔，以便后续锚固体的安装，具体见图 5.6 所示。

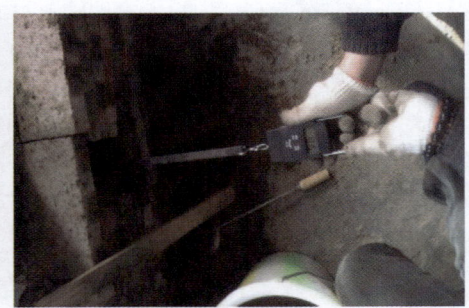

（a）边坡中预留锚孔　　　　　　（b）黏结材料选取试验

图 5.6　振动台试验时边坡锚固系统的制作

5. 抗滑桩模拟

试验采用的相似比较大，若抗滑桩在试验中产生极小的弯曲变形，换算到原型时将反映出极大的弯曲变形，这可能导致试验桩体和原型桩体变形破坏现象的非一致性。因此，试验中抗滑桩按刚性桩考虑，采用水泥砂浆预制，截面尺寸为 3 cm×4.5 cm，在边坡中部和坡脚处的桩长分别为 30 cm 和 18 cm。

6. 框架梁模拟

框架梁采用有机玻璃板模拟，截面尺寸为 1.5 cm×2 cm。制作完成后的边坡见图 5.7 所示，试验中边坡各部分的物理力学参数由室内土工试验测得，具体见表 5.4 所示。

图 5.7　制作完成后框架锚索-抗滑桩加固边坡模型

表 5.4　模型材料物理参数

材料	密度 $\rho/(\text{g}\cdot\text{cm}^{-3})$	弹模 E/MPa	内摩擦角 $\varphi/(°)$	黏聚力 c/kPa	泊松比 μ
边坡模型	2.5	9.8	40	6	—
基岩底座	2.7	10	42	5.4	0.25
泥化夹层	1.8	0.012	12	0.75	—
抗滑桩	2.7	30000	按弹性材料处理		0.20
锚索	6.2	200000	按弹性材料处理		0.20

5.1.4　试验测试

试验中采集了锚索轴力、抗滑桩土压力、边坡加速度和坡面位移动态响应值，各类型传感器在安装之前均进行现场标定，保证测量数据的真实、可靠。监测点布置位置见图 5.9 所示，布置原则如下：

（1）锚索轴力测试传感器。为研究锚索轴力的空间地震响应特性，试验时选取中间竖梁节点处锚索为测试对象，计 7 孔锚索。在静力条件下，通常认为锚索自由段沿长度方向的预应力为恒定值,在振动台模型试验时也认为锚索自由段动轴力响应值沿长度方向一致,因此对每孔测试锚索,在其端头布置 1 个锚索测力计监测轴力在地震过程中的响应值。振动台模型试验时布设 7 个锚索轴力测试传感器,1 号~7 号锚索所在边坡高度分别为 104 cm、90 cm、76 cm、56 cm、44 cm、36 cm 和 24 cm,具体见图 5.9 所示,测量精度为 0.5N。

预应力施加过程为:在锚索自由段端头预留 $\phi 3$ mm 钻孔与轴力计一端进行连接,另一端采取相同的办法伸出框架梁与制作的预应力加载装置连接,通过固定在梁面上螺栓的升降来施加预应力,见图 5.8 所示。值得注意的是:预应力加载过程中采用 DH5923 动态数据采集仪实时监测锚索轴力的变化,待轴力达到设计值时停止加载,静置一段时间后卸载,然后继续加载→卸载,循环数次,尽量减少静力下坡体与框架梁间的相对变形造成的预应力损失,从而使测量结果最真实地反映锚索在地震下的动态响应,在振动台模型试验开始之前将预应力加载至设计值。

(a) YBY-300 型锚索轴力传感器　　　　(b) 预应力加载构件

图 5.8　锚索轴力测试装置

(2) 加速度传感器。为研究边坡内部和坡面的加速度高程响应特性,在距箱壁 100 cm 的边坡内部不同高程处由下到上布置 5 个加速度传感器,在边坡分级处和边坡坡角发生改变处的坡面布置 8 个加速度传感器,具体见图 5.9 所示。加速度传感器为东华 DH302 三向加速度计。

(3) 位移传感器。为研究支护边坡沿高程的位移响应特性,在中间竖梁节点布设激光位移传感器,监测框架梁节点动位移响应时程,共布置 6 个激光位移计,具体见图 5.9 所示,测量精度为 0.001 mm。

(4) 土压力传感器。为研究坡脚抗滑桩土压力的地震响应特性,在桩后和桩前分别布置 6 个、4 个微型应变式土压力计,具体见图 5.9 所示。微型土压力计直径为 10 mm,厚度为 5 mm,量程为 200 kPa。

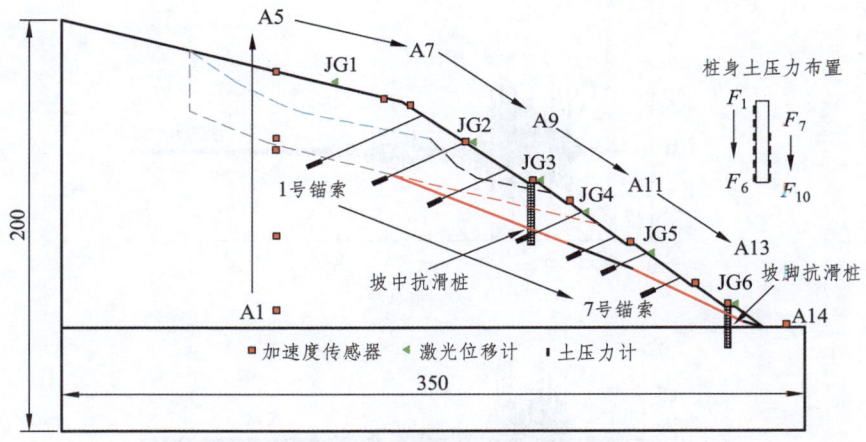

图 5.9 边坡模型及传感器布置示意（单位：cm）

5.1.5 加载工况

试验选择 El Centro 波和汶川-清平波作为地震激励，考虑从 X、Z 向分别输入归一化的加速度时程曲线，峰值地震动加速度依次采用 $0.15g$、$0.3g$、$0.4g$、$0.5g$、$0.7g$ 和 $0.9g$。试验开始前、结束后及峰值加速度发生改变时都进行时间长度不小于 48 s 的高斯平稳白噪声激振的微震试验。根据相似关系进行时间压缩后的 El Centro 波与汶川-清平地震波水平向、竖直向加速度时程曲线见图 5.10 所示。

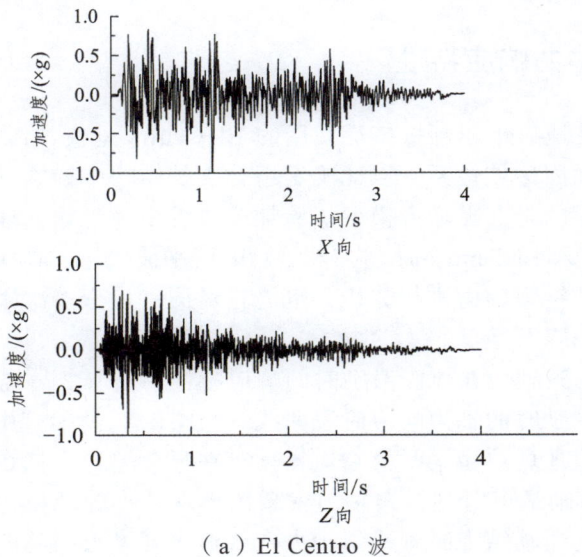

（a）El Centro 波

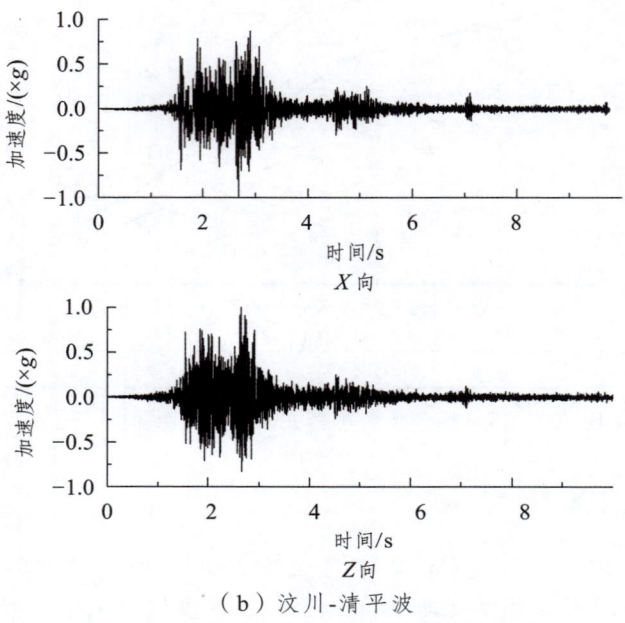

（b）汶川-清平波

图 5.10 压缩后的输入地震波加速度时程曲线

5.2 支护结构动力响应特性

5.2.1 锚索轴力响应特性

本节选取在地震工程领域广泛使用的 El Centro 地震波激励框架锚索-抗滑桩组合结构加固边坡体系，以此确定组合支护结构中锚索轴力的动态响应规律。值得注意的是在振动台模型试验加载过程中，当输入地震波峰值加速度相同时，先输入 El Centro 波，再输入汶川-清平波，因此本节采用 El Centro 地震波激励时的锚索轴力进行分析，也能将对同一模型多次激振时造成的地震叠加效应影响降至最低。

为了研究锚索轴力在地震激励时的响应特性，选取 2 号锚索展示其在 El Centro 地震波激励时的轴力响应时程曲线，见图 5.11 所示。由图可知，锚索轴力在不同峰值地震波激励时的响应特性存在显著差异，如在峰值加速度为 $0.15g$ 的地震激励结束时刻锚索轴力残余值出现减小的现象，在峰值加速度为 $0.30g$ 的地震激励结束时刻锚索轴力残余值出现增大的趋势；锚索轴力在地震过程中的响应值均表现为正峰值大于负峰值，如在 0.30g 时正、负峰值分别为 26.2 N 和 -12.3 N，在 0.50g 时正、负峰值分别为 55.8 N 和 -17.5 N；锚索轴力残余值的变化和峰值出现时间段均发生在输入地震波加速度时程曲线的强震段。下文将针对沿边坡高度布置的 7 个锚索测点，讨论轴力响应峰值和残余值与测点所在高度以及与输入地震波峰值加速度的关系。

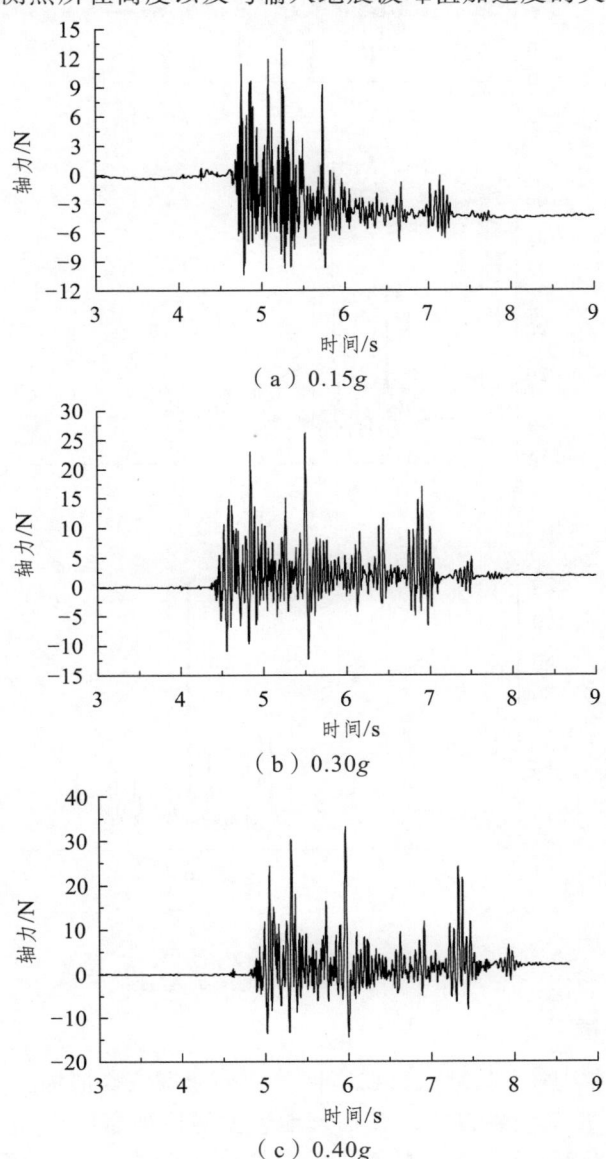

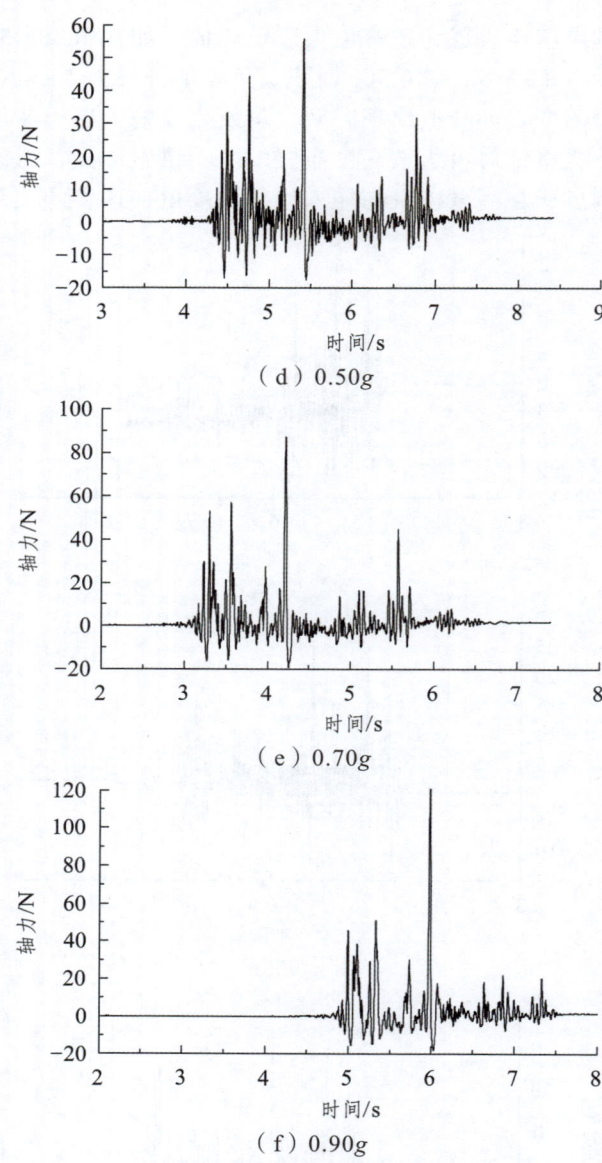

图 5.11　2 号锚索轴力响应时程曲线

1. 轴力峰值

为了研究轴力峰值与测点所在高度、输入地震波峰值加速度的关系，选取试验布置的 7 个锚索监测点在输入地震波峰值加速度为 0.15g、0.30g、0.40g、0.50g、0.70g 和 0.90g 的轴力响应峰值作出图 5.12。由图可知，沿高度分布的锚索轴力响应峰值均随着输入地震波峰值加速度的增加而增大，尤其是在输入地震波峰值大于 0.50g 后显著增加，这表明在 0.50g 以后地震波激励时边坡的地震动响应剧烈，坡体锚索的锚固性能得到充分发挥，但不同高度处的锚索轴力响应峰值存在差异。

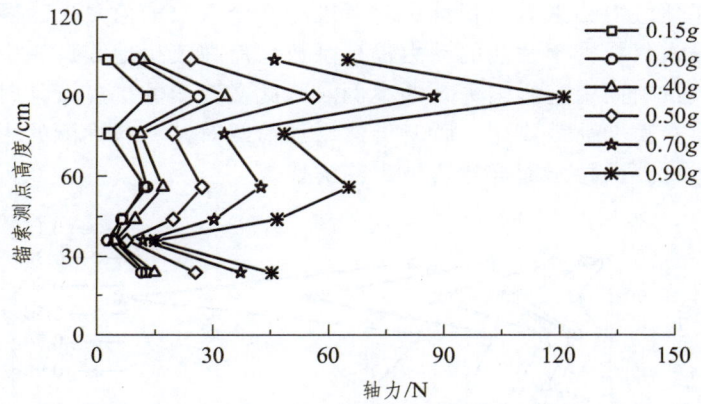

图 5.12 锚索轴力峰值与测点所在边坡高度关系

为分析轴力响应峰值与高度的关系，以坡中抗滑桩为界（具体见图 5.9 所示）将边坡分为上下两部分。上半部分坡体受软弱夹层 1（具体见图 5.5 所示）的影响，峰值增加量在 2 号锚索处最大，其余两孔锚索的轴力响应峰值增加量在 $PGA \leqslant 0.4g$ 时基本相同。随着输入地震波峰值加速度的进一步增加，其差值开始增大，响应峰值增加量具体表现为 1 号锚索大于 3 号锚索，这说明上部的地震动力响应比下部强烈，地震产生的边坡下滑力最先由上部锚索分担，当上部受力达到极限状态时下部分锚索才开始分担多余的下滑力，锚索的整体工作性能得以体现。下半部分坡体的轴力响应峰值增加量为：4、5、6 号锚索的峰值增加量均随着高程的增大而增加，7 号锚索的轴力响应峰值增加量大于 5 号锚索和 6 号锚索，但小于 4 号锚索。经过分析，产生这种现象的原因为 7 号锚索的自由段长度最小，虽然在地震激励时该处的动位移响应峰值小于上部测点，但锚索自由段的动应变较大，在锚索的拉伸刚度相同时响应轴力自然较大，故其轴力峰值增加量较大。

为了进一步说明轴力峰值增加量与初始预应力的关系，本节定义锚索轴力的峰值增加比为 α，假设地震开始前锚索初始轴力为 A_1，在地震激励过程中锚索轴力响应时程曲线中的最大值为 A_2，则

$$\alpha = \frac{A_2 - A_1}{A_1} \quad (5.2)$$

边坡各锚索测点的轴力峰值增加比与测点高度的变化关系见图 5.13 所示，由图知 2 号锚索的峰值增加比最大，在地震波峰值为 0.5g 时 $\alpha = 2.49$，地震波峰值为 0.7g 时 $\alpha = 4.22$，地震波峰值为 0.9g 时 $\alpha = 6.79$，余下测点的峰值增加比在 $PGA \leqslant 0.7g$ 时均不大于 2，在地震波峰值为 0.9g 时介于 0.83 ~ 3.3。现有规范在预应力锚索截面积计算时考虑的安全系数取值 2.2 为静力条件，目前缺少锚索材料力学性能的动力提高系数，但在汶川地震调查中发现确有几处锚头被拉断而引起锚索失效的案例。因此在锚索的抗震设计时需考虑锚索杆体材料在长期荷载作用下瞬时突然增加荷载对其材料性能的影响，以免因锚索杆体材料的拉断而导致边坡失稳破坏。

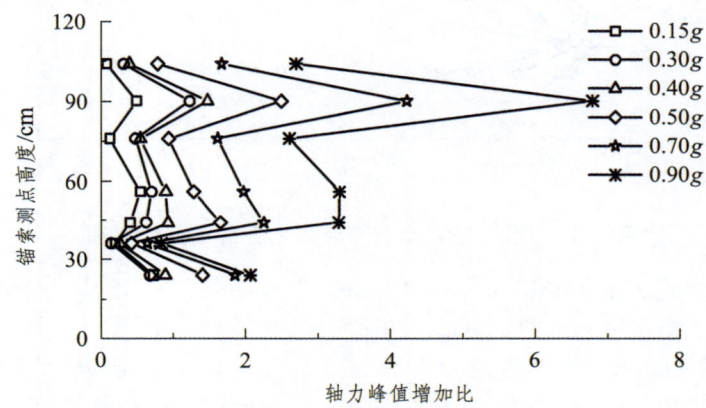

图 5.13 锚索轴力峰值增加比与测点所在边坡高度的关系

为了研究不同高度处锚索在地震激励时工作先后顺序的差异，选择不同峰值加速度时轴力响应峰值出现时刻，作出图 5.14。由图可知：在峰值加速度为 0.15g 时，中部抗滑桩以上边坡的锚索轴力峰值响应时刻约为 5.2 s，中部抗滑桩以下边坡的锚索轴力峰值响应时刻约为 4.7 s，产生这种现象的原因可能是在 0.15g 地震激励时边坡体材料在往复地震荷载作用下有震动密实的现象，改变了地震波在坡体内的传播规律，同时锚索轴力残余值减小降低了边坡的整体性；随着输入地震波峰值加速度的增加，边坡体各锚索的轴力响应峰值基本同时到达，如在 0.30g 时为 5.5 s、在 0.40g 时为 6 s，印证了不同高度处锚索在地震作用时是协同工作的。对于不同的峰值加速度，锚索轴力峰值的响应时刻不同，产生这种现象的原因为：振动台模型试验数据采集时在台面地震激励前都要留有空采段，防止地震波强震段到达时出现漏采，而振动台激振系统与数据采集系统需要不同操作人员分别控制，所以每次空采段与输入地震波到达的时间间隔不可能完全一致。

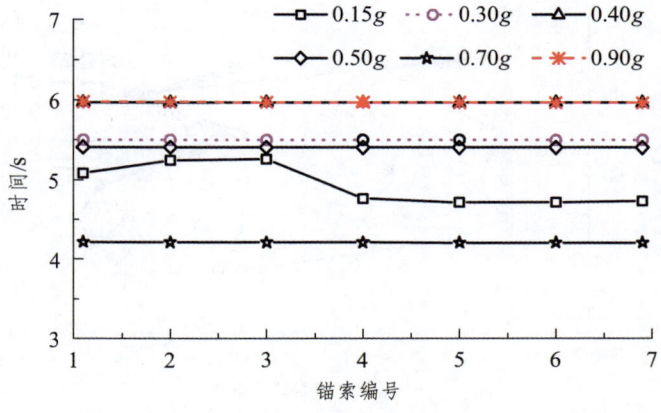

图 5.14 锚索轴力峰值出现时刻

2. 轴力残余值

目前，在预应力锚索的抗震设计时，工程师最关心的往往是地震过后锚索轴力的残余值。本节定义轴力残余值变化率为 β，假设地震开始前锚索初始轴力为 A_1，在地震激励结束时刻锚索轴力残余值为 A_3，则

$$\beta = \frac{A_3 - A_1}{A_1} \tag{5.3}$$

为了研究锚索轴力残余值与输入地震波峰值、测点高度的关系，作出 El Centro 地震波激振时边坡各锚索测点的残余值变化率，见图 5.15 所示。由图可知，对于坡体中部抗滑桩以上锚索而言，在 0.15g 地震时沿边坡高程分布的各锚索测点均将产生预应力损失，1、2、3 号锚索的预应力损失比例分别为 11%、16%和 22%，在 0.3～0.7g 地震波激振时 1 号锚索将继续产生少量的预应力损失，损失比约为 4%，0.9g 地震波作用时损失比为 21%，而 2 号和 3 号锚索在 0.3～0.9g 地震波作用时锚索轴力的残余值变化率为正，且 2 号锚索的轴力增加量大于 3 号锚索，最大残余值增加率为 10%。对于坡体中部抗滑桩以下部分，在 0.15g 地震波激振时 4、5、6 号锚索产生的预应力损失比分别为 21%、23%和 19%，而最下排 7 号锚索不产生预应力损失，在 0.3g 地震波激励时锚索轴力残余值基本与初始值相同，即不产生轴力增加值，在 0.4g 及以上地震波激振时锚索测点的轴力残余值变化率在 10%左右，最大值发生在 0.7g 地震波激振时 7 号锚索处，为 15%。

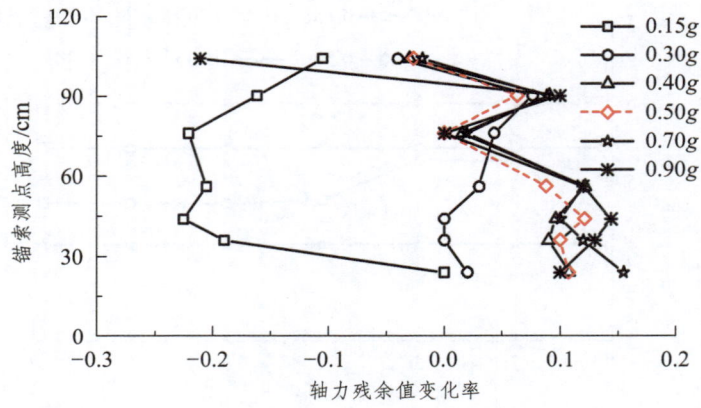

图 5.15　轴力残余值变化率与高度关系

为了比较不同地震波类型对锚索轴力残余值变化率的影响，本节给出了汶川-清平地震波激励时各锚索测点的残余值变化率与高度的关系，见图 5.16 所示。由图可知，在 $PGA=0.3g$ 时个别锚索轴力残余值产生微量增加，最大增加比为 1.85%，其余各加载工况下锚索测点均产生预应力损失。以坡中抗滑桩为界，以上各测点的预应力损失比最大值在 $PGA\leqslant 0.5g$ 时位于 3 号锚索，随着地震波强度的增大，将转移到 2 号锚索；以下锚索预应力的损失比值总体上表现为随高程的增加而增大但其量值较小，最大值为 12.33%，发生在 0.7g 地震波时的 4 号锚索。

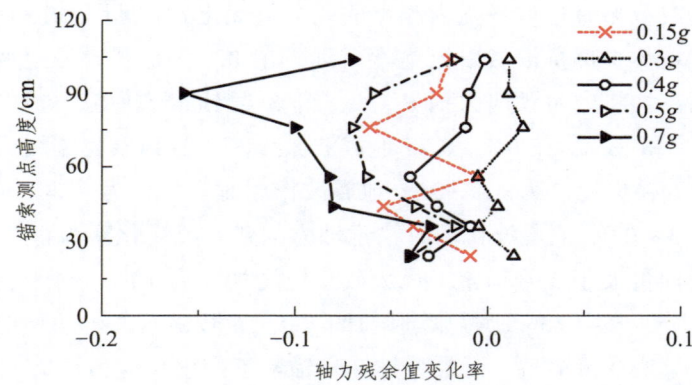

图 5.16　汶川-清平波激励时锚索轴力残余值变化率与高度关系

综合比较图 5.15 和图 5.16 知，在 0.15g El Centro 地震波和汶川-清平地震波作用下，锚索均产生预应力损失，这说明组合体系作用下坡体的自稳能力较强，边坡体未产生向坡面外的变形。在 0.3~0.7g 地震波激励下，锚索轴力在 El Centro 波激励时增加而在汶川-清平地震波激励时继续产生预应力损失。产生这种现象的原因是试验时先加载 El Centro 波，再加载汶川-清平波。而在加载 El Centro 波时，随着地震强度的增加，坡体的自稳能力下降，将产生沿着软弱结构面向外滑动的趋势导致锚索轴力增加；在加载汶川-清平波时，锚索轴力值比 El Centro 波加载前大，坡体在地震时足够稳定，故继续产生少量的预应力损失。

综上可知：峰值加速度不大于 0.15g 时（对应地震烈度区为Ⅶ度），预应力锚索加固的破碎岩质边坡在地震作用下将产生预应力损失，最大损失比占初始预应力的 23%，因此在抗震设计时可考虑将锚索初始预应力值提高 1.2~1.3 倍，以降低地震对边坡的破坏；当峰值加速度大于 0.30g 后（对应地震烈度区为Ⅷ度及以上）受边坡潜在滑移趋势的影响，边坡锚索各测点整体表现为轴力增加的现象，最大值为 15%，而现阶段在进行锚索设计时锚固体抗拔安全系数不应小于 2.5 的要求足以满足轴力残余增加值对地震边坡安全产生的影响，与"5·12"汶川地震震害调查中发现的锚索锚固端失效破坏的现象极少比较吻合。

对于模型试验中的多级框架锚索与抗滑桩联合作用加固边坡而言，由于不同高度的锚索轴力地震响应有明显的差异，在进行预应力锚索抗震设计时应考虑以坡体中部抗滑桩为界，将其分成上、下两个区段分别设计，以达到经济、安全的目的，不宜按现阶段锚索支护边坡时常采用的锚固力均分原则。

5.2.2 桩身土压力响应特性

由于坡脚抗滑桩的地震受力变化情况关系到整个坡体的安全性，振动台模型试验时在坡脚抗滑桩的桩前和桩后均布设了微型土压力盒监测其地震动过程中的土压力变化规律。坡体中部抗滑桩主要控制边坡上部的局部稳定性，其嵌固阻滑机制的发挥与中部抗滑桩以下坡体的稳定性有关，影响因素较复杂，本次模型试验不对其进行研究。

为了研究土压力响应值随输入地震波幅值的变化，本节给出了 El Centro 地震波加载时 F1 测点土压力与 A14 测点的加速度时程曲线（具体位置见图 5.9），具体见图 5.17 所示。由图可知，地震过程中土压力变化值发生在加速度时程的强震段，在地震结束时将产生残余土压力。针对抗滑桩土压力响应峰值和残余值与输入地震波峰值加速度的变化关系，本节将做详细论述。定义动态土压力峰值为地震波加载过程中土压力响应时程曲线中的最大值 A 与初始土压力 B 的差值。

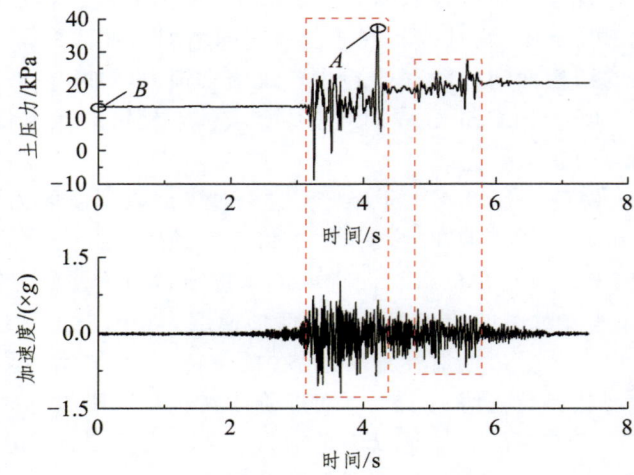

图 5.17　El Centro 地震波激励时土压力与加速度时程曲线

为了研究地震激励时抗滑桩受力工作机制，图 5.18 给出了桩身各测点土压力峰值响应时间与测点位置的关系曲线。由图可知，在峰值加速度为 $0.15g$ 的 El Centro 地震波激励时，桩顶峰值出现时刻最早，桩底最晚，这说明桩身受力是由桩顶开始依次向下传递，随着输入地震波峰值的增加桩身各测点峰值土压力基本在同一时刻到达。

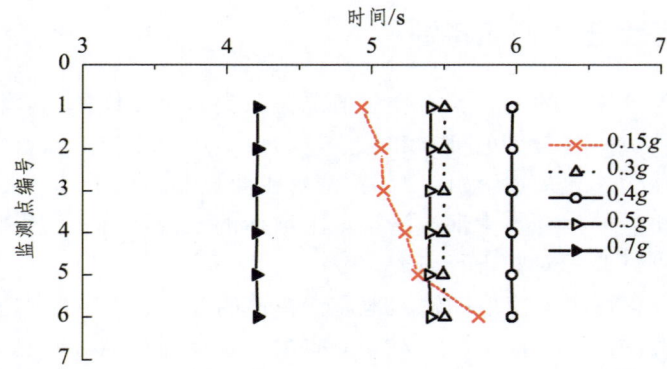

图 5.18　El Centro 地震波激励时桩身土压力峰值响应时刻

为研究坡脚抗滑桩土压力响应峰值，图 5.19 给出了坡脚抗滑桩各测点的土压力峰值随输入地震波峰值加速度的变化规律。由图可知，在峰值加速度为 0.3g→0.7g 的地震波作用下，抗滑桩上土压力响应峰值均随着输入地震波幅值的增加而增大。桩身受荷段动土压力峰值分布规律为上大下小，且在 0.5g 时显著增加，监测点 F1 土压力峰值约为 F2 的 3.3 倍；对于嵌固段，桩底的动土压力峰值最大，其次为滑面附近，F4、F5 基本相等。值得注意的是，0.15g 地震波作用下桩身各点土压力的峰值均大于 0.3g 和 0.4g 地震波时的土压力峰值，这与课题组在抗滑桩加固顺层岩质边坡的振动台模型试验中的土压力响应规律认识不一样（具体见文献[20]）。分析其原因：对于组合支护体系而言，0.15g 地震时锚索产生预应力损失，而此时滑坡推力在地震过程中将增加，这两部分叠加后造成的下滑力增加量均由作为被动结构的抗滑桩承担，而 0.3g 和 0.4g 地震时锚索锚固力呈少量增加（图 5.15），地震造成的滑坡推力增长值将由锚索和抗滑桩共同承担。

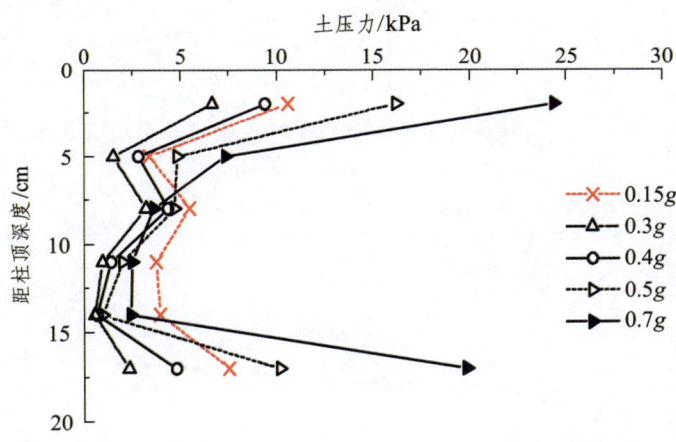

图 5.19　El Centro 地震波激励时桩身土压力峰值变化规律

通过改变输入地震波峰值得到的坡脚抗滑桩土压力残余值沿桩身的分布曲线见图 5.20 所示。由图可知，土压力在抗滑桩嵌固段存在 2 个转点，且其位置在地震前后发生明显变化。本节定义抗滑桩总长为 L，受荷段长 l，静力条件下转点 1 位于滑动面附近，转点 2 距桩底的距离约为 $L/5$。El Centro 地震波激励时，抗滑桩受荷段与嵌固段的土压力均随着输入地震波峰值加速度的增加而增大，在加载地震波峰值加速度为 0.15g、0.5g 和 0.7g 时土压力变化较大，0.3g 和 0.4g 时桩身土压力变化较小。主动土压力的最大值在 $PGA \leqslant 0.5g$ 时均为 F2 测点，当输入地震波峰值为 0.7g 时最大值位置将上移，主动土压力的合力在 0.15g、0.3g、0.4g、0.5g、0.7g 时分别为静力时的 1.45、

1.54、1.65、1.97 和 2.53 倍。合力作用点的位置随输入地震波峰值加速度的增加而向桩顶方向移动，具体见图 5.21 所示。静力条件下合力作用点到桩顶距离为 $0.63l$，$PGA = 0.3g$ 时为 $0.5l$。与静力条件相比，抗滑桩上的转点 2 将向下移 $6.3\%L$，而转点 1 将向上移 $2.9\%L$，这说明桩前保留的土体对边坡抗震设计是有益的。

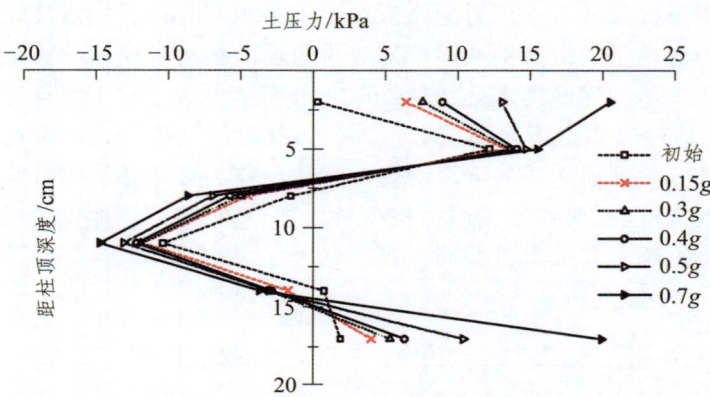

图 5.20　El Centro 地震波激励时桩身土压力残余值变化规律

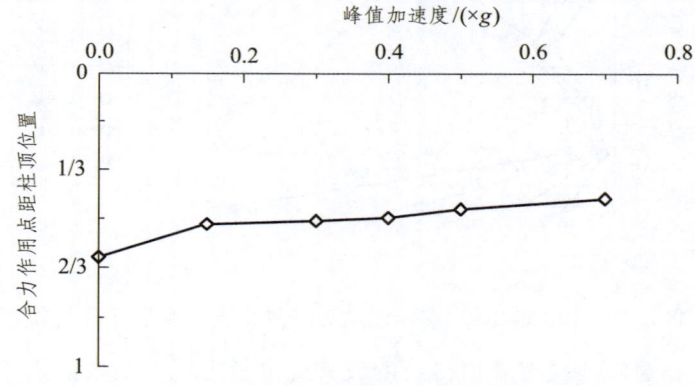

图 5.21　El Centro 地震波激励时桩身主动
土压力作用点与峰值加速度关系

5.2.3　支护结构地震协同工作机制

为了研究框架锚索-抗滑桩加固边坡在地震时的相互作用，图 5.22 给出了峰值加速度为 $0.15g$ 和 $0.50g$ 时的 El Centro 地震波激振下 2 号锚索轴力、F1 监测点土压力、JG2 监测点位移和坡脚自由场加速度监测点 A14 的地震响应时程曲线（具体测点位置见图 5.9）。由图 5.22 知，地震时锚索轴力、坡面位移和抗滑桩土压力的变化值均发生在加速度时程曲线的强震段。

在边坡体地震响应过程中，抗滑桩作为被动防护结构，其主动土压力值随着输入地震波峰值的增加而增大；锚索作为主动防护结构，预应力在 $0.15g$ 时出现损失，随着输入波峰值的增加，$PGA = 0.50g$ 时边坡体上部沿潜在滑裂面出现向外变形（JG2 测点），锚索轴力增大，而此时桩身土压力增加值小于 $0.15g$ 时。这一现象揭示了锚索预应力的变化值决定了桩身土压力的增加幅度，在抗震设计时应综合考虑主被动型支护结构特点，合理确定下滑力分担比，避免发生因被动防护结构安全冗余不足而导致的边坡变形过大。

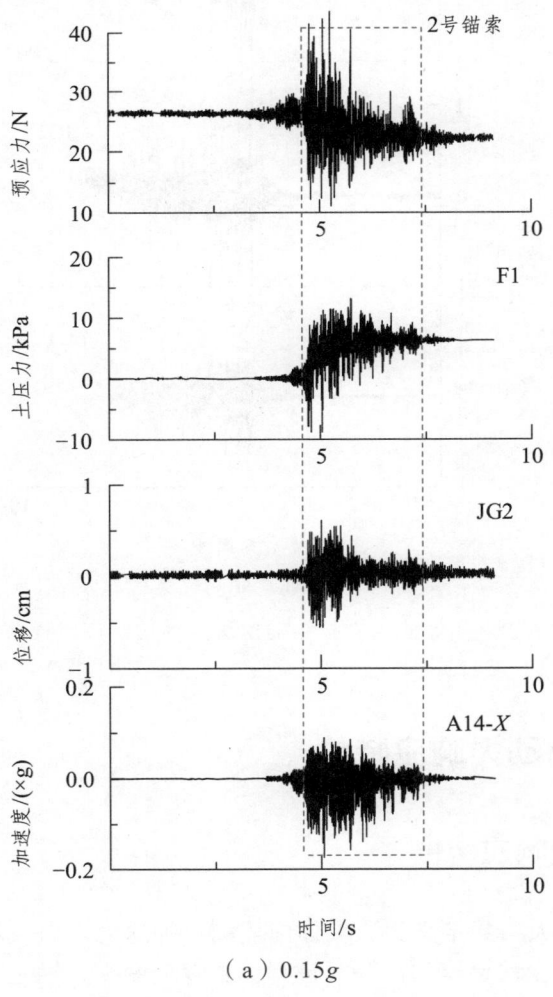

(a) $0.15g$

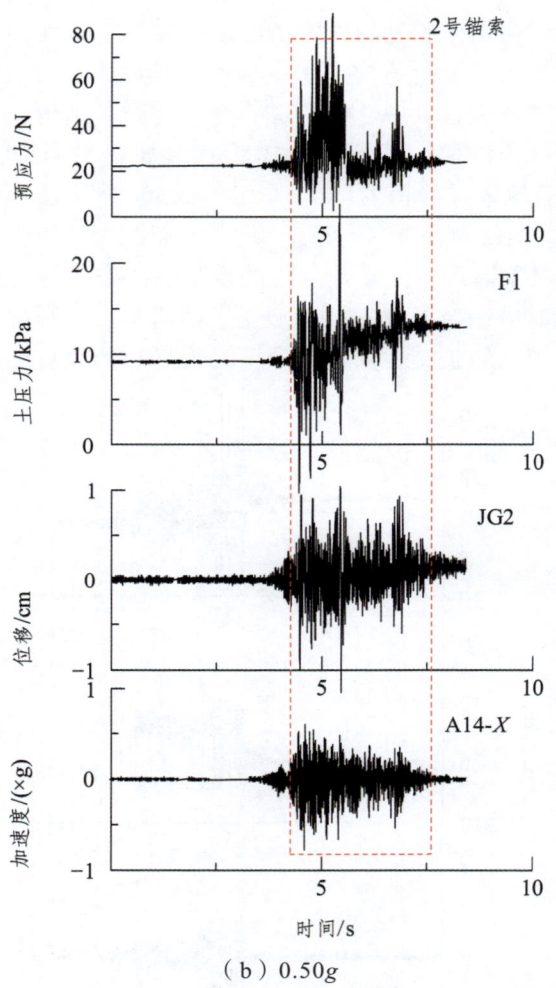

(b) 0.50g

图 5.22 边坡体与支护结构监测点地震响应时程曲线

5.3 边坡体动力响应特性

5.3.1 加速度响应特性

将加速度放大系数定义为边坡体内监测点加速度峰值与坡脚 A14 测点加速度峰值之比。振动台模型试验时进行 XZ 双向激振，通过对监测点加速度数据的分析得出支护结构作用下边坡体基本不存在竖直方向加速度放大效应，本节仅讨论 El Centro 地震波激振时边坡水平方向加速度响应规律。由图 5.23 知，坡脚抗滑桩与坡中抗滑桩之间的边坡体基本不存在水平方向的加速度放大效应，坡中抗滑桩以上的坡面水平向加速度放大系数随着高程的增加而增大，在坡面转角处加速度出现急剧增大现象。而对于坡体内部，加速度放大系数在经过软弱夹层后出现减小，这与 3.4.3 节地震波在经过软弱夹层前后加速度的响应规律基本一致。产生这种现象的原因是在地震波由下向上传播的过程中其携带的能量被软弱结构面耗散掉一部分。

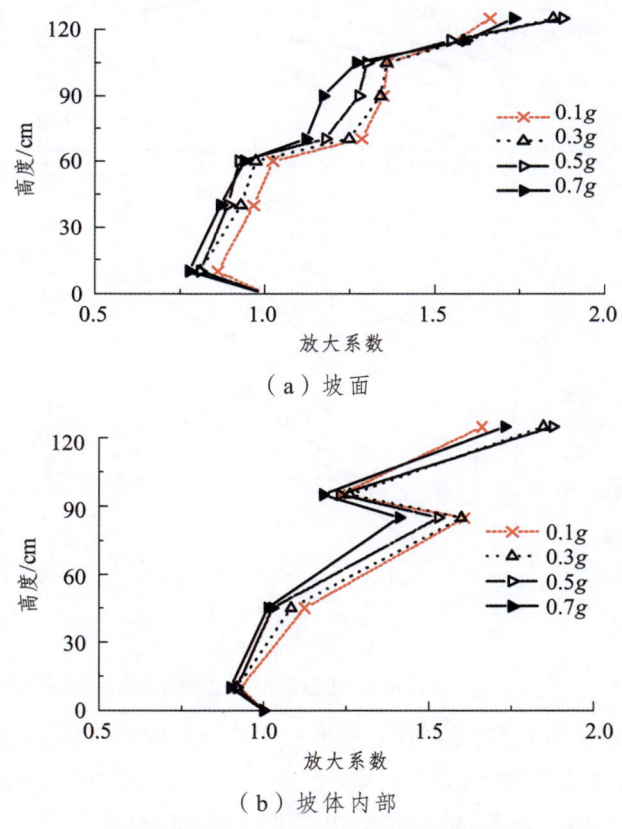

图 5.23 加固边坡水平向加速度放大效应

5.3.2 位移响应特性

振动台模型试验时，从下到上依次在坡脚抗滑桩、6号锚索、4号锚索、中部抗滑桩、2 号锚索和坡顶测点布置激光位移计，具体见图 5.9 所示，用来监测加固边坡坡面的地震位移响应。位移测量值以向坡体内部运动为"−"，向坡体外部运动为"+"，El Centro 地震波加载时坡面各测点的动位移峰值及残余变形见图 5.24 所示。

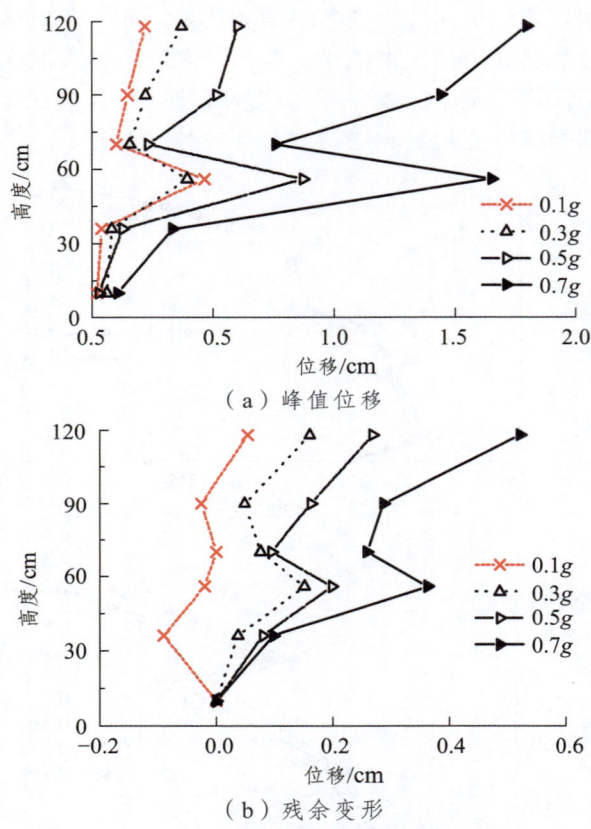

（a）峰值位移

（b）残余变形

图 5.24　El Centro 地震波激励时坡面测点位移响应值

　　在输入地震波峰值加速度不大于 0.5g 时，坡体残余变形值较小，框架锚索-抗滑桩组合结构作用下边坡整体稳定性好。在 PGA 为 0.15g→0.7g 的 El Centro 地震波作用下，组合体系加固边坡的坡面动位移峰值和永久位移值与输入地震波峰值加速度呈正相关，其随高程的变化规律以坡体中部抗滑桩为界分为两部分，上、下两部分边坡位移值均随着高程的增加而增大。值得注意的是：在 0.15g 地震时，坡面锚头处的位移永久值显示边坡有小量的向坡体内部运动的迹象，产生这种现象的原因可能是岩质边坡的表层破碎带在地震动和预应力的双重作用下，颗粒重新调整，岩石间隙闭合，见图 5.25 所示。这与 0.15g

地震波作用下边坡各锚索测点发生预应力损失的现象也比较吻合。

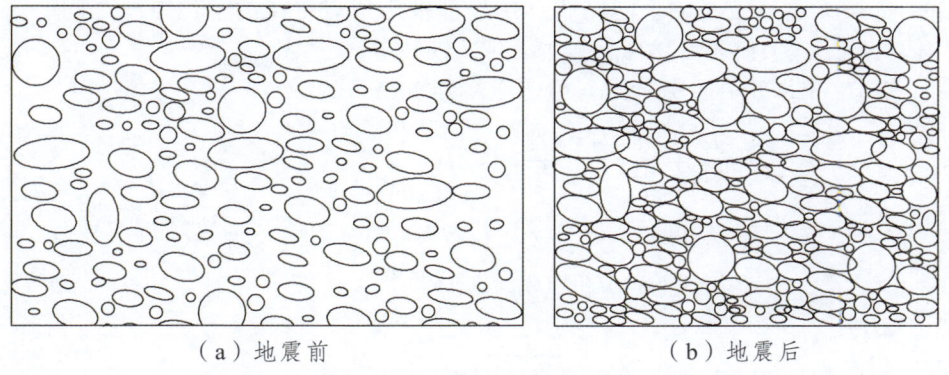

（a）地震前　　　　　　　　　　（b）地震后

图 5.25　0.15g 地震波激励前后坡体微观变化趋势

5.4　边坡地震损伤识别方法

现阶段振动台模时，对地震过程中加固边坡的稳定性判识主要从宏观迹象上进行判断[1][2]，而借助于坡体内部仅能监测到的加速度响应特性对边坡稳定性的认识较少有人涉及。本节通过 Hilbert 边际谱理论探讨地震波在坡体内传播时的能量变化规律，研究加固边坡体内部的损伤特性，评价加固效果。

Hilbert-Huang 变换[3]是黄锷于 1998 年提出的一种进行信号处理的有力工具，主要包含经验模态分解和 Hilbert 变换两个过程。对于任意一条地震记录 $X(t)$，经过多次运算，可将其分解为若干相互独立的固有模态函数 $c_j(t)$（$j = 1,2,\cdots,n$）和第 n 阶残差 $r_n(t)$ 之和。

$$X(t) = \sum_{j=1}^{n} c_j(t) + r_n(t) \tag{5.4}$$

其中：固有模态函数 $c_j(t)$（$j = 1,2,\cdots,n$）分别包含了信号从高到低不同频率段的成分，反映了信号的动态特性，其生成条件满足在信号的整个持续时

---

[1] Fan G, Zhang J J, Wu J B, et al. Dynamic Response and Dynamic Failure Mode of a Weak Intercalated Rock Slope Using a Shaking Table[J]. Rock Mechanics and Rock Engineering，2016, 49(8): 3243-3256.

[2] 赖杰，郑颖人，刘云，等. 抗滑桩和锚杆联合支护下边坡抗震性能振动台试验研究[J]. 土木工程学报，2015, 48（9）：96-103.

[3] Huang N E, Shen Z, Long S R, et al. The Empirical Mode Decompositon and Hilbert Spectrum for Nonlinear Non-stationary Time Series Analysis[C]. //Proc. R. Soc. London, Ser. A, 1998, 454: 903-995.

间内，零交点的数目与极值点的数目必须相等或至多相差一个，在任意时刻，由局部极大值点定义的上包络线和由局部极小值点定义的下包络线之间的平均值为零；$r_n(t)$ 代表了信号的偏移量或稳定值。

对式（5.4）中的每阶固有模态函数作 Hilbert 变换：

$$H[c_j(t)] = \frac{1}{\pi} P \int_{-\infty}^{+\infty} \frac{c_j(\tau)}{t-\tau} \mathrm{d}\tau \tag{5.5}$$

其中，$H[\ ]$ 为 Hilbert 变换算子，P 为 Cauchy 主值，构建解析信号：

$$z_j(t) = c_j(t) + iH[c_j(t)] = a_j(t)\mathrm{e}^{i\phi_j(t)} \tag{5.6}$$

其中：

瞬时幅值函数 $\qquad a_j(t) = \sqrt{c_j^2(t) + H^2[c_j(t)]} \tag{5.7}$

瞬时相位函数 $\qquad \phi_j(t) = \arctan\dfrac{H[c_j(t)]}{c_j(t)} \tag{5.8}$

按式（5.6）的极坐标表达式可将瞬时频率定义为：

$$\omega_j(t) = \frac{1}{2\pi} \cdot \frac{\mathrm{d}\phi_j(t)}{\mathrm{d}t} \tag{5.9}$$

忽略式（5.4）中的残差 $r_n(t)$，将原始信号用瞬时幅值和瞬时频率来表示：

$$X(t) = \mathrm{Re}\sum_{j=1}^{n} a_j(t)\mathrm{e}^{i\phi_j(t)} = \mathrm{Re}\sum_{j=1}^{n} a_j(t)\mathrm{e}^{2\pi i \int \omega_j(t)\mathrm{d}t} \tag{5.10}$$

Re 代表取实部，$X(t)$ 既是时间 t 的函数，又是瞬时频率 ω 的函数，信号在瞬时频率-时间平面上的分布称为 Hilbert 幅值谱：

$$H(\omega,t) = \mathrm{Re}\sum_{j=1}^{n} a_j(t)\mathrm{e}^{2\pi i \int \omega_j(t)\mathrm{d}t} \tag{5.11}$$

Hilbert 幅值谱精确地描述了信号的幅值在整个瞬时频率段随时间和瞬时频率的变化规律，进一步可定义 Hilbert 边际谱：

$$h(\omega) = \int_{-\infty}^{+\infty} H(\omega,t)\mathrm{d}t \tag{5.12}$$

Hilbert 边际谱是 Hilbert 幅值谱在时间轴上的积分，它是对信号中各个瞬时频率成分幅值的整体测度，表示信号在概率意义上的累计幅值，反映了信号幅值在整个瞬时频率段上随瞬时频率的变化规律，比传统的傅里叶谱具有更高的分辨率和准确性。在结构损伤检测领域已有学者开始应用 Hilbert 边际谱理论[22]，其认为结构发生局部损伤时，会导致结构局部物理参数的改变，进而引起 Hilbert

边际谱幅值的变化,可分析边际谱幅值在损伤前后的变化规律来进行结构的损伤检测。自然界中的边坡体也是一种结构,若坡体中某一局部出现了损伤,经过该部分的地震波在由下向上传播的过程中其边际谱幅值也将发生突变。

振动台模型试验时在坡体内部布置了加速度监测断面(具体见图 5.9 所示),对其在 0.15g、0.3g、0.5g、0.7g 和 0.9g 的 El Centro 地震波激振下的加速度响应时程进行 Hilbert-Huang 变换,得到各个测点的边际谱,图 5.26 给出了 0.15g 和 0.5g 时的 Hilbert 边际谱。在 0.15g 地震波作用下,基岩内各测点的边际谱峰值随着高程的增加而增大,而 A4 测点由于软弱夹层 2 的耗能作用导致其边际谱峰值小于 A3 测点;在 0.5g 地震波作用下,A4 和 A5 测点的幅值较接近,且均大于 A3 测点,边际谱峰值出现这种差异说明坡体内部已产生震害损伤。为了进一步说明坡体在地震波传播方向的损伤发展过程,图 5.27 给出了各测点边际谱峰值随输入地震波幅值的变化规律。

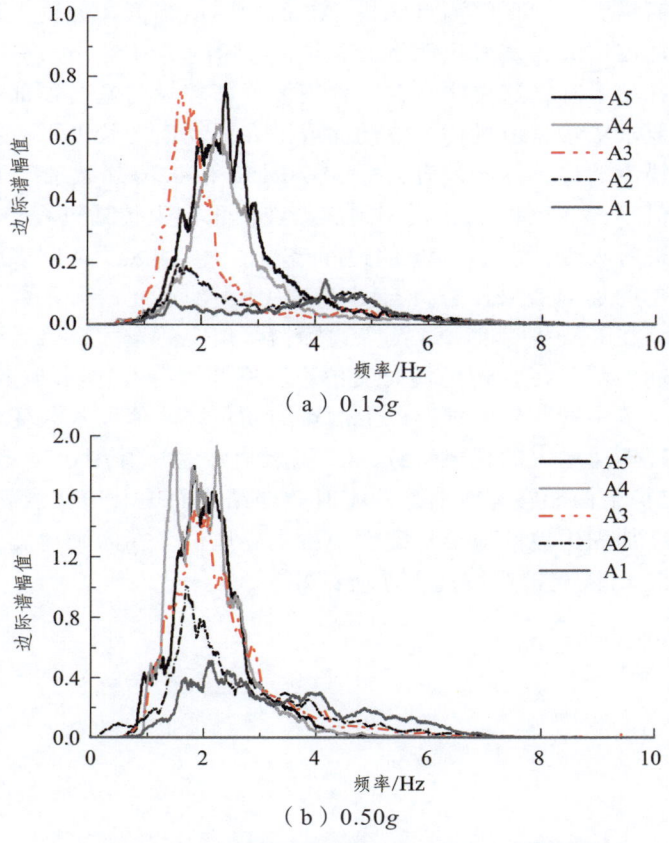

图 5.26 坡体内部加速度断面的 Hilbert 边际谱

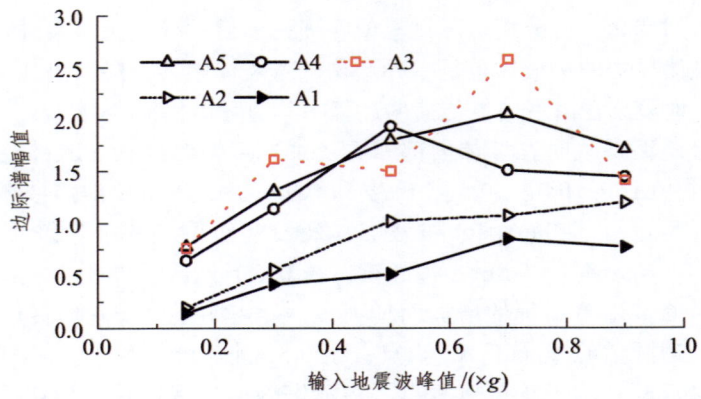

图 5.27 边际谱幅值随输入地震波峰值加速度的变化规律

在加载地震波作用下,基岩内 A1、A2、A3 测点的边际谱幅值表现为随高程的增加而增大,中下部测点 A1、A2 的边际谱幅值随着输入地震波峰值加速度的增加而增大,基岩顶面 A3 测点的边际谱峰值在 $PGA=0.7g$ 时出现突变,随后开始下降,这说明在输入地震波峰值较大时基岩顶部也将会产生损伤,规范要求锚索自由段伸入滑动面或潜在滑动面的长度不应小于 1m 的要求对提高锚索的抗震性能是有益的。在 $0.15g$ 和 $0.3g$ 加载工况下,A4 测点的边际谱幅值小于 A3 测点,这说明地震波在由下向上传播过程中软弱夹层 2 将会对能量进行吸收,而测点 A5 的边际谱幅值大于测点 A4 则表明支护体系对边坡浅表层的加固效果显著,与图 5.23(b)加速度放大系数沿高程的变化规律一致;在 $0.5g$ 地震时 A4 测点边际谱幅值突然增大,然后开始下降,这一变化特性揭示了在 $0.5g$ 地震时支护边坡将开始沿着软弱结构面 2 产生滑动,这与 4.3.2 节中的 4 号锚索及以上测点的动位移峰值和永久变形值在 $0.5g$ 地震后均出现迅速增大的现象一致;A5 测点边际谱峰值在 $0.7g$ 地震时最大。综上可知,支护结构能够有效消除地震时软弱结构面 1 对边坡浅表层的破坏,软弱夹层 2 在加固边坡的地震稳定性中占主导地位,在激励地震波加速度峰值不大于 $0.5g$ 时该支护边坡抗震性能良好。

6 框架锚索-抗滑桩加固边坡的抗震设计方法

对于边坡岩土体性质复杂的大中型滑坡，理论计算得到的滑坡推力值巨大，采用单一形式的支挡结构进行治理已无能为力，于是各种形式的组合结构应运而生，尤其是抗滑桩与框架锚索的组合支护结构具有抗滑能力强、施工可操作性强等优点而得到广泛的选用。然而目前对于组合结构的研究成果较少：Xiao[23]基于边坡变形协调条件和传递系数法计算了双排抗滑桩在静力条件下的设计，并通过室内模型试验验证了其计算方法的可靠性；Al-Defae[24, 25]将抗滑桩嵌固段和受荷段桩土间应力-位移关系分别简化成弹性和弹塑性，研究了单排抗滑桩加固边坡体在地震情况下的力学计算模型，结合 Newmark 滑块理论计算了抗滑桩加固边坡的地震位移残余值；Lin[26, 27]结合振动台模型试验和数值计算研究了锚索框架梁-重力式挡墙组合结构加固陡峭岩质边坡的地震加速度、位移和挡墙土压力响应机制。针对框架锚索-抗滑桩组合结构的研究成果较少，关于其在地震时的设计计算尚未见报道。

本章基于第 5 章振动台模型试验中锚索地震响应的分区特性，从极限分析上限定理出发，研究了不同破裂面形式时框架锚索-抗滑桩加固边坡的抗震设计计算方法，然后阐述了框架锚索-抗滑桩组合结构加固边坡的抗震设计流程，最后结合第 4 章模型试验结果验证本章计算方法的正确性。

6.1 加固边坡抗震设计计算方法

6.1.1 直线型破裂面

框架锚索-抗滑桩加固直线型破裂面边坡的示意图见图 6.1 所示，各符号参数意义具体见第 4 章，本节不再赘述。抗滑桩设置在距坡趾水平距离为 x_1 的边坡体内，桩体长度、受荷段长度和宽度分别为 h、h_1、b，桩间距为 B，将边坡以抗滑桩位置为界分为上下两部分，见图 6.2 所示。其中，边坡上部

坡体的重量为 G_1，边坡下部坡体的重量为 G_2，抗滑桩对边坡上部单位宽度的作用力为 Q_1，对边坡下部单位宽度的作用力为 P_1。

单位宽度滑体重量 G 已在式（4.54）中求得，本节重复列出

$$G = \frac{1}{2}\gamma_s[(H^2 - H_1^2)\cot\theta - H^2\cot\psi_p] \tag{6.1}$$

抗滑桩以下坡体单位宽度重量 G_2

$$G_2 = \gamma_s x_1^2 (\tan\psi_p - \tan\theta)/2 \tag{6.2}$$

抗滑桩以上坡体单位宽度重量 G_1

$$G_1 = G - G_2 \tag{6.3}$$

抗滑桩受荷段长度 h_1

$$h_1 = x_1(\tan\psi_p - \tan\theta) \tag{6.4}$$

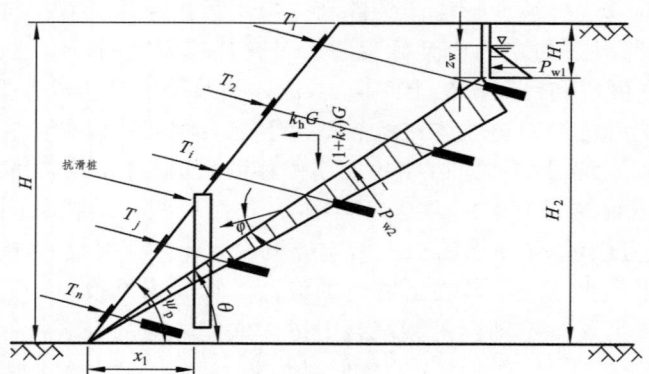

图 6.1 框架锚索-抗滑桩加固直线型破裂面边坡

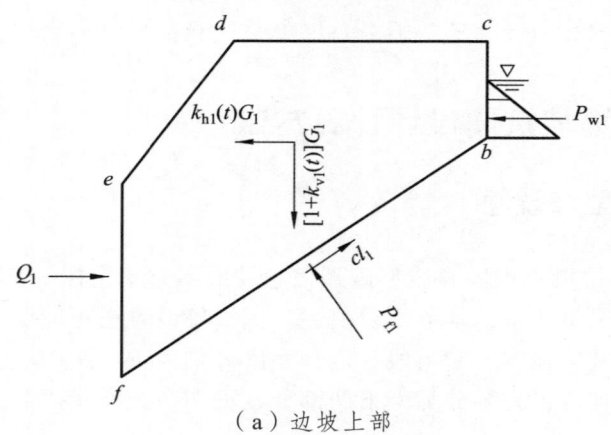

（a）边坡上部

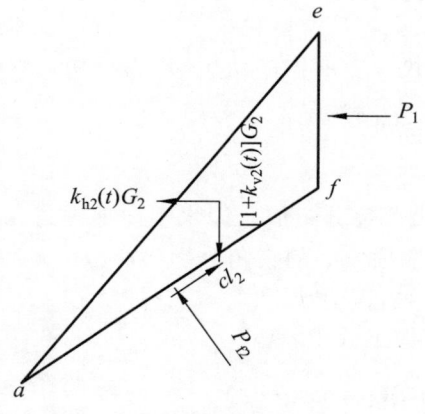

（b）边坡下部

图 6.2 边坡体分块受力示意

1. 上部边坡稳定性分析

由图 6.2（a）知，上部边坡体的稳定性将由抗滑桩、破裂面黏聚力、静水压力、滑体重力、地震力和锚索预应力决定。

1）抗滑桩做功

抗滑桩对上部边坡的作用力 Q_1 在速度 v 上所做的功率 W_1 为负功，起到阻止边坡下滑的作用

$$W_1 = Q_1 \cdot v \cdot \cos(\theta - \varphi) \qquad (6.5)$$

2）破裂面黏聚力做功

黏聚力对上部边坡的作用力 cl_1 在速度 v 上所做的功率 W_2 为负功，起到阻止边坡下滑的作用

$$W_2 = cl_1 \cdot v \cdot \cos\varphi \qquad (6.6)$$

3）静水压力做功

裂隙中静水压力由两部分组成，分别为坡顶后缘裂隙中的静水压力 P_{w1} 和潜在滑裂面上的静水压力 P_{f1}。

静水压力 P_{w1} 在速度 v 上所做的功率 W_3 为正功，引起边坡下滑

$$W_3 = \frac{1}{2}\gamma_h z_w^2 \cdot v \cdot \cos(\theta - \varphi) \qquad (6.7)$$

静水压力 P_{f1} 在速度 v 上所做的功率 W_4 为正功，引起边坡下滑

$$W_4 = P_{f1} \cdot v \cdot \sin\varphi \qquad (6.8)$$

4）滑体重力做功

竖向重力 G_1 在速度 v 上所做的功率 W_5 为正功，引起边坡下滑

$$W_5 = G_1 \cdot \sin(\theta - \varphi) \cdot v \tag{6.9}$$

5）地震力做功

滑体中的地震力由两部分组成，即水平向地震力 $k_{h1}(t)G_1$ 与竖直向地震力 $k_{v1}(t)G_1$，与塑性势速度 v 间的夹角分别为 $\theta - \varphi$、$\pi/2 - (\theta - \varphi)$，其在速度 v 上所做的功率为正功，引起边坡下滑。

水平地震力 W_6 可按下式求解

$$W_6 = k_{h1}(t)G_1 \cdot v\cos(\theta - \varphi) \tag{6.10}$$

竖向地震力 W_7 可按下式求解

$$W_7 = k_{v1}(t)G_1 \cdot v\sin(\theta - \varphi) \tag{6.11}$$

6）锚索预应力做功

锚索轴向力在速度 v 上所做的功率 W_8 为负功，起到阻止边坡下滑的作用

$$W_8 = \sum_{k=1}^{i} T_k(t) \cdot v \cdot \cos(\pi + \varphi - \theta - \alpha) \tag{6.12}$$

令上述功率中的正、负功率相等，即可求出抗滑桩受荷段对坡体上部的作用力 Q_1。

2. 抗滑桩传递荷载计算

假设桩背滑坡推力集度为 $q_1(x)$，桩前土抗力系数为 $k(x)$，受荷段各点的挠度为 $\omega(x)$，则桩前被动土抗力集度为

$$p_1(x) = k(x)\omega(x) \tag{6.13}$$

根据材料力学弯曲梁相关理论，得到受荷段挠曲方程

$$\frac{d^4 \omega(x)}{dx^4} + \frac{k(x)}{EI}\omega(x) = \frac{q_1(x)}{EI} \tag{6.14}$$

其中

$$\int_0^{h_1} q_1(x)dx = \frac{BQ_1}{b} \tag{6.15}$$

若已知桩背滑坡推力集度和桩前被动土抗力系数沿桩身的分布为线性形式，则式（6.14）化简为四阶常系数非齐次微分方程，其通解为

$$\omega(x) = e^{\alpha x}(c_1 \cos \alpha x + c_2 \sin \alpha x) + e^{-\alpha x}(c_3 \cos \alpha x + c_4 \sin \alpha x) + \frac{q_1(x)}{k(x)} \quad (6.16)$$

式中 α —— 与桩前土抗力系数有关。

抗滑桩荷载传递计算示意见图 6.3 所示。

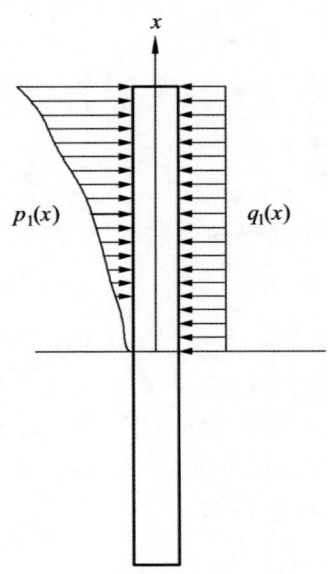

图 6.3 抗滑桩荷载传递计算示意

根据桩顶处弯矩和剪力为零，桩身受荷段和嵌固段分界面处弯矩、剪力、转角和变形相等，将式（6.16）与嵌固段桩身内力计算（具体见《新型支挡结构设计与工程实例》[28]，本章不再赘述）联立，通过迭代计算求出桩前被动土压力集度 $p_1(x)$，再将其带入下式即可得到抗滑桩对坡体下部的作用力 P_1

$$P_1 = \frac{\int_0^{h_1} b p_1(x) \mathrm{d}x}{B} \quad (6.17)$$

3. 下部边坡稳定性分析

由图 6.2（b）知，下部边坡体的稳定性将由抗滑桩传递荷载、破裂面黏聚力、静水压力、滑体重力、地震力和锚索预应力决定。

1）抗滑桩做功

抗滑桩对下部边坡的作用力 P_1 在速度 v 上所做的功率 W_1' 为正功，引起边坡下滑

$$W_1' = P_1 \cdot v \cdot \cos(\theta - \varphi) \quad (6.18)$$

2）破裂面黏聚力做功

黏聚力对下部边坡的作用力 cl_2 在速度 v 上所做的功率 W_2' 为负功，起到阻止边坡下滑的作用

$$W_2' = cl_2 \cdot v \cdot \cos\varphi \tag{6.19}$$

3）静水压力做功

静水压力 P_{f2} 在速度 v 上所做的功率 W_3' 为正功，引起边坡下滑

$$W_3' = P_{f2} \cdot v \cdot \sin\varphi \tag{6.20}$$

4）滑体重力做功

竖向重力 G_2 在速度 v 上所做的功率 W_4' 为正功，引起边坡下滑

$$W_4' = G_2 \cdot \sin(\theta - \varphi) \cdot v \tag{6.21}$$

5）地震力做功

滑体中的地震力由两部分组成，即水平向地震力 $k_{h2}(t)G_2$ 与竖直向地震力 $k_{v2}(t)G_2$，与塑性势速度 v 间的夹角分别为 $\theta-\varphi$、$\pi/2-(\theta-\varphi)$，其在速度 v 上所做的功率为正功，引起边坡下滑。

水平地震力 W_5' 可按下式求解

$$W_5' = k_{h2}(t)G_2 \cdot v\cos(\theta - \varphi) \tag{6.22}$$

竖向地震力 W_6' 可按下式求解

$$W_6' = k_{v2}(t)G_2 \cdot v\sin(\theta - \varphi) \tag{6.23}$$

6）锚索预应力做功

锚索轴向力在速度 v 上所做的功率 W_7' 为负功，起到阻止边坡下滑的作用

$$W_7' = \sum_{k=j}^{n} T_k(t) \cdot v \cdot \cos(\pi + \varphi - \theta - \alpha) \tag{6.24}$$

根据正功与负功的关系得到框架锚索-抗滑桩加固边坡下部坡体的稳定系数 K_1，即阻止边坡下滑做功与引起边坡下滑做功之比

$$K_1 = \frac{W_2' + W_7'}{W_1' + W_3' + W_4' + W_5' + W_6'} \tag{6.25}$$

4. 边坡整体稳定性分析

综合第 1 点和第 2 点的外力功率和内能耗散功率可得框架锚索-抗滑桩加

固边坡的整体稳定性，即

$$K = \frac{W_1 + W_2 + W_8 - W_1' + W_2' + W_7'}{W_3 + W_4 + W_5 + W_6 + W_7 + W_3' + W_4' + W_5' + W_6'} \quad (6.26)$$

对于悬臂式抗滑桩，令 $x_1 = 0$，即可求得组合结构加固边坡的地震稳定性。若在地震过程中，边坡体将沿潜在滑裂面出现向下的滑动位移，其计算方法与第 4 章相同。

6.1.2 对数螺旋线型破裂面

框架锚索-抗滑桩加固对数螺旋线破裂面边坡的示意见图 6.4 所示，抗滑桩顶位于 c 点，嵌固段与受荷段分界点为 c'，直线 oc' 与 oo' 夹角为 θ_1，其余参数同第 4 章。边坡以抗滑桩为界分为上下两部分，分别对其稳定性进行计算，最后评价边坡的整体稳定性。

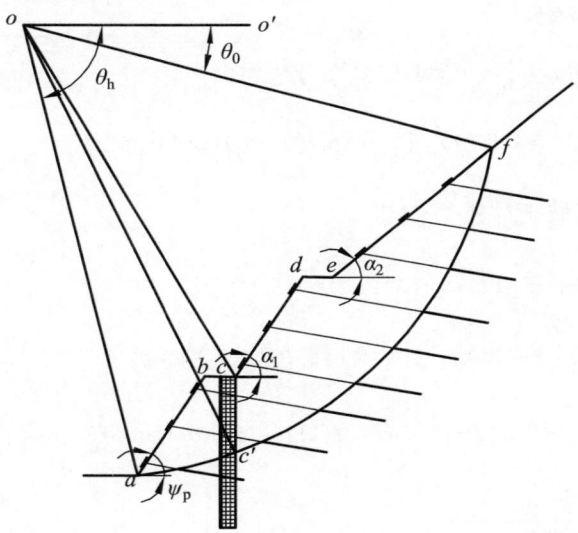

图 6.4 框架锚索-抗滑桩加固对数螺旋线破裂面边坡

抗滑桩受荷段长度为 h，按下式计算

$$h = [r(\theta_1)\cos\theta_1 - r_h \cos\theta_h]\tan\psi_p - [r_h \sin\theta_h - r(\theta_1)\sin\theta_1] \quad (6.27)$$

1. 上部边坡稳定性分析

c-d-e-f-c' 区域土体重力做功和水平地震力做功可分别由 o-c'-f 区域土体

重力和水平地震力做功与 $o\text{-}c\text{-}c'$、$o\text{-}c\text{-}d$、$o\text{-}d\text{-}e$、$o\text{-}e\text{-}f$ 土体重力做功和水平地震力做功相减得到。其中：$o\text{-}e\text{-}f$、$o\text{-}d\text{-}e$、$o\text{-}c\text{-}d$ 土体重力做功依次为 W_3、W_5、W_7，由公式（4.72）、（4.79）和（4.85）求解得到；$o\text{-}e\text{-}f$、$o\text{-}d\text{-}e$、$o\text{-}c\text{-}d$ 土体水平地震力做功依次为 W_4、W_6、W_8，由公式（4.74）、（4.82）和（4.88）求解得到。

1）$o\text{-}c'\text{-}f$ 区域土体重力做功

$o\text{-}c'\text{-}f$ 区域土体重力所做的功率可由公式（4.66）求解，将式中的 θ_h 用 θ_1 代替得到

$$W_1' = \int_{\theta_0}^{\theta_1} \frac{2}{3} r(\theta) \cos\theta \cdot \dot\omega \cdot \gamma \cdot \frac{1}{2} r^2(\theta) \mathrm{d}\theta \\ = \gamma \dot\omega r_0^3 \int_{\theta_0}^{\theta_1} \frac{1}{3} \exp[3(\theta-\theta_0)\tan\varphi] \cos\theta \mathrm{d}\theta \quad (6.28)$$

2）$o\text{-}c'\text{-}f$ 区域土体水平地震力做功

$o\text{-}c'\text{-}f$ 区域土体水平向地震力所做的功率可由公式（4.69）求解，将式中的 θ_h 用 θ_1 代替得到

$$W_2' = \int_{\theta_0}^{\theta_1} \frac{2}{3} r_\theta \sin\theta \cdot \dot\omega \cdot k_h(t) \gamma \frac{1}{2} r_\theta^2 \mathrm{d}\theta \\ = k_h(t) \gamma \dot\omega r_0^3 \int_{\theta_0}^{\theta_1} \frac{1}{3} \exp[3(\theta-\theta_0)\tan\varphi] \sin\theta \mathrm{d}\theta \quad (6.29)$$

3）$o\text{-}c\text{-}c'$ 区域土体重力做功

$$W_9' = \frac{1}{2} \gamma h r(\theta_1) \cos\theta_1 \cdot \dot\omega \frac{2}{3} r(\theta_1) \cos\theta_1 \\ = \frac{1}{3} \gamma \dot\omega r_0^3 \frac{h}{r_0} \cos^2\theta_1 \exp[2(\theta_1-\theta_0)\tan\varphi] \quad (6.30)$$

令

$$f_9'(\theta_0, \theta_1) = \frac{1}{3} \cdot \frac{h}{r_0} \cos^2\theta_1 \exp[2(\theta_1-\theta_0)\tan\varphi] \quad (6.31)$$

则式（6.30）化简为

$$W_9' = \gamma \dot\omega r_0^3 f_9'(\theta_0, \theta_1) \quad (6.32)$$

4）$o\text{-}c\text{-}c'$ 区域土体水平地震力做功

$$W_{10}' = \frac{1}{2} k_h(t) \gamma h r(\theta_1) \cos\theta_1 \cdot \dot\omega \frac{2}{3}\left(r(\theta_1)\sin\theta_1 - \frac{1}{2}h\right) = \frac{1}{3} k_h(t) \gamma \dot\omega r_0^3 \frac{h}{r_0} \\ \exp[(\theta_1-\theta_0)\tan\varphi]\cos\theta_1 \left\{\exp[(\theta_1-\theta_0)\tan\varphi]\sin\theta_1 - \frac{h}{2r_0}\right\} \quad (6.33)$$

令

$$f'_{10}(\theta_0,\theta_1) = \frac{1}{3} \cdot \frac{h}{r_0} \exp[(\theta_1-\theta_0)\tan\varphi]\cos\theta_1 \left\{ \exp[(\theta_1-\theta_0)\tan\varphi]\sin\theta_1 - \frac{h}{2r_0} \right\} \quad (6.34)$$

则式（6.33）化简为

$$W'_{10} = k_h(t)\gamma\dot{\omega}r_0^3 f'_{10}(\theta_0,\theta_1) \quad (6.35)$$

5）破裂面上黏聚力做功

破裂面上黏聚力做功可由公式（4.103）求解，将式中的 θ_h 用 θ_1 代替得到

$$W'_{11} = \int_{\theta_0}^{\theta_1} cr(\theta)\mathrm{d}\theta / \cos\varphi \cdot r(\theta)\dot{\omega}\cos\varphi = c\dot{\omega}r_0^2 \int_{\theta_0}^{\theta_1} \exp[2(\theta-\theta_0)\tan\varphi]\mathrm{d}\theta \quad (6.36)$$

6）锚索预应力做功

锚索预应力做功为 W'_{12}，将抗滑桩以上边坡体的锚索轴力代入公式（4.110）求解得到。

7）抗滑桩对上部边坡做功

将抗滑桩对边坡的作用简化为桩体与滑裂面交界处作用一阻滑力 F_1 和弯矩 M_1，滑坡推力集度为 $q(x)$，见图 6.5 所示，则

$$\begin{cases} F_1 = \int_0^h q(x)\mathrm{d}x \\ M_1 = \int_0^h xq(x)\mathrm{d}x \end{cases} \quad (6.37)$$

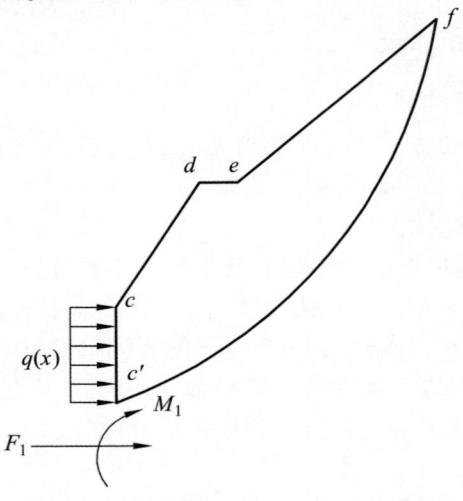

图 6.5　抗滑桩对上部坡体作用示意

$$\begin{aligned}W'_{13} &= F_1 \cdot r(\theta_1)\sin\theta_1 \dot{\omega} - M_1\ddot{\omega} \\ &= F_1 r_0 \dot{\omega}\exp[(\theta_1-\theta_0)\tan\varphi]\sin\theta_1 - M_1\ddot{\omega}\end{aligned}$$ （6.38）

综合上述分析可知，若上部边坡体稳定，则各力对破裂面中心做功之和为零，即

$$\begin{aligned}&W'_1 + W'_2 - W_3 - W_4 - W_5 - W_6 - W_7 - W_8 - W'_9 - W'_{10} \\ &= W'_{11} + W'_{12} + W'_{13}\end{aligned}$$ （6.39）

由公式（6.39）求得上部边坡体对抗滑桩的下滑推力，若已知推力集度分布形式，则可求得抗滑桩桩后推力沿桩身的分布。

对于对数螺旋线型破裂面边坡，抗滑桩荷载传递计算与直线型破裂边坡相同，见第 1 点。

2. 下部边坡稳定性分析

下部边坡的稳定性取决于 a-b-c-c' 区域土体的重力和地震力、a-c' 滑裂面黏聚力、下部锚索预应力和抗滑桩传递荷载做功。

1）a-b-c-c' 区域土体重力和地震力做功

由公式（4.102）和（6.39）可得抗滑桩以下边坡体的重力和地震力做功 W''_1，即

$$W''_1 = W_{正} - (W'_1 + W'_2 - W_3 - W_4 - W_5 - W_6 - W_7 - W_8 - W'_9 - W'_{10})$$ （6.40）

2）a-c' 滑裂面黏聚力做功

由公式（4.105）和（6.36）可得抗滑桩以下边坡体的黏聚力做功 W''_2，即

$$W''_2 = W_{13} - W'_{11}$$ （6.41）

3）锚索预应力做功

锚索预应力做功为 W''_3，将抗滑桩以下边坡体的锚索轴力代入公式（4.110）求解得到。

4）抗滑桩传递荷载做功

将抗滑桩对下部边坡的传递荷载简化为桩体与滑裂面交界处作用一水平推力 F_2 和弯矩 M_2，桩前土体抗力集度为 $p(x)$，按照第（一）节计算求解得到 F_2 和 M_2，然后将其代入公式（6.38）求解得到抗滑桩对桩前土体做功 W''_4。

根据正功与负功的关系得到框架锚索-抗滑桩加固边坡下部坡体的稳定系数 K_1，即阻止边坡下滑做功与引起边坡下滑做功之比

$$K_1 = \frac{W''_2 + W''_3}{W''_1 + W''_4}$$ （6.42）

3. 边坡整体稳定性分析

比较框架锚索加固边坡与框架锚索-抗滑桩加固边坡差异性知,加固边坡体的整体稳定性差别为抗滑桩对边坡提供的能量耗散功率,根据第 1 点和第 2 点中抗滑桩对边坡体上部和下部的功率知,抗滑桩对整个边坡体做功为 W'_{13} 与 W''_4 之差。由公式(4.112)即可求得框架锚索-抗滑桩加固边坡的整体稳定性,即

$$K = \frac{W_{负} + W'_{13} - W''_4}{W_{正}} \tag{6.43}$$

对于悬臂式抗滑桩,令 $x_1 = 0$,即可求得组合结构加固边坡的地震稳定性。若在地震过程中,边坡体将沿潜在滑裂面出现向下的滑动位移,其计算方法与第 4 章相同。

6.2 加固边坡抗震设计流程

针对框架锚索-抗滑桩加固边坡,上节按照抗滑桩的设桩位置对边坡进行分区,基于抗滑桩与边坡体变形协调求解桩前土抗力,考虑加速度高程效应的影响,分别计算边坡的整体稳定性和局部稳定性。本节以第 5 章振动台试验模型为例,见图 6.6 所示,梳理框架锚索-抗滑桩加固边坡抗震设计流程。

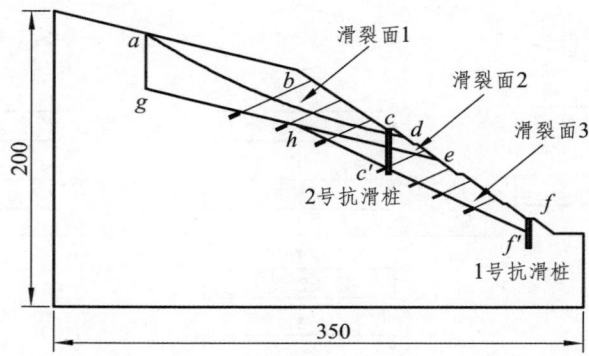

图 6.6 框架锚索-抗滑桩加固边坡示意(单位:cm)

图 6.6 所示边坡具有 3 个潜在破裂面,分别为对数螺旋线型破裂面 $a\text{-}d$(简称滑裂面 1)、直线型破裂面 $a\text{-}g\text{-}e$(简称滑裂面 2)和折线型破裂面 $a\text{-}g\text{-}h\text{-}f'$

（简称滑裂面3），若采用框架锚索-抗滑桩支护结构加固边坡时，其设计流程可按下述进行。

6.2.1 整体稳定性计算

由图6.6知，控制边坡整体稳定性的滑裂面为3号滑裂面，在支护结构的设计时应首先满足边坡沿该滑面是稳定的，其设计流程如图6.7所示。

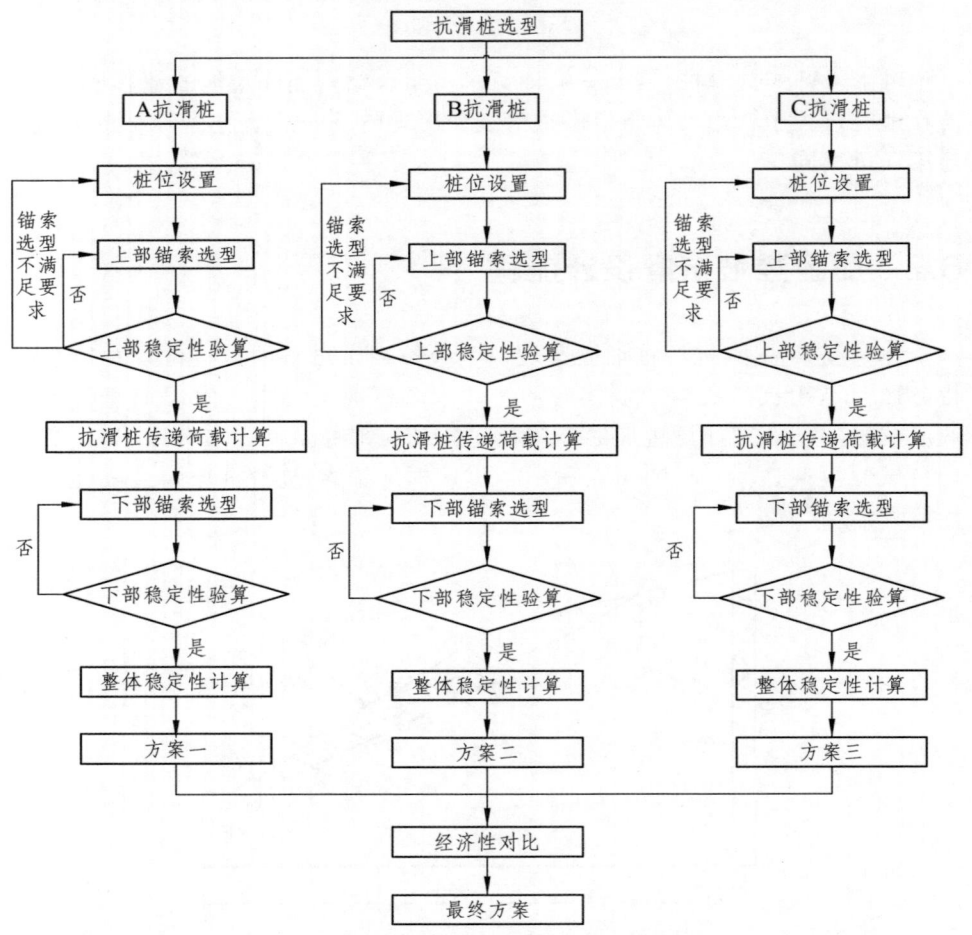

图6.7 框架锚索-抗滑桩抗震设计流程

3号滑裂面为折线型滑面，由直线型滑面 g-h 和 h-f 两部分组成，在进行能量求解时 g-h 段和 h-f 段的运动速度存在差异，依据条分法的思路假设其在

b-h 面存在一速度间断面,则在边坡体的内能耗散功率计算时应考虑 b-h 段黏聚力做功 $W_{b\text{-}h}$。

对于 b-h 间断面黏聚力 c 做功的运动场见图 6.8 所示,其中 g-h 段倾角为 α_1、内摩擦角为 φ_1,h-f 段倾角为 α_2、内摩擦角为 φ_2,b-h 段长度为 $l_{b\text{-}h}$、内摩擦角为 φ_3,则 V_1、V_2 和 $V_{1\text{-}2}$ 之间的关系可表示为

$$\frac{v_1}{\cos(\alpha_2-\varphi_2-\varphi_3)}=\frac{v_2}{\cos(\varphi_1+\varphi_3-\alpha_1)}=\frac{v_{1-2}}{\sin(\alpha_2-\alpha_1+\varphi_1-\varphi_2)} \quad (6.44)$$

黏聚力在 b-h 段上所做功率为

$$W_{b-h}=cl_{b-h}\cdot v_{1-2}\cdot\cos\varphi_3 \quad (6.45)$$

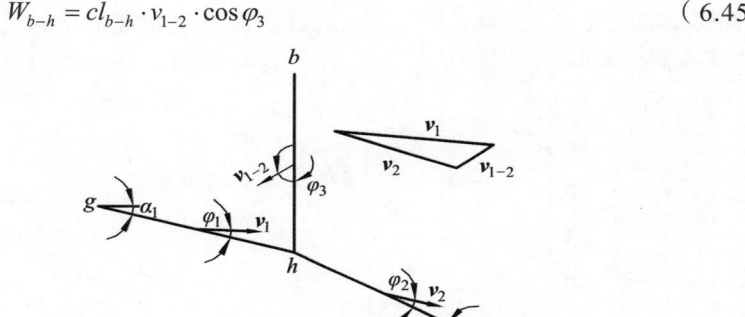

图 6.8 折线型滑裂面间断速度示意

6.2.2 局部稳定性校核

边坡上部的滑裂面 1 和滑裂面 2 控制坡体的局部稳定性,且滑裂面 1 位于滑裂面 2 内,因此在边坡整体稳定性满足要求后,按照支护结构设计方案依次校核滑裂面 2 控制坡体和滑裂面 1 控制坡体的局部稳定性。

① 滑裂面 2 为直线型破裂面,若控制边坡整体稳定性的抗滑桩设置在其下部,则按照第 4 章计算其稳定性。若不满足要求则改变滑裂面 2 以上坡体的锚索选型或增设抗滑桩,直到满足稳定性要求;若控制边坡体整体稳定性的抗滑桩设置在其上部,则按照本章第 6.1 节计算其稳定性。

② 滑裂面 1 为对数螺旋线破裂面,若控制边坡整体稳定性的抗滑桩设置在其下部,则按照第 4 章计算其稳定性,若不满足要求则改变滑裂面 1 以上坡体的锚索选型或增设抗滑桩,直到满足稳定性要求;若控制边坡体整体稳定性的抗滑桩设置在其上部,则按照本章第 6.1 节计算其稳定性。

6.3 与振动台试验结果比较

由第 5 章振动台模型试验结果知，框架锚索-抗滑桩组合结构加固的边坡在地震时稳定性好，地震结束时刻坡体基本无残余变形出现，但坡脚抗滑桩受荷段土压力增加显著，本节采用上述提出的方法计算抗滑桩土压力与输入地震波峰值的关系，并将其与试验结果进行对比。

由第 5.1 节知，边坡体内部结构面材料的物理力学参数为黏聚力 c_1 = 0.75 kPa、内摩擦角 φ_1 = 12°，潜在滑体的重度为 γ = 25 kN/m³、黏聚力 c_2 = 6 kPa、内摩擦角 φ_2 = 40°，边坡体各部分尺寸可根据图 6.6 得到，边坡的地震综合影响系数 C_z 取值为 0.25。采用本章计算方法和规范中的传递系数法分别计算坡脚抗滑桩受荷段滑坡推力，并将其与模型试验实测值进行对比，具体见图 6.9 所示。

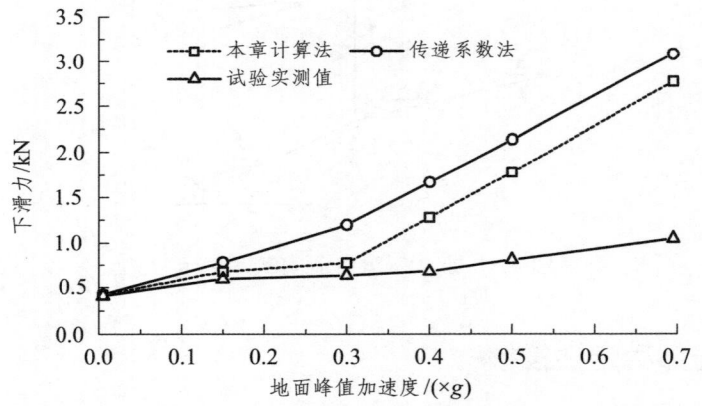

图 6.9 坡脚抗滑桩滑坡推力计算结果与试验值比较

由图 6.9 知，不论是静力条件还是考虑地震时，采用本章方法计算得到的抗滑桩受荷段滑坡推力大于模型试验过程中的实测值，小于规范中传递系数法的计算结果。尤其是在地面峰值加速度不大于 $0.3g$ 时，本章计算方法得到的桩后滑坡推力与试验实测值接近，计算结果明显优于传统的传递系数法，但随着输入地震波峰值加速度的增加，本章方法计算结果与试验实测值出现了明显的偏差。分析产生这种现象的原因为：地面峰值加速度较大时，边坡地震综合影响系数取值仍为 0.25，可能偏大；忽略了锚索轴力在峰值加速度较大的地震激励时，可能出现增加的现象。

参考文献

[1] 黄润秋. 20 世纪以来中国的大型滑坡及其发生机制[J]. 岩石力学与工程学报，2007，26（3）：433-454.

[2] 许宝田，钱七虎，阎长虹，等. 多层软弱夹层边坡岩体稳定性及加固分析[J]. 岩石力学与工程学报，2009，28（增2）：3959-3964.

[3] 杜晓丽，宋宏伟，魏京胜. 地震对软弱夹层边坡稳定性影响数值模拟研究[J]. 三峡大学学报，2010，32（1）：39-42.

[4] 郝亚飞，李海波，郭学彬，等. 含软弱夹层岩体边坡爆破层裂特性及稳定性研究[J]. 岩土力学，2012，33（4）：1178-1184.

[5] 刘汉香，许强，周飞，等. 含软弱夹层斜坡地震动力响应特性的振动台试验研究[J]. 岩石力学与工程学报，2015，34（5）：994-1005.

[6] 范刚. 含软弱夹层层状岩质边坡地震响应及稳定性判识时频方法研究[D]. 成都：西南交通大学，2016.

[7] 高春华，纪金豹，闫维明，等. 地震模拟振动台技术在中国的发展[J]. 土木工程学报，2014，47（8）：9-19.

[8] 杨志东. 液压振动台振动环境模拟的控制技术研究[D]. 哈尔滨：哈尔滨工业大学，2009.

[9] 王志佳，张建经，付晓，等. 模型试验的分离相似设计方法——以锚索格构加固边坡模型试验为例[J]. 岩土力学，2016，37（9）：2617-2623.

[10] 重庆市城乡建设委员会.GB 50330—2013 建筑边坡工程技术规范[S]. 北京：中国建筑工业出版社，2014.

[11] 付晓，马洪生，曹礼聪. 振动台模型实验中土体内部相对位移测量用拉线传感装置：CN201620327582.9 [P]. 2016-4-18.

[12] 周英杰. 加速度测试积分位移算法及其应用研究[D]. 重庆：重庆大学，2013.

[13] 中交第二公路勘察设计研究院. JTG D30—2015 公路路基设计规范[S]. 北京：人民交通出版社，2015.

[14] 中交路桥技术有限公司. JTG B02—2013 公路工程抗震规范[S]. 北京：

人民交通出版社，2014.

[15] 铁道第二勘察设计院. TB 10025—2006 铁路路基支挡结构设计规范[S]. 北京：中国铁道出版社，2006.

[16] 谢礼立，吕大刚，等，译. 结构动力学理论及其在地震工程中的应用[M]. 2版. 北京：高等教育出版社，2013：226/247.

[17] 谢定义. 土动力学[M]. 北京：高等教育出版社，2011：435-436.

[18] NEWMARK N M. Effects of earthquakes on dams and embankments[J]. Geotechnical, 1965，15(2): 139-160.

[19] GB 18306—2001 中国地震动参数区划图[S]. 北京：中国标准出版社，2001.

[20] 曲宏略，张建经. 桩板式抗滑挡墙地震响应的振动台试验研究[J]. 岩土力学，2013，34（3）：746/750.

[21] HUANG N E, SHEN Z, LONG S R, et al. The Empirical Mode Decomposition and Hilbert Spectrum for Nonlinear Non-stationary Time Series Analysis[C]// Proc. R. Soc. London, Ser. A, 1998, 454: 906/995.

[22] 杨智春，张慕宇，丁燕，等. Hilbert边际谱在框架结构损伤检测中的应用[J]. 振动与冲击，2010，29（11）：26-31.

[23] XIAO S G, ZENG J X, Yan Y P. A rational layout of double-row stabilizing piles for large-scale landslide control[J]. Bulletin of Engineering Geology and the Environment, 2017, 76(1): 309-321.

[24] Al-DEFAE A H, CAUCIS K, KNAPPETT J A. Aftershocks and the whole-life seismic performance of granular slopes[J]. Geotechnique, 2013, 63(14): 1230-1244.

[25] Al-DEFAE A H, KNAPPETT J A. Newmark sliding block model for pile-reinforced slopes under earthquake loading[J]. Soil Dynamic and Earthquake Engineering, 2015, 75(8): 265-278.

[26] LIN Y L, LENG W M, YANG G L, et al. Seismic active earth pressure of cohesive-frictional soil on retaining wall based on a slice analysis method[J]. Soil Dynamic and Earthquake Engineering, 2015, 70(3): 133-147.

[27] LIN Y L, YANG G L, YANG X, et al. Response of gravity retaining wall with anchoring frame beam supporting a steep rock slope subjected to earthquake loading[J]. Soil Dynamic and Earthquake Engineering, 2017, 92(1): 633-649.

[28] 李海光. 新型支挡结构设计与工程实例[M]. 北京：人民交通出版社，2011：297-308.